# 古典文獻研究輯刊

## 十二編

潘美月・杜潔祥 主編

## 第 9 冊

## 李贄著作研究（上）

王 冠 文 著

國家圖書館出版品預行編目資料

李贄著作研究（上）／王冠文 著 —— 初版 —— 新北市：花木蘭
文化出版社，2011〔民100〕
目 4+254 面；19×26 公分
（古典文獻研究輯刊 十二編；第 9 冊）
ISBN：978-986-254-402-0（精裝）
1.（明）李贄 2.個人著述目錄 3.著述考
011.08                                          100000211

**古典文獻研究輯刊**
**十二編 第 九 冊**                    ISBN：978-986-254-402-0

## 李贄著作研究（上）

作　　者　王冠文
主　　編　潘美月　杜潔祥
總 編 輯　杜潔祥
企劃出版　北京大學文化資源研究中心
出　　版　花木蘭文化出版社
發 行 所　花木蘭文化出版社
發 行 人　高小娟
聯絡地址　新北市永和區中正路五九五號七樓之三
　　　　　電話：02-2923-1455／傳真：02-2923-1452
網　　址　http://www.huamulan.tw 信箱 sut81518@ms59.hinet.net
印　　刷　普羅文化出版廣告事業
初　　版　2011 年 3 月
定　　價　十二編 20 冊（精裝）新台幣 31,000 元

# 李贄著作研究（上）

王冠文　著

作者簡介

王冠文，1973 年生，台北市人。東海大學哲學系、台北大學古典文獻學研究所畢業。現任教於新北市安溪國中。擅長目錄學、版本學。著有《李贄著作研究》。

提　要

　　本書是第一部全面研究李贄個人著作版本狀況的論文，其研究範圍包括《李溫陵集》、《李氏文集》、《李氏焚書》、《焚書》、《李氏焚餘》、《李氏續焚書》、《續焚書》、《李卓吾先生遺書》、《李氏藏書》、《藏書》、《藏書世紀》、《藏書紀傳》、《遺史》、《衡鑒》、《李氏春秋》、《史閣萬年》、《李氏續藏書》、《續藏書》、《卓吾先生李氏叢書》、《李氏叢書》、《李氏全書》、《李氏六書》、《李氏遺書》、《易因》、《九正易因》、《祚林紀譚》、《龍湖閒話》、《闇然錄最》、《永慶答問》、《初潭集》、《因果錄》、《老子解》、《道德經解》、《莊子解》、《南華經解》、《道古錄》、《明燈道古錄》、《心經提綱》、《淨土決》、《華嚴經合論簡要》、《觀音問》、《釋子須知》、《三教品》、《卓吾老子三教妙述》、《言善篇》、《孫子參同》、《陽明先生年譜》、《史綱評要》、《李氏說書》、《四書評》、《大雅堂藏書八種》、《枕中十書》、《李氏逸書》、《疑耀》、《李卓吾彙撰註釋萬形實考》、《刻李卓吾先生文章又玄整理》、《老人行》等五十餘本作者署名為李贄的著作，還有李贄已亡佚著作和李贄著作當代選集（不包括李贄的評點本與批選本）。

　　文中詳細列出李贄每一本著作的提要、序跋、目錄、版本，並討論其版本流傳、禁燬情形與進行辨偽。在版本整理方面，列出李贄著作目前可見的所有古籍善本、影印本、排印本與電子文獻。在每本著作的研究後面，附上目前可見的相關研究論文。

# 目

# 次

# 第一章　緒　論

## 一、研究動機與目的

　　李贄的研究在當代算是顯學，在中國就有數個國際李贄研究中心，海內外關於李贄研究的論文更是多到不計其數。但是目前關於研究李贄的第一手資料──李贄著作文本，卻尚未整理完善。

　　現今研究李贄的學者非常多，既然要研究李贄，首先必須先閱讀過李贄的書籍，才知道李贄的思想，如此才能對李贄作研究。可是目前坊間的書，並沒有所謂的「李贄全集」來將李贄的所有著作全部整理校對過，讓研究者只要擁有這套書，就可以查遍李贄所有的著作。這樣的書籍是目前迫切需要的，因為研究李贄的學者數量非常多，若他們取得李贄的原作非常困難，那他們就只好拿第二手或第三手資料，來當作研究李贄的材料，如此一來研究結果會造成很大的偏頗。

　　像「李贄全集」這麼重要的一套書，為何至今尚未出現呢？最主要的原因是李贄的著作版本非常複雜。李贄的書在明清兩代被禁、被查、被焚燬、被偽造、被冒名頂替。導致流傳至今，眾多作者題名為李贄的書籍中，到底有哪一些是李贄自己的著作？有哪一些是偽造？或哪一些是部分偽造？諸如此類的問題，學者專家都各自還有不同的見解，沒有統一的定論。也因為這樣，至今沒有「李贄全集」的出現，因為要編輯這樣的書，編輯們在材料取捨上，一定會有很大的意見衝突；並且叢書出版後，也一定會有來自各方不同的批評聲音。若要編輯「李贄全集」，很難做到盡善盡美。

　　但這麼重要的一個問題，難道就擱著，不去解決嗎？在「李贄全集」出現以前，有沒有一個過渡的辦法，可以解決這一個問題呢？李贄研究大家一

一張建業，他嘗試解決這個問題。張建業率領專業的編輯群，將李贄的著作，一一點校整理，編輯出版了《李贄文集》，他整理的包括《焚書》、《續焚書》、《藏書》、《續藏書》、《初潭集》、《四書評》、《史綱評要》、《老子解》、《莊子解》、《九正易因》、《因果錄》、《永慶答問》、《祚林紀譚》、《道古錄》、《闇然錄最》、《孫子參同》等十六部。

但這個問題就如此解決了嗎？恐怕沒有。因爲李贄的著作，並非只有上述十六部。況且張建業所整理的是李贄的個人文集，而研究李贄的人都知道，李贄許多重要的思想，是表現在他的評點本與輯選本中。因此，這個問題尚待他人解決。

筆者自知能力不足，但也想爲解決此問題貢獻一份心力。因此將本論文的目標定位在「李贄著作檢索」，希望這本論文完成之後，能成爲一本輔佐查找李贄著作的書籍。研究李贄的人只要擁有這本書，就能知道何處可以找到李贄的相關文獻，並且在本書中有提供最基本資料。這麼一來，也算是對這幾年的研究學習有學以致用的實踐。

## 二、當前的研究現況

有關「李贄的研究」在大陸可以稱作顯學，尤其是在馬列思想的氛圍下，李贄思想當中的「反儒家」、「反禮教」觀念被大加彰顯，因此與這個主題相關的論文紛紛出現於期刊與報紙論文上。其實，近百年來關於李贄的研究一直方興未艾，中國也盛大的舉辦了數次李贄學術國際研討會，這些相關研究成果在白秀芳〈近百年李贄研究綜述〉﹝註1﹞、李超〈百年李贄研究回顧〉﹝註2﹞中都有詳細介紹。

在以李贄爲主的研究相關主題中，不論是教育、歷史、自然、美學、佛學思想、或是童心說、人性論等各方面的論文數量都相當龐大。只是這些論文都是從思想方面來研究李贄，在李贄著作整理方面的論文則相對較少。

近年來研究李贄單本著作的論文有逐漸增加，例如崔文印〈李贄《四書評》眞僞辨〉﹝註3﹞和〈談《史綱評要》的眞僞問題〉﹝註4﹞、張建業〈從《孫子參

﹝註1﹞ 白秀芳，〈近百年李贄研究綜述〉，《首都師範大學學報》，1994 年第 6 期（總第 101 期），頁 115～120。
﹝註2﹞ 見 http://www.qzwb.com/qzx/content/2006-08/16/content_2164016.htm
﹝註3﹞ 見《文物》，1979 年第 4 期（總第 275 期），頁 31～34，1979 年 4 月。
﹝註4﹞ 見《文物》，1977 年第 8 期（總第 255 號），頁 29～34，1977 年 8 月。

同》看李卓吾的軍事思想〉〔註5〕和〈李贄與《九正易因》〉〔註6〕、王才忠〈從
《藏書》看李贄的歷史觀〉〔註7〕、林正三〈李贄《初潭集》評介〉〔註8〕、任
冠文〈《續藏書》考辨〉〔註9〕和〈《續藏書》的史論特色〉〔註10〕、王建光〈李
贄《老子解》的"無為"思想〉〔註11〕、王靖懿〈論李贄《坡仙集》的選目、
批點及其反映的文學觀〉〔註12〕等。

　　但是總論李贄著作的論文相當零散，並且相較其他領域則是數量稀少。
目前可見總論李贄著作的論文有：烏以鋒〈李卓吾著述考〉〔註13〕、鈴木虎
雄〈李卓吾年譜〉〔註14〕、容肇祖《李贄年譜》〔註15〕、晉江地區文管會資
料組所整理的〈李贄著作目錄簡介〉〔註16〕、陳錦釗〈李卓吾著述考〉〔註17〕、
崔文印〈李贄著作編年與考辨〉〔註18〕、林其賢《李卓吾事蹟繫年》〔註19〕、
李國庭〈李贄生平及其著作譚要〉〔註20〕、陳秀娘〈略談李贄著作的焚毀與
流布〉〔註21〕、林海權《李贄年譜考略》，〔註22〕另外還有一本許建平《李贄

〔註5〕見《福建師範大學學報》，1980年2期。
〔註6〕見《北京師院學報》，1988年1期。
〔註7〕見《湖北大學學報》（哲學社會科學版），1987年第5期（總第51期），頁100
　　　～103，1987年9月。
〔註8〕見《德明學報》，第11期，頁331～344，1996年3月。
〔註9〕見《史學史研究》，1998年第1期，頁56～63。
〔註10〕見《史學史研究》，1999年第2期，頁39～44，1999年6月。
〔註11〕見《安徽大學學報》（哲學社會科學版），第29卷第2期，頁6～9，2005年3
　　　月。
〔註12〕見《黃岡師範學院學報》，第25卷第2期，頁57～59，2005年4月。
〔註13〕見《國立中山大學文史研究所輯刊》，第1卷第2冊。
〔註14〕協和大學書店出版，1935年4月。
〔註15〕北京：生活、讀書、新知三聯書店出版，126頁，1957年。
〔註16〕收入於《李贄思想評介‧資料選輯》，福建省晉江地區文物管理委員會編，福
　　　州：福建省晉江地區文物管理委員會出版，頁163～187，1975年。
〔註17〕見《研究生》，1971年1月。
〔註18〕見《中國哲學》，第12期，頁418～447，1984年4月。
〔註19〕收入於《文史哲大系4》，臺北：文津出版社，320頁，1988年3月。
〔註20〕見《福建圖書館學刊》，1989年第1期（總第37期），頁20～22轉46。本文
　　　以編年的方式敘述李贄生平重要事蹟，並且整理《李氏藏書》、《李氏續藏書》、
　　　《史綱評要》、《初潭集》、《李卓吾批點皇明通紀》、《李氏焚書》、《李氏續焚
　　　書》、《卓吾老子三教妙述》、《四書評》、《道古錄》、《孫子參同》、《易因》、《九
　　　正易因》……等書籍的古籍善本版本和典藏地，並註明排印本資料。
〔註21〕見《福建圖書館學刊》，1989年第1期（總第37期），頁26～28，1989年3
　　　月。
〔註22〕福州：福建人民出版社，505頁，1992年11月。

著述編年考》。〔註 23〕

　　本書名爲《李贄著作研究》內容，與上述文章性質類似，皆是整理李贄的著作，但筆者嘗試以不同角度切入，不是將已整理歸納好的結論呈獻給讀者，而是希望讀者在需要查詢李贄著作資料時來翻閱此書，在心中已有目標後再去查詢相關資料，將此書當作仲介的角色。爲了這個目的，本書將盡量詳細的陳述原始資料來源，並盡可能加上書影，俾使讀者在查找相關資料時能更便利。

## 三、研究方法

　　《李贄著作研究》這本論文的研究方法，使採取文獻學的版本比對、辨僞方式進行。本論文的資料是利用台灣地區的文獻，主要以國家圖書館、中央研究院傅斯年圖書館、中央研究院文哲所圖書館、臺灣大學圖書館的藏書爲主，另外搭配電子資料庫和網路搜尋。

　　在北臺灣，國家圖書館收藏了很多善本古籍，傅斯年圖書館、文哲所圖書館、臺灣大學圖書館收藏了許多大套的叢書，使筆者在查找資料時有很大的方便。另外拜網路發達之賜，現在大部分的學術型圖書館都有線上查詢館藏的服務，使筆者可以容易確定書籍的典藏地。

　　有些大型的圖書館已經進行數位典藏，在他們的網頁上，可以直接看到書影，使得筆者即使無法見到原書，也可以比對版本。「中國基本古籍庫」更是一個十分方便的資料庫。本論文所著錄的原刊本資料，若未註明資料來源，則其資料皆來自國家圖書館的「中文古籍書目資料庫」。〔註 24〕另外，「中國古籍善本書目聯合導航系統」可以同時檢索中國各大圖書館的藏書，並且會

〔註 23〕 此書聽說尚未出版。

〔註 24〕 國家圖書館的「中文古籍書目資料庫」彙整了大陸、日本、美國、歐洲地區古籍收藏量居前的圖書館資料，包括上海圖書館、山西省圖書館、山東省圖書館、中央研究院文哲所圖書館、中央研究院傅斯年圖書館、中央圖書館臺灣分館、中國國家圖書館、中華耶穌會神哲學院圖書館、內蒙古圖書館、內蒙古線裝古籍聯合目錄、天津圖書館、北京大學圖書館、北京師範大學圖書館、北京清華大學圖書館、東京大學東洋文化研究所、東海大學圖書館、芝加哥大學圖書館、南京圖書館、政治大學圖書館、故宮博物院圖書館、柏克萊加州大學東亞圖書館、美國國會圖書館、首爾大學奎章閣韓國學研究院、香港大學馮平山圖書館、香港中文大學圖書館、浙江圖書館、國家圖書館、復旦大學圖書館、普林斯頓大學東亞圖書館、華東師範大學圖書館、臺灣大學圖書館、臺灣師範大學圖書館、澳門大學圖書館、澳門中央圖書館等。但是此資料庫尚未建置完畢，故本論文所引用的資料是截至 2008 年 8 月 29 日前所建置的資料。

自動羅列不同版本，也非常方便檢閱。

　　有些特定的叢書或是出版社，在默默在致力於保存古籍、整理古籍，讓筆者在資料查找時有極大的方便。例如在叢書方面有：《續修四庫叢書》、《四庫全書存目叢書》、《四庫禁燬書叢刊》、《卍續藏經》、《回族典藏全書》、《李贄文集》……等；而在出版社方面則有中華書局、藝文印書館、文成書局等。

## 四、研究步驟

1. 確定研究題目與範圍。首先先選定研究的對象：李贄。研究李贄是近代的顯學，但不知哪些題目已有人做過，哪些題目還可以再深入研究。所以第一步驟：蒐集資料，編輯「李贄的專科目錄」。

2. 確認當前李贄的研究現況。從已經編輯的「李贄的專科目錄」中，找出關於李贄著作研究考據的論文來閱讀並做摘要。

3. 確認李贄的著作有多少？在確定研究範圍為「李贄著作」後，首先要確定的是，李贄有多少著作？除了學者專家普遍已認定的為李贄著作的書籍外，是還有尚未被研究，但作者署名是李贄的書籍？因此要查閱各古籍書目、各大圖書館藏書目。

4. 找出所有李贄的著作。查閱完李贄的著作後，得到書名，再去把書籍調閱出來。

5. 將李贄的著作分門整理。將調閱出來的李贄的著作，分為古籍本、影印本、排印本，而後抄錄書籍資本資料，拍照存檔。將照片檔案後製處理，然後取得書影；並將抄錄的書籍資料輸入電腦中。

6. 將李贄著作的基本資料整理輸入。影印李贄著作的序文與目錄，並將之輸入。要注意的是，同一書籍的不同版本，序文常有不同，跋文也常會被忽略，因此在檢閱時要更加細心，否則就要再次複查原書，這樣會浪費很多時間。

7. 將李贄的著作進行版本分析。將查閱到的古籍善本資料加以整理，進行分析與版本考辨。

8. 辨別偽書與查禁燬書資料。李贄的書籍成分複雜，有整本偽造、有部分偽造；有全部焚燬、有整本查禁、有部分抽燬、有僅屬違礙……，諸如此類皆要分辨。

9. 統整全書資料，歸納結論。

## 五、研究範圍

### （一）限定範圍——李贄的個人著作

因為李贄的著作數量眾多，本論文囿於篇幅有限，再加上筆者在有限的時間內無法研究整理這麼多書籍，因此本論文的研究範圍主要限定在李贄的個人著作：書籍本身只要是署名李贄的個人著作，皆先收入，而後再做內容與版本考證。為了考證版本，同一作品所有刻本的資料皆要盡量收集齊全，然後再做比對。本論文所收書籍不包括以下各類作品：

1. 李贄評點的小說。例如：《李卓吾先生批點世說新語補》、《李卓吾先生批評忠義水滸傳》。
2. 李贄輯選的小說。例如：《雅笑》、《山中一夕話》、《新刻李卓吾彙選見聞雅集外史類編》等。
3. 李贄評點他人作品。例如：《李卓吾先生批評三大家文集》、《李卓吾先生批選量賈奏疏》等。
4. 李贄輯選他人的作品。例如：《李卓吾先生合選陶王集》、《三蘇文抄》等。

### （二）在查禁書方面

在查禁書方面，李贄的著作在明清兩代，屢被查禁。因此李贄著作被查禁的歷史經過、實際被禁的書目（哪一些是全禁、哪一些是抽燬、哪一些是違礙），《四庫全書總目》是否有收入或僅是「存目」，這一些都要確認清楚。

### （三）在偽書方面

在偽書方面，李贄的著作尤其複雜。李贄的書籍與評點因為名氣大，所以自明代起就有許多假託李贄之名以刊行的偽造之書，舉例來說，著名《水滸傳》有李卓吾評點本，其不論是明萬曆 38 年容與堂刊本《李卓吾先生批評忠義水滸傳》，或是明萬曆 42 年袁無涯刊本《李卓吾先生批評忠義水滸傳全書》，現在學者普遍皆認為是偽造或部分摻假。

李贄的友人，張鼐在〈讀卓吾老子書述〉〔註25〕說：

> 卓吾死而其書重。卓吾之書重，而真書、贗書并傳于天下。天下人具眼者少，故真書不能究其意，而贗書讀之，遂足以禍人。……今俗子僭其奇誕以自淫放，而甘心於小人之無忌憚，動輒甲乙筆墨，

---

〔註25〕本文收入《續焚書》序。

亂其手澤，而託言卓吾老子之遺書。夫一古人之書耳，有根本者下筆鑒定，則爲畫龍點睛，無根本者妄意標指，則爲刻舟記劍。嗟乎，我安得具眼之人讀卓吾氏之書哉！

汪本鈳〈續刻李氏書序〉〔註26〕也說道：

海以內無不讀先生之書者，無不欲盡先生之書而讀之者，讀之不已或並其僞者而亦讀矣。夫僞爲先生者，套先生之口氣，冒先生之批評，欲以欺人而不能欺不可欺之人。世不乏識者，固自能辨之。第寖至今日，坊間一切戲劇淫謔，刻本批點，動曰卓吾先生。

李贄著作的僞書，現今依然可見。筆者日前在大陸的一個拍賣網站上看到一本署名爲李贄所撰的明刊本《李卓吾古文法眼》四卷，就是一例（見下圖）。那麼究竟李贄的書籍中有多少部是眞正李贄的著作？又有哪一些著作是部分摻入他人作品？冒李贄之名以行的書籍又有哪些？這些都要確認清楚。

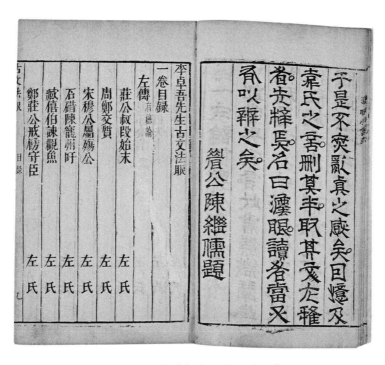

署名爲李贄所撰的《李卓吾古文法眼》〔註27〕

〔註26〕本文收入《續焚書》序。

〔註27〕資料來源：http://www.zhuokearts.com/artist/art_display.asp?keyno=278299 （檢索日期 2009 年 3 月 20 日）

## 六、研究限制

### （一）無法看到某些古籍原書，因此無法進行某些版本比對

有些李贄著作流傳非常稀少，例如《李氏六書》，此書只有北京大學圖書館有收藏，筆者受限於空間的距離，無法見到原書。又或是有些書，臺灣沒有收藏，又沒有影印本的出版流通，所以也無法進行研究。由於上述條件的限制，所以無法進行某些少數的著作整理與版本比對，筆者僅能就可以查找到的資料來進行整理。

### （二）無法看到某些古籍原書，因此無法收入不同版本序文

同一本書，會共同收入較早版本的序文，但也會因為重刻或修訂本的不同，而會增加不同的序或是跋。本書盡量收入每一個版本的序文與跋文，但因為有一些版本無法見到，所以無法收錄齊全。

### （三）某些序文的字體難以辨識

明人書籍的序文有些是以行草或草書刊刻，這具有字體上的美感，但是卻增加了辨識的困難度。因此，有些筆者無法辨認的字，會以「□□□□」表示。

### （四）大陸出版的書籍，臺灣只能見到少數

以《焚書》為例，大陸出版了不下數十種版本，但在臺灣只有中華書局與《李贄文集》的版本還容易見到；筆者另外找到了北京燕山出版社與嶽麓書社的兩種版本，然其他版本臺灣各大圖書館都沒有收藏，因此大陸版本書相關的資訊只能從網路上取得，其介紹就非常的簡略了。

### （五）大多數的李贄著作無前人提要

李贄的著作中，有前人寫題解的，數量非常少。以《四庫全書總目》為例，因為李贄的書籍在清代列為禁書，因此《四庫全書》皆不收，而《四庫全書總目》即使有列入存目，也僅《九正易因》、《藏書》、《續藏書》、《孫子參同》、《初潭集》等寥寥數本，並且這些提要都是評議李贄是異端、狂徒等，貶抑其書內容，角度頗為偏頗、不公正。

在近現代的書目中，李贄著作一直沒有被完善的整理過，所以有提要的書籍數量，大約只有十來部。因此在本論文中，查找到有提要的書籍，附上提要；其餘書籍則筆者補上提要。

## 七、研究成果

　　本論文是第一本全面介紹李贄著作版本的書，之前學者的研究都是以單篇論文形式，較爲簡略的研究，例如晉江地區文管會資料組所整理的〈李贄著作目錄簡介〉、崔印文〈李贄著作編年與考辨〉、李國庭〈李贄生平及其著作譚要〉等；或者是研究方向不同，例如林其賢《李卓吾事蹟繫年》和林海權《李贄年譜考略》都是以年譜的方式爲李贄的著作和事蹟作排序。

　　本論文有其實用性與學術性。在內容上著重李贄書籍的內容與版本介紹，每一章節內附以提要、序文、目錄、目前可見版本（包括古籍善本、影印本、排印本），和版本源流考辨，希望能讓讀者認識李贄的著作和版本，也可當作方便查找李贄資料的工具書。

　　筆者在做版本整理與源流考辨時，釐清了一些前人著錄版本的錯誤，與前人觸及但未深入解決的問題。舉例來說，《四庫存目叢書》所收的《藏書》，其在書前目次註明是「明萬曆 27 年焦竑刻本」，但經版本比對後，此書實際上是「明萬曆間沈汝輯，金嘉謨重訂本」，這是著錄的錯誤。另外像焦竑的《老子翼》，有許多大陸學者在談論此書時，皆提到焦竑《老子翼》將李贄的《老子解》收入其書中，但經筆者實際比對，《老子翼》收入《老子》諸家評語，而李贄只是集評中的其中一家，焦竑並非將《老子解》一書全書收入。另外像關於《四書評》與《說書》，因爲二書內容同樣都在探討《四書》，有些大陸學者會把這兩部書弄混淆，筆者在內文中也特別加以釐清。

# 第二章　李贄著作之流傳與影響

〔註 1〕

---

〔註 1〕圖片來源：baike.baidu.com/view/25236.htm

## 一、李贄生平（1527～1602）與年譜 〔註2〕

| 年　份 | 李贄歲數 | 李　贄　生　平 | 相　關　人　事 |
|---|---|---|---|
| 明世宗嘉靖6年（1527年） | 1歲 | 贄出生於福建泉州府晉江縣，生母徐氏難產死。〔註3〕贄為家中長子。 | |
| 嘉靖7年（1528年） | 2歲 | | 王守仁卒於南安，年五十七。 |
| 嘉靖11年（1532年） | 6歲 | | 繼母董氏卒。〔註4〕 |
| 嘉靖12年（1533年） | 7歲 | 贄開始跟隨父親李白齋〔註5〕讀書。 | 妻黃氏生。 |
| 嘉靖13年（1534年） | 8歲 | 跟隨父親李白齋讀書。 | 友耿定理生。 |
| 嘉靖15年（1536年） | 10歲 | 跟隨父親李白齋讀書。 | 本年及次年，泉州旱，民多餓死。〔註6〕 |
| 嘉靖17年（1538年） | 12歲 | 跟隨父親李白齋讀書。作《老農老圃論》。〔註7〕 | 友劉東星生。 |
| 嘉靖18年（1539年） | 13歲 | 跟隨父親李白齋讀書。 | |

〔註2〕　本表格主要參考資料包括：林海權《李贄年譜考略》，福州：福建人民出版社，1992年11月。林其賢《李卓吾事蹟繫年》，臺北：文津出版社，1988年3月，文史哲大系4。劉季倫《李卓吾》，臺北：東大圖書，1999年，世界哲學家叢書。崔文印〈李贄著作編年與考辨〉，《中國哲學》，第12輯，頁418～447，北京：三聯書店，1984年4月。〈李贄年譜〉，《李氏焚書・續焚書》，京都：中文出版社，頁489～517，1971年2月。鈴木虎雄〈李贄年譜〉，《福建文化》，第3卷第18期，1935年。烏以鋒〈李卓吾著述考〉，《國立中山大學文史研究所輯刊》，第1卷第2期，頁307～338。李國庭〈李贄生平及其著作譚要〉，《福建圖書館學刊》，1989年第1期（總第37期），頁20～22轉46，1989年3月。容肇祖《李贄年譜》，北京：生活、讀書、新知三聯書店，1957年。張建業《李贄評傳》，福州：福建人民出版社，1992年11月。

〔註3〕　《焚書》・卷三・〈卓吾論略〉：「生而母太宜人徐氏沒，幼兒孤，莫知所長。」

〔註4〕　《續焚書》卷一・〈與耿克念〉：「我自六七歲喪母，便能自立。」

〔註5〕　《焚書》・卷三・〈卓吾論略〉：「父李諱某，字鐘秀，號白齋，郡諸生，塾師。」「長七歲，隨父白齋公讀書歌詩，習禮文。」

〔註6〕　見清乾隆時《泉州府志》卷73・〈祥異〉。

〔註7〕　《焚書》〈卓吾略論〉：「年十二，試《老農老圃論》。」

| 嘉靖 19 年（1540 年） | 14 歲 | 贄已讀畢《周易》、《三禮》，自本年起改治《尚書》。〔註 8〕 | 泰州學派王艮卒，年五十八歲。<br>友祝世祿生<br>友焦竑生。 |
|---|---|---|---|
| 嘉靖 20 年（1541 年） | 15 歲 | 續治《尚書》。 | 友耿定力〔註 9〕生。 |
| 嘉靖 21 年（1542 年） | 16 歲 | 入學讀書。<br>贄原姓林，入學後旋改姓李。〔註 10〕 | 友梅國楨生。 |
| 嘉靖 22 年（1543 年） | 17 歲 | 在府學讀書。 | 二妹出生。 |
| 嘉靖 23 年（1544 年） | 18 歲 | 在府學讀書。 | 本年及次年，泉州旱，餓死百姓多人。〔註 11〕 |
| 嘉靖 24 年（1545 年） | 19 歲 | 在府學讀書。 | |
| 嘉靖 25 年（1546 年） | 20 歲 | 爲了家庭生計，出外謀生。〔註 12〕 | |
| 嘉靖 26 年（1547 年） | 21 歲 | 娶妻黃宜人。〔註 13〕 | 八月，泉州淹大水。〔註 14〕<br>十一月，佛朗機國夷人掠福建漳、泉。〔註 15〕<br>本年起實施海禁，不許通番貿易。〔註 16〕<br>羅欽順卒，年八十三。<br>友楊起元生。<br>友周汝登生。<br>友李維楨生。<br>有方訒庵生。 |

〔註 8〕　《易因》〈易因小序〉：「余自幼治《易》，復改治《禮》，以少《禮經》決科之利也，至年十四，又改治《尚書》，竟以《尚書》竊祿。」
〔註 9〕　耿定理三弟。
〔註 10〕　據明永樂 20 年《李氏族譜》記載，老二房三世祖叔林廣齋因「下馬碑」事件，得罪當權，後避禍南安，改姓李，其後嗣衍爲胭脂巷李派。明天順 6 年，三世祖叔林允誠弟林廷贄亦改姓李，其後嗣衍爲庵前李派。《鳳池林李宗譜》云：「老長房李諱贄，原姓林，入泮學冊係林載贄，旋改姓李。」
〔註 11〕　見清乾隆時《泉州府志》卷 73・〈祥異〉。
〔註 12〕　《續焚書》〈與焦弱侯〉：「弟自弱冠，餬口四方，靡日不逐時事奔走。」
〔註 13〕　耿定力〈誥封宜人黃氏墓表〉：「（宜人）年十五歸卓吾。」
〔註 14〕　見清乾隆時《泉州府志》卷 73・〈祥異〉。
〔註 15〕　見《明世宗實錄》卷 330。
〔註 16〕　見《晉江縣志》卷 18。

| 嘉靖27年<br>（1548年） | 22歲 | 出外謀生，餬口四方。 | 海寇掠同安、晉江等地，官府遣兵平之。〔註17〕 |
|---|---|---|---|
| 嘉靖28年<br>（1549年） | 23歲 | 出外謀生，餬口四方。 | 1. 海盜起，掠浙東。〔註18〕<br>2. 友人莊國楨考取舉人。 |
| 嘉靖31年<br>（1552年） | 26歲 | 中福建鄉試舉人。 | 二月，宣、大二鎮大饑，人相食。四月，倭寇犯舟山一帶，流劫沿海諸州。 |
| 嘉靖32年<br>（1553年） | 27歲 | 春，在京參加會試，落第。 | 閏三月，海賊汪直勾引倭寇侵擾浙江等地沿海。〔註19〕 |
| 嘉靖33年<br>（1554年） | 28歲 | 家居。<br>婚嫁弟妹。<br>長女出生。 | 五月，倭寇猖獗，朝廷剿伐流寇。〔註20〕 |
| 嘉靖34年<br>（1555年） | 29歲 | 喪長子。 | 倭寇圍杭州，血流成河。〔註21〕十一月，倭犯興化、泉州。〔註22〕戚繼光鎮守寧波等地。 |
| 嘉靖35年<br>（1556年） | 30歲 | 春，在京參加會試，又落第。<br>任河南輝縣教諭。<br>自號溫陵居士〔註23〕、百泉居士。〔註24〕 | 戚繼光於浙江招募民兵。 |
| 嘉靖37年<br>（1558年） | 32歲 | 在輝縣教諭任上。 | 四月與六月，倭犯浙江、福建、泉州。〔註25〕 |
| 嘉靖38年<br>（1559年） | 33歲 | 任南京國子監博士。<br>到官數月，父丁憂，回泉州守制。 | 倭犯浙江、福、漳、泉等地。族兄林奇材考取進士，任河南清史司主事。 |
| 嘉靖39年<br>（1560年） | 34歲 | 東南沿海倭寇爲禍甚劇，贄不顧喪服在身，率弟姪輩守城戒備。 | 友袁宗道生。 |

〔註17〕乾隆時《泉州府志》卷73·〈紀兵〉。
〔註18〕《明通鑒》卷59。
〔註19〕《明世宗實錄》卷395。
〔註20〕《明世宗》·本紀2。
〔註21〕《明通鑒》卷61。
〔註22〕《明世宗》·本紀2。
〔註23〕李贄因景仰家鄉泉州的溫陵大師，故自號「溫陵居士」。
〔註24〕李贄因景仰邵雍求道的故事，故自號「百泉居士」。
〔註25〕乾隆時《泉州府志》卷73·〈紀兵〉。

| 嘉靖40年（1561年） | 35歲 | 於泉州服父喪。 | 倭劫泉州、南安等地。<br>泉州大疫。 |
|---|---|---|---|
| 嘉靖41年（1562年） | 36歲 | 三年服喪期滿，攜眷到北京候差。<br>居十月不得缺，因阮囊羞澀，乃開館授徒。〔註26〕<br>作〈赴京留別雲松上人〉、〈宿吳門〉。 | 友馬經綸生。 |
| 嘉靖43年（1564年） | 38歲 | 復任北京國子監博士。<br>祖父竹軒訃文至，次男亦在京病死。至此，李贄家中有三世（包括曾祖、祖父、父親）停柩未葬，故贄決意請假回籍，以求三世歸土安葬。<br>贄購地於河南輝縣，藉以安置妻兒。<br>贄返泉州後，輝縣歲飢荒，次女、三女餓死。 | 戚繼光大敗倭寇，福建倭平。<br>泉州大雨不止，淹大水，人畜多死。〔註27〕 |
| 嘉靖44年（1565年） | 39歲 | 於泉州服祖父喪。 | 戚繼光大敗倭寇。 |
| 嘉靖45年（1566年） | 40歲 | 泉州守孝三年滿，歸輝縣，與妻兒相聚。<br>攜家眷至北京，補禮部司務，居此官五載。<br>潛心研究王陽明學說，並閱讀佛書。<br>自號思齋居士〔註28〕、宏甫居士。〔註29〕<br>作〈途中懷寺上諸友〉、〈至白雲寺待友並序〉、〈白雲山中晤鄧石陽命韻得山字〉。 | 明世宗去世，裕王朱載垕即位，爲明穆宗。 |
| 穆宗隆慶元年（1567年） | 41歲 | 爲避諱皇帝朱載垕之名，將「李載贄」，改稱「李贄」。 | |

〔註26〕《焚書》〈卓吾略論〉：「居京邸，十月不得缺，囊垂盡，乃假館授徒。館復十餘月，乃得缺，稱國子先生如舊官。」
〔註27〕乾隆時《泉州府志》卷73·〈祥異〉。
〔註28〕思念父親「林白齋」之意。
〔註29〕李贄認爲自己的秉性太窄，應當學道以宏闊，故自號「宏甫居士」。

| | | | |
|---|---|---|---|
| 隆慶 2 年<br>（1568 年） | 42 歲 | 在北京結識焦竑。<br>李贄景仰張居正，拜其爲師。 | 張居正爲閣臣，提出政治革新。<br>李逢陽、周思敬、李維楨、劉東星等考取進士。<br>友袁宏道生。 |
| 隆慶 4 年<br>（1570 年） | 44 歲 | 任南京刑部員外郎，居此官七載。<br>參與李材在南京講學的活動。<br>與焦竑朝夕相處，成爲知交。<br>李贄會見王畿、羅汝芳。「自後無歲不讀二先生之書，無口不談二先生之腹。」〔註30〕<br>作〈會期小啓〉、〈讀劉禹錫金陵懷古〉。 | |
| 隆慶 5 年<br>（1571 年） | 45 歲 | 在南京刑部員外郎任上。<br>春，黃克晦來訪。<br>作〈出往招隱堂〉、〈贈周山人〉。 | |
| 隆慶 6 年<br>（1572 年） | 46 歲 | 在南京刑部員外郎任上。<br>結識耿定向、耿定理兄弟。 | 周安出家爲僧。<br>明神宗立，張居正爲首輔。 |
| 神宗萬曆 2 年<br>（1574 年） | 48 歲 | 在南京刑部員外郎任上。<br>贄求學於王襞。<br>潘士藻、祝世祿過留都，訪李贄。<br>與焦竑刻《太上感應篇》。<br>刻蘇轍《老子解》，撰〈子由解老序〉。〔註31〕<br>冬，贄入黃安天中山。<br>作〈四勿說〉、〈與焦弱侯〉、〈讀史〉數十篇、〈太上感應篇序〉。 | 馮夢龍出生。 |
| 萬曆 3 年<br>（1575 年） | 49 歲 | 春，贄離開天中山，與定林前往安徽泗州。後回南京。冬，離開南京。<br>作《老子解》二卷、〈掛劍台〉、〈除夕李士龍至得吾字〉。 | |

---

〔註30〕《焚書》〈羅近溪先生告文〉。
〔註31〕收入於《焚書》卷三。林海權認爲此事應當於西元 1567 年。

| | | | |
|---|---|---|---|
| 萬曆 4 年<br>（1576 年） | 50 歲 | 贄任南京刑部郎中。<br>李登與焦竑來訪。<br>贄與湯顯祖結識。<br>身體漸衰，開始研究佛學。<br>〔註 32〕<br>作〈士龍攜二孫同弱侯過余解粽〉。 | 趙貞吉卒。 |
| 萬曆 5 年<br>（1577 年） | 51 歲 | 任雲南姚安府太守，居此職三年。<br>至黃安訪耿定理、耿定向。<br>再次遇見羅汝芳。<br>陶珽問學於李贄。<br>贄創立三台書院，爲講學之所。<br>著《心經提綱》、《莊子解》、〈題關公小像〉、〈關王告文〉。 | 大甥祖耳生於黃安。<br>楊起元、周汝登考取進士。 |
| 萬曆 6 年<br>（1578 年） | 52 歲 | 在雲南姚安府太守任上。<br>冬，到大理感通寺訪李元陽。<br>作〈卓吾略論〉、〈念佛答問〉、〈六度解〉、〈四海〉。 | |
| 萬曆 7 年<br>（1579 年） | 53 歲 | 在雲南姚安府太守任上。<br>作〈送鄭大姚序〉。 | 何心隱被杖殺於武昌。 |
| 萬曆 8 年<br>（1580 年） | 54 歲 | 辭姚安府太守官職。<br>入大理府雞足山，閱《藏經》。<br>作〈顧沖庵登樓話別〉、〈高同知獎勸序〉、〈論政篇〉、〈鉢盂庵聽誦華嚴並喜雨〉、〈雨後訪段嚴庵禪寺兼懷焦弱侯舊友〉、〈與焦弱侯〉、〈李中溪先生告文〉。 | 俞大猷卒。 |
| 萬曆 9 年<br>（1581 年） | 55 歲 | 至黃安府依耿定理，攜家眷居耿家，歷時五載。<br>贄與耿定理交好，與耿定向不合。<br>十二月，焦竑至黃安訪李贄。<br>作〈與焦弱侯〉、〈入山得焦弱侯書有感〉、〈寄方子及提學〉。 | 張居正推行「一條鞭法」。<br>利瑪竇抵廣州。 |

〔註 32〕《續焚書》〈聖教小引〉：「五十以後，大衰欲死，因得友朋勸誨，翻閱貝經，幸於生死之原，窺見斑點。」

| 萬曆 10 年<br>（1582 年） | 56 歲 | 寓居黃安天窩，埋首書冊，勤於著述。<br>作〈壽焦太史尊翁後渠公八秩華誕序〉、〈與焦弱侯〉、〈初到石湖〉、〈與耿楚倥〉、〈復焦漪園〉 | 焦竑刻《北西廂記》。<br>張居正卒。 |
|---|---|---|---|
| 萬曆 11 年<br>（1583 年） | 57 歲 | 寓居黃安天窩。<br>提出「化工說」。<br>作〈與焦弱侯〉、〈王龍谿先生告文〉、〈山中偶感事作二絕句〉、〈雜說〉、〈讀律膚說〉。 | 春，焦竑在北京參加會試。不第。<br>王畿卒。<br>梅國楨、潘士藻、湯顯祖等考取進士。 |
| 萬曆 12 年<br>（1584 年） | 58 歲 | 寓居黃安天窩。<br>耿定理去世，贄與耿定向交惡。<br>十一月，去麻城。<br>作〈李見田邀游東湖〉、〈贈何心隱高第弟子胡時中〉、〈答駱副使〉、〈答耿中丞〉、〈哭耿子庸〉、〈復耿中丞〉、〈與焦弱侯〉、〈又與弱侯焦太史〉、〈又答耿中丞〉。 | 焦竑喪父。 |
| 萬曆 13 年<br>（1585 年） | 59 歲 | 三月，再去麻城，住芝佛院。<br>〔註33〕<br>遇鄧石陽。<br>作〈與弱侯焦太史〉、〈南詢錄序〉、〈與焦弱侯〉、〈復鄧石陽〉、〈又答石陽太守〉、〈答鄧石陽〉、〈哭承庵〉、〈中秋見月感念承庵〉、〈大智對雨〉、〈答耿中丞論淡〉、〈答何克齋尚書〉。 | 夏，友曾承庵死。<br>周友山於麻城建維摩庵。 |
| 萬曆 14 年<br>（1586 年） | 60 歲 | 年初，罹患脾病，兩年後才病癒。<br>周友山助李贄托身於維摩庵。 | 維摩庵落成。<br>羅汝芳到南京講學。<br>袁宗道考取進士。 |

---

〔註33〕關於李贄去龍湖的時間，學者們有不同得看法。容肇祖認為，西元 1584～1585年，李贄去龍湖。鈴木虎雄認為西元 1588 年李贄從黃安耿家遷到維摩庵，同年又遷往龍湖。侯外盧、陳錦釗和蕭公權共同認為李贄於西元 1585 年遷往龍湖。

| | | | |
|---|---|---|---|
| | | 〔註34〕<br>贄與耿定向的爭執越演越烈。<br>〔註35〕<br>提出「童心說」。<br>作〈與焦弱侯太史〉、〈童心說〉、〈答耿司寇〉、〈答周若莊〉、〈復鄧鼎石〉、〈與焦弱侯〉、〈寄答留都〉。評點《世說新語補》。 | |
| 萬曆15年<br>（1587年） | 61歲 | 寓居麻城維摩庵。<br>秋，贄到黃陂訪祝世祿。謁二程祠。<br>遣家眷歸閩，僅留其弟與其子貴兒相隨。此年貴兒溺死於龍湖。〔註36〕<br>作〈汝師子友名字說〉、〈與焦弱侯〉、〈世說新語補序〉、〈望魯臺禮謁二程祠〉、〈哭貴兒〉、〈與耿司寇告別〉、〈答李見羅先生〉、〈因方子及戲陸仲鶴〉、〈復京中友朋〉、〈與焦從吾〉、〈至後大雪呼鄰人縫衣帶因感而賦之〉、〈復宋太守〉、〈答李如眞〉。 | 二甥胤耳出生。<br>海瑞卒。<br>王襞卒。<br>利瑪竇到南京。 |
| 萬曆16年<br>（1588年） | 62歲 | 寓居麻城維摩庵。夏，贄剃髮，以示不返家。〔註37〕秋，遷至龍潭芝佛院。<br>贄與梅國楨結識。<br>妻黃宜人，逝於泉州府。<br>撰《初潭集》、《觀音問》、《說書》、《焚書》、《藏書》、〈重過曾家〉、〈環陽樓晚眺得碁字〉、 | 羅汝芳卒。 |

〔註34〕《焚書》〈豫約〉：「我初至麻城，曾承庵創買縣城下，今添蓋樓房，所謂維摩庵者，皆是周友山物。」
〔註35〕詳見《焚書》中〈答耿中丞〉、〈答耿司寇〉等書答。
〔註36〕《焚書》〈哭貴兒〉：「骨肉歸故里，僮僕皆我棄。汝我形如影，今朝唯我矣。」另，溝口雄三以為，貴兒為卓吾長子，死於西元1555年。（《李卓吾——正道を步む異端》，東京：集英社，1985年，頁153。）
〔註37〕《李溫陵外記》〈汪靜峰李卓墓碑記〉：「其所以剃髮者，則因家室閒雜人等，時時望我歸去。」

| | | | |
|---|---|---|---|
| | | 〈答焦漪園〉、〈戰國論〉、〈兵食論〉、〈答周柳塘〉、〈答周二魯〉、〈寄答耿大中丞〉、〈復周柳塘〉、〈與焦漪園太史〉、〈何心隱論〉、〈答鄧明府〉、〈秋前約近城鳳裏到周子竹園〉、〈薙髮〉、〈初居湖上〉、〈讀書燈〉、〈中秋劉近城攜酒湖上〉、〈題孔子像於芝佛院〉、〈五死篇〉、〈又與從吾孝廉〉、〈與曾繼泉〉、〈哭黃宜人〉。 | |
| 萬曆 17 年<br>（1589 年） | 63 歲 | 寓居龍潭芝佛院。<br>贄聞羅汝芳訃，撰〈羅近溪先生告文〉。<br>寄《藏書》請焦竑覽教。向焦竑索取《水滸傳》、新版《龍溪先生全集》，並告知《坡仙集》已編輯完成。<br>夏，祝世祿來訪。<br>贄老而無友，自稱「老苦」。<br>作〈丘長孺生日〉、〈與眾樂樂卷〉、〈與莊純夫〉、〈獨坐〉、〈復焦弱侯〉、〈書常順手卷呈顧沖庵〉、〈出門如見大賓篇〉、〈不患人之不己知患不知人〉、〈答周柳塘〉、〈送鄭子玄兼寄弱侯〉、〈又與焦弱侯〉。 | 焦竑中一甲進士第一名。<br>無念入京，會見李贄的友人們。<br>《忠義水滸傳》一百回本刻行。 |
| 萬曆 18 年<br>（1590 年） | 64 歲 | 春，寓居龍潭芝佛院。後因耿定向的驅逐，贄離開龍潭，到武昌，入衡州，重回龍潭。<br>刻《說書》、《焚書》、與《藏書》部分篇章。<br>《焚書》收有疾言批評耿定向之書信，此書一出，耿立即撰《求儆書》，號召眾人，攻擊李贄。<br>劉東星遣子用相，前來出家，向贄學道。<br>作〈自刻說書序〉、〈焚書自序〉、〈與曾中野〉、〈與周貴卿〉、〈答劉賓長〉。 | 周思久卒。 |

| 萬曆 19 年<br>（1591 年） | 65 歲 | 寓居龍潭芝佛院。<br>公安三袁來訪。〔註38〕<br>秋，耿定向門人蔡毅中著《焚書辨》，駁斥李贄，謂《李氏焚書》「承風步影，毒流百世」。<br>贄以「左道惑眾」之名被逐。<br>赴武昌，依劉東星。<br>作〈答周友山〉、〈與周友山書〉、〈與馬伯時〉、〈復楊定見〉、〈與劉晉川〉、〈答劉方伯書〉、〈答友人書〉、〈自武昌渡江宿大別〉、〈寄焦弱侯〉、〈與焦弱侯〉、〈答劉晉川書〉 | |
|---|---|---|---|
| 萬曆 20 年<br>（1592 年） | 66 歲 | 寓居武昌。<br>贄關心寧夏兵變事件，得知梅國楨被任命為監軍，很欣慰。<br>夏，託周友山帶《焚書》、《說書》、《坡仙集》與《孟子》批點本，給焦竑。<br>批點《水滸傳》。<br>秋，贄患痢。<br>作〈復陶石簣〉、〈與劉肖川〉、〈與河南吳中丞書〉、〈與周友山〉、〈與焦漪園〉、〈答陸思山〉、〈寓武昌郡寄真定劉晉川先生〉、〈復麻城人書〉、〈二十分識〉、〈因記往事〉、〈與焦弱侯〉、〈戲袁中夫〉、〈與友山〉、〈又與周友山書〉、〈寄京友書〉、〈與梅衡湘〉、〈登樓篇〉、〈忠義水滸傳序〉。 | 二月，寧夏兵變。<br>四月，梅國楨被任命為監軍，前往寧夏平叛。<br>五月，日本豐臣秀吉攻擊朝鮮。朝鮮向明朝求救。<br>袁宏道考取進士。 |
| 萬曆 21 年<br>（1593 年） | 67 歲 | 春，自武昌回麻城龍湖。<br>為梅國楨《西征奏議》寫跋。<br>夏，三袁來訪並問學於贄。<br>深有遊方在外，贄代為主持芝佛院事務。<br>作〈又與楊鳳裏〉、〈題繡佛精舍〉、〈觀音問·答澹然師〉、〈盆 | 梅澹然落髮為尼。<br>七月，朝廷召還援朝鮮大軍。<br>八月，詔通海禁。 |

---

〔註38〕 中文出版社所附〈李贄年譜〉，認為袁宏道於萬曆 19 年到麻城訪李贄；萬曆 21 年，三袁再次訪李贄。

| | | | |
|---|---|---|---|
| | | 荷〉、〈與明因〉、〈答以女人學道為見短書〉、〈西征奏議後語〉、〈移住上院邊廈告文〉、〈三大士像議〉、〈答袁石公〉、〈宿天台頂〉、〈重來山房贈馬伯時〉、〈與馬伯時侍御〉、〈寒燈小話〉、〈告土地文〉、〈代深有告文〉、〈又告〉、〈禮誦藥師告文〉、〈安期告眾文〉、〈列眾僧職事〉、〈戒眾僧〉。 | |
| 萬曆 22 年（1594 年） | 68 歲 | 寓居麻城龍湖芝佛院，著書、講道。<br>汪本鈳求學於贄。〔註 39〕<br>耿定向重病，著〈學彖〉、〈馮道論〉，攻擊李贄。<br>麻城人逼迫李贄，揚言要拆毀芝佛院。<br>作〈禮誦藥師經華告文〉、〈代常通病僧告文〉、〈窮途說〉、〈三叛記〉、〈重刻五燈會元序〉、〈與周友山〉、〈讀顧冲庵辭疏〉、〈答周友山〉、〈復丘長孺〉。 | 各省天災、糧荒，民變四起。〔註 40〕<br>方時化考取舉人。 |
| 萬曆 23 年（1595 年） | 69 歲 | 寓居麻城龍湖芝佛院，著書、講道。<br>耿定向門生，史旌賢，任湖北分巡道，迫害李贄。<br>潘士藻帶《闇然堂類纂》來訪，贄因此寫〈闇然堂類纂引〉、《闇然錄最》。<br>莊純夫、方沆來訪，贄寫〈征途與共〉、〈征途與共後語〉。<br>經周思敬斡旋，贄與耿定向和解。<br>批選《因果錄》，作〈答來書〉、〈與耿克念〉、〈與馬伯時〉、〈復顧冲庵翁書〉、〈與耿克念〉、〈與城老〉、〈耿楚倥先生傳〉、〈莊純夫還閩有憶〉。 | 二妹孝莊卒。<br>冬，湖廣災。〔註 41〕 |

〔註 39〕中文出版社所附〈李贄年譜〉，認為汪本鈳求學於贄是在西元 1592 年。
〔註 40〕《明神宗》‧本紀 1。
〔註 41〕《明通鑒》卷七十。

| | | | |
|---|---|---|---|
| 萬曆 24 年<br>（1596 年） | 70 歲 | 丘長孺來訪。<br>耿定向卒。<br>秋，往山西沁水，依劉東星。撰。<br>作〈讀若無母寄書〉、〈丘長孺訪余湖上兼有文玉〉、〈答友人書〉、〈讀書樂并引〉、〈豫約〉、〈至日自誦謝主翁詩〉、〈與汪鼎甫〉、〈與潘雪松〉、《讀孫武子十三篇》、《讀升菴集》。〔註42〕 | |
| 萬曆 25 年<br>（1597 年） | 71 歲 | 居沁水，與劉東星父子完成《明燈道古錄》。撰〈壽劉晉川六十序〉。<br>往山西大同，依梅國楨。著《孫子參同》。修訂《藏書》。<br>往北京，寓西山極樂寺。著《淨土決》、〈九日至極樂寺聞袁中郎且至因喜而賦〉。 | |
| 萬曆 26 年<br>（1598 年） | 72 歲 | 春，於北京作〈元日極樂寺大雨雪詩〉。<br>著《老人行》、《選錄睽車志》、《坡公年譜》。<br>梓行《龍溪先生文錄抄》。<br>同焦竑往南京，住永慶寺。<br>與焦竑、方時化等人讀《易》，並撰《易因》。<br>與利瑪竇三次會面。〔註43〕 | |
| 萬曆 27 年<br>（1599 年） | 73 歲 | 《藏書》於南京付梓。〔註44〕 | |
| 萬曆 28 年<br>（1600 年） | 74 歲 | 春，應劉東星之邀，往山東濟寧。<br>在山東濟寗編《陽明先生道學鈔》、《陽明先生年譜》。 | |

〔註42〕此書有人認爲是僞作。

〔註43〕《續焚書》・〈與友人〉：「承公問及利西泰，西泰，大西域人也。……我已經三度會面。」

〔註44〕萬曆己亥年（西元 1595 年）焦竑〈李氏藏書序〉：「今爲藏書，刻於金陵，凡六十八卷。」

| | | |
|---|---|---|
| | 秋，袁宗道卒，李贄撰〈哭袁大春坊〉。<br>返麻城芝佛院。<br>冬，麻城以「逐遊僧，毀淫寺，維持風化」之名，逐李贄。<br>贄隨馬經綸往河南商城黃檗山。<br>增訂《焚書》並再版。刊刻《坡仙集》、《易因》。 | |
| 萬曆 29 年<br>（1601 年） | 75 歲 | 二月，隨馬經綸往河北通州。<br>袁中道來訪。<br>撰《史閣》、《釋子須知》、《言善篇》，修訂《易因》更爲《九正易因》。 | |
| 萬曆 30 年<br>（1602 年） | 76 歲 | 多病，二月五日，草〈遺言〉。<br>《九正易因》脫稿。<br>閏二月乙卯，禮部給事中張問達疏劾李贄。〔註45〕<br>三月初，被捕入獄。<br>三月十五日，以剃刀自刎，氣不絕，二日乃死。〔註46〕 | |

其他有關李贄生平的資料，可見於吳虞〈明李卓吾別傳〉、黃雲眉〈李卓吾事實辨正〉、鈴木虎雄〈李卓吾年譜〉、容肇祖〈李卓吾評傳〉、吳澤〈名教的叛徒李卓吾〉、邱漢生〈泰州學派的傑出思想家李贄〉、鍾明元〈我國封建

〔註45〕疏文：「李贄壯歲爲官，晚年削髮，近又刻《藏書》、《焚書》、《卓吾大德》等書，流行海內，惑亂人心。以呂不韋、李園爲智謀，以李斯爲才力，以卓文君爲善擇佳耦，以司馬光論桑弘羊欺武帝爲可笑，以秦始皇爲千古一帝，以孔子之是非爲不足據，狂誕悖戾，未易枚舉，大都刺謬不經，不可不燬者也！尤可恨者，寄居麻城，肆行不簡，與無良輩遊于庵院，挾妓女，白晝同浴，勾引士人妻女，入庵講法，至有攜衾枕而宿庵觀者，一境如狂。又作《觀音問》一書，所謂觀音者，皆士人妻女也。後生小子，喜其猖狂放肆，相率煽惑。至於明劫人財，強摟人婦，同於禽獸而不之恤。邇來縉紳士大夫，亦有誦咒念佛，奉僧膜拜，手持數珠，以爲戒律，室懸妙像，以爲皈依，不知遵孔子家法，而溺意于禪教沙門者，往往出矣。近聞贄且移通州，通州離都下僅四十里，倘一入都門，招致蠱惑，又爲麻城之續。望敕禮部檄行通州地方官，將李贄解發原籍治罪，仍檄行兩畿各省將贄刊行諸書，並搜簡其未刊者，盡行燒毀無令貽禍亂于後，世道幸甚。」（《明神宗萬曆實錄》卷369）
〔註46〕李贄在獄中留偈：「志士不忘在溝壑，烈士不忘喪其元。」

社會後期傑出的法家李贄〉、陳惠翔〈關於李贄〉、趙沈萍〈反映市民階層要求的傑出思想家——李贄〉、張建業〈明代思想家李贄在山西〉、張建業〈明代進步思想家李贄在河北〉、張建業〈明代進步思想家李贄在河南〉、孟坡〈白眼誰能識，疏狂一老身——李贄生平簡介〉、黃征〈李贄吃肉，也飲酒〉、陳世昭〈李贄——明末反封建啓蒙思想的先驅〉、陳少欽〈李贄——中國古代異端文化的傑出代表〉、陸昭環〈李贄其人〉、周月亮〈異端也在傳統中——祭童心大俠李卓吾〉、魏崇新〈明代異端思想家李贄〉、喬長路〈李贄的人生軌跡〉、王基西〈理學家小傳（51）——溫陵先生李贄〉等論文。

有關李贄生平細部的探討，可見於林海權〈天中山在哪裡？李贄初入天中山是在哪一年？〉、陳曼平〈李贄的仕履、政績及其行蹤考略〉、景雲〈李贄晚而不歸，欲歸何處〉、張海平〈李贄辭官的心路歷程〉、陳瑞生〈論李贄寓居湖廣之黃安麻城〉、林其泉〈李贄棄官與出家新探〉、郝曉莉〈李贄宦滇事蹟考述〉、錢杭〈李贄與利瑪竇的幾次會見〉、劉月蓮〈李卓吾與利西泰——萬曆中西超儒之晤〉、陳玉東〈李贄與三袁會見考述〉、周祖譔〈李贄下獄事探微〉、林其賢〈李卓吾自殺原因試探〉、黃卓越〈李贄之死——重估思想史上的一段公案〉、任繼愈〈李贄的悲劇結局〉、胡冠瑩〈論李贄的悲劇〉、胡全章〈難做眞人：李贄的悲劇人生〉。

## 二、李贄著作介紹

### （一）前人的整理

李贄的著作到底有多少部？他自己編輯的有幾部？後人幫他編輯的有幾部？根據明代與李贄交往的人敘述，將明代當時所見李贄的著作，茲列於下：

1. 焦竑〈李氏藏書序〉：「余知先生之書當必傳，……書三種：一《藏書》，一《焚書》，一《說書》。」

2. 袁中道〈李溫陵傳〉：「公素不愛著書，初與耿公辯論之語，多爲掌記者所錄，遂裒之爲《焚書》。後以時義詮聖賢深旨，爲《說書》。最後理其先所詮次之史，焦公等刻之於南京，是爲《藏書》。」

3. 汪可受〈卓吾老子墓碑〉：「老子好讀書，多所著述，有《焚書》、《藏書》、《說書》之屬行於世。」

4. 湯顯祖〈李氏全書總序〉：「世假李氏書夥甚，眞出其手者，雅推《藏書》、《焚書》、《說書》。」

侯外廬在《中國思想通史》〔註47〕中曾做一些過整理，他將李贄的著作分成三部分：

> 第一部份是李贄生前刻成的，有《李氏藏書》、《李氏焚書》、《初潭集》、《易因》、《王龍溪先生文錄抄》。

> 第二部分是李贄身後刻成的。有些輯集之作，其中部分單行本則刻於李贄生前，有《九正易因》、《李氏文集》、《李氏續藏書》、《李氏續焚書》、《李氏叢書》、《李氏六書》、《卓吾老子三教妙述》〔註48〕、《陽明先生道學鈔》附《陽明先生年譜》等。

> 這兩部份爲李贄著作的主要部分。

> 第三部分，眞僞參半，須加考定，有《四書評》、《讀升庵集》、《枕中十書》、《世說新語補》、《坡仙集》、《評選三異人集》、其他評《水滸》、《西廂》、《幽閨》、《浣紗》等小說戲曲。

> 其餘《評殘唐五代演義》等，當係僞書。《疑耀》非李贄作。其他未見之作，如《說書》等。當進一步訪求。

晉江地區文管會資料組也有做過「李贄著作目錄總目」，將李贄著作分爲十四類：〔註49〕

1. 史評類五種：《藏書》、《續藏書》、《史綱評要》、《初潭集》、《批點皇明通記》。
2. 書答、雜述類三種：《焚書》、《續焚書》、《三教妙述》。
3. 四書類二種：《四書評》、《道古錄》。
4. 兵家類一種：《孫子參同》。
5. 易經類二種：《易因》、《九正易因》。
6. 道家類一種：《老莊解》。
7. 釋家類三種：《道餘錄》、《心經提綱》、《淨土決》。
8. 集類、評選類十種：《批點世說新語補》、《合選陶王集》、《選批坡仙集》、《讀升庵集》、《評趙文肅公集》、《評三異人集》、《批評龍溪語錄鈔》、《批評國朝名公書啓狐白》、《輯批晁賈奏疏》、《評選張文忠

---

〔註47〕 北京：人民出版社，1960 年。

〔註48〕 又名《言善篇》。

〔註49〕 收入於《李贄思想評介‧資料選輯》，福建省晉江地區文物管理委員會編，福州：福建省晉江地區文物管理委員會，頁 163～187，1975 年。

公奏對稿》。

9. 小說批點類五種:《批評三國志》、《評忠義水滸傳》、《批評西遊記》、《批評繡榻野史》、《評點列國志傳》。

10. 戲曲批點十種:《批點西廂記》、《批評幽閨記》、《批評琵琶記》、《批評古本荊釵記》、《批評紅拂記》、《批評浣紗記》、《批評玉合記》、《批評錦箋記》、《批評金印記》、《批評玉簪記》。

11. 輯選類十一種:《墨子》、《老子解》、《于節闇集》、《陽明先生道學鈔》、《龍溪王先生文錄鈔》、《彙選見稚集外史彙編》、《名文捷錄增補》、《山中一夕話》、《雅笑》、《續皇明詩選》、《華嚴合論簡要》。

12. 著作集類十種:《李氏叢書》、《李溫陵集》、《李氏全書》、《李氏遺書》、《李卓吾遺書》、《枕中十書》、《李卓吾秘書》、《李氏六書》、《實用通俗雲箋》、《李氏尺牘全稿》。

13. 存目類十三種:《說書》、《老農老圃論》、《李氏春秋》、《卓吾大德》、《初談集》、《姑妄編》、《李氏因果錄》、《業報案》、《禪談》、《古德機緣》、《史閣萬年》、《文字禪》、《古文法眼》。

14. 存疑類十二種:《荔鏡記》、《疑耀》、《參訂大隋記》、《薛家將平西記》、《批點殘唐五代史演義》、《評武穆精忠傳》、《七十二朝四書人物演義》、《評龍圖公案》、《李氏逸書》、《破愁新話》、《龍湖閒話》、《七子參同》。

崔文印〈李贄著作與考辨〉〔註50〕將李贄著作分為五種:

1. 李贄生前手自編定和由他人整理而李贄認可的書:包括《老子解》二卷、《心經提綱》、《莊子內篇解》二卷、《世說新語補》、《初潭集》三十卷、《觀音問》不分卷、《李氏說書》、《焚書》六卷、《征途與共》、《讀升庵集》二十卷、《道古錄》二卷、《孫子參同》十三篇、《淨土決》三卷、《選錄睽車志》、《老人行》二冊、《永慶答問》一卷、《坡公年譜》並《後錄》三卷、《龍谿先生文錄抄》九卷、《藏書》六十八卷、《坡仙集》十六卷、《易因》、《王陽明先生道學鈔》八卷、《陽明先生年譜》二卷、《史閣》二十一篇、《釋子須知》、《言善篇》凡六百餘篇、《九正易因》四卷、《闇然錄最》、《湖上語錄》、《墨子批選》、《因果錄》。

2. 李贄歿後由他人編定的書:包括《續藏書》十三卷、《李氏六書》六卷、

《李氏遺書》二卷，附錄一卷、《續焚書》五卷、《李氏文集》二十卷、《李溫陵集》二十卷、《李卓吾遺書十二種》、《李氏叢書十一種》二十三卷、湯顯祖批點《李卓吾全書》五卷。

3. 存疑的書：包括《柞林紀潭》一卷、《枕中十書》、《雅笑》三卷、《李卓吾批選龔賈奏疏》二卷、《三異人集》二十二卷、《三教品》一卷。

4. 偽托的書：包括《四書評》、《李卓吾先生評點忠義水滸傳》一百卷 一百回、《四書眼》、《新鐫李氏藏書忠義水滸全書》一百二十回、《李卓吾批點三國志全像》百二十回、《李卓吾先生批評西遊記》一百回、《史綱評要》三十六卷、《疑耀》七卷、《衡鑑》六十八卷。

5. 見於其他記載和著錄的書：包括《李氏春秋》、《卓吾大德》、《明燈錄》、《龍湖閒話》一卷、《四書說》、《評古德機緣》六卷、《業報案》、《姑妄編》七卷、《李卓吾評趙文肅集》四卷、《批張文忠公奏稿》二卷、《開笑》十四卷、《英雄譜》二十卷、《異史》、《帖氏手鏡》一卷、《家中書札》一卷、《明詩選》二卷，續二卷、《千文印藪書鏡》、《指掌雜字全集》一卷、《士民指掌雜言》二卷、《繡像龍圖公案》十卷、《西游真詮》一百回。

林其賢在《李卓吾研究初編》中附有〈李卓吾著述考〉，他將李贄著作依經、史、子、集、叢書分部；部下再分自著、評選、存目、偽托存疑等類。其分類如下：

1. 經　部
（1）自　著
　　A.《易因》二卷。明刻本、續道藏（萬曆、影萬曆）本。
　　B.《九正易因》無卷數。
　　C.《說書》九卷。明萬曆間王敬宇刊本。
（2）存　目
　　A.《老農老圃論》。
　　B.《批點孟子》一冊。
　　C.《四書評》十九卷。明刻本。

2. 史　部
（1）自　著
　　A.《李氏藏書》，六十八卷。明萬曆 27 年金陵刻本、明萬曆 27 年

方時化校刊本、明萬曆刻本墨校本、明天啓間陳仁錫校刊本、明沈繼震校刊本、明刊本、學生書局影本（據民 58 年新式標點排印本）

B.《遺史》六十卷。萬曆間初刊本。

C.《李氏續藏書》二十七卷。明萬曆 39 年金陵王惟儼刊本、明天啓 3 年古吳陳仁錫評正刊本、明汪修能刻本、明刻本、清順治精刊初印本、學生書局影本。

D.《史綱評要》三十六卷。明萬曆間刊本、河洛圖書出版社影印本（據萬曆 41 年霞漪閣校訂本排印標點本）。

E.《異史》五卷。明袁宏道刊本。

（2）編選批注

A.《皇明三異人錄》四卷。明刻本。

B.《張文忠公奏疏抄》四卷。明刊本、明天啓間刊本。

C.《李卓吾先生批選趙文肅公文集》二卷。明刊本。

（3）存　目

A.《史閣萬年》不分卷。

B.《維摩庵創建始末》無卷數。

（4）偽托存疑

《新鍥李卓吾先生增補批點皇明正續合併通紀統宗》十三卷。明末葉坊刻本、日本元祿 9 年林九兵衛刊本。

3. 子　部

（1）自　著

A.《卓吾子三教妙述》四卷。明萬曆 46 年宛陵劉遜之刻本。

B.《三教品》一卷。明繼志齋刻李氏叢書本。

C.《文字禪》一卷。明刊本。

D.《心經提綱》一卷。明刻本。（今收入《焚書・卷三》、《李氏叢書》）

E.《因果錄》三卷。明刻本、明繼志齋刻李氏叢書本。

F.《淨土訣》一卷。明繼志齋刻李氏叢書本。

G.《老子解》二卷。明刊本、無求備齋老子集成初編本（據明萬曆 43 年亦政堂重刊廣祕笈本影印）、中央圖書館藏《李氏叢書》本。

H.《莊子內篇解》二卷。明刻本、明繼志齋刻李卓吾遺書十二種。

I.《初潭集》三十卷。明萬曆間刻本、明王克安校刊本、明刊朱墨套印本、明刊本。

J.《道古錄》二卷。明萬曆間萬卷樓刊本、蕭天石編《中國子學名著集成珍本・初編第43冊》（據史語所藏本）。

K.《精騎錄》一卷。明袁宏道刊本。

L.《李氏逸書》十三卷。明刊本。

（2）編選批注

A.《陽明先生道學鈔附年譜》九卷。萬曆37年武林繼錦堂刊本。

B.《龍溪先生文錄鈔》八卷。明萬曆26年豁然堂刊本、萬曆27年刻本、萬曆新安吳氏刻本、萬曆間刻本、萬曆43年張汝霖刻龍溪全集本廣文書局影刻本。

C.《讀升菴集》二十卷。明（約萬曆間）刊本。

D.《墨子批選》二卷。明刊本、明繼志齋刻李氏叢書本。

E.《孫子參同》（十三篇）三卷。李氏叢書本。

F.《李卓吾批點世說新語補》二十卷。明萬曆14年刊本、明書林余玘刊本、日安永8年刊本、日元祿7年京東林九兵衛刊本。

（3）存　目

A.《釋子須知》卷數不詳。

B.《道教鈔》。

C.《聖教》。

D.《大慧集鈔評》。

E.《宗門武庫評》。

F.《選錄睽車志》。

（4）偽托存疑

A.《李卓吾彙撰注釋萬形實攷》六卷。明刊本。

B.《疑耀》七卷。明嘉靖精刊初印本、明萬曆36年嶺南張萱刊本、影鈔萬曆36年嶺南張萱刊本、清文淵閣四庫全書本、文瀾閣四庫全書本、嶺南遺書本、日鈔本、日寫本。

C.《山中一夕話》十四卷。明梅墅石渠閣刊本、明屠隆校刊本、清光緒4年排印本（申報館叢書續集本）。

D.《雅笑》三卷。明刻本。

E.《李卓吾先生批點四書笑》。

F.《博纂二王真草隸篆千文印書鏡》不分卷。

G.《李卓吾先生校士民切要帖式手鏡》一卷。

4. 集 部

（1）自 著

A.《焚書》六卷。明萬曆間蘇州刊本、明萬曆間刊本、天啓間閔氏刊硃墨套印本、明吳中刊本、明朱墨印本、清光緒 34 年國學保存會排印國粹叢書本、宣統間陝西鉛印本、民國陝西教育圖書社排印本、民 24 年上海貝葉山房排印中國文學珍本叢書本。

B.《續焚書》五卷。明萬曆間刊本、明刊本。

C.《李氏焚餘》六卷。明刊本。

D.《李卓吾先生遺書》二卷，附錄一卷。明萬曆 40 年陳大來刊本。

E.《李溫陵集》二十卷。明（約萬曆間）顧大韶校刊本。

F.《李氏文集》十八卷。明刊本。

（2）編選批注

A.《李卓吾合選陶王集》四卷。明萬曆 43 年錢塘鍾人傑刊本。

B.《卓吾諸家選》八卷。明刻本。

C.《三異人文集》，二十六卷。明充諧刻本、明氏求古堂刻本、明刻本。

D.《坡仙集》十六卷。明萬曆 28 年繼志齋刻本、萬曆 47 年程明善刊本、萬曆間陳繼儒訂補刊本。

E.《穎濱文鈔》二卷。明末宣和堂刊本。

F.《忠義水滸全書》一百二十回。明萬曆間楊定見刊本、明天啓間郁欲堂刊本、明刊本、清乾隆元年序刊本、日享保刊本。

（3）存 目

A.《老苦》。

B.《征途與共》一冊。

C.《老人行》一冊。

D.《湖上語錄》。

E.《時文古義》二冊。

F.《姑妄編》七卷。

G.《禪談》一卷。

H.《龍湖閑話》一卷。

I.《古德機緣》三卷。

J.《業報案》二卷。

K.《古文法眼》。

L.《大慧集鈔評》

M.《宗門武庫評》。

O.《卓吾大德》。

（4）偽托存疑

A.《李卓吾先生批點西廂記眞本》二卷。明崇禎庚辰刊本。

B.《李卓吾先生批評琵琶記》二卷。明末虎林容與堂刊本。

C.《李卓吾先生批評玉合記》二卷。明末虎林容與堂刊本。

D.《李卓吾先生批評紅拂記》二卷。明末虎林容與堂刊本。

E.《李卓吾先生批評幽閨記》二卷。明末虎林容與堂刊本。

F.《李卓吾先生批評古本荊釵記》二卷。

G.《李卓吾評傳奇五種》十卷。明萬曆間刊本、明末刊本。

H.《李卓吾批評忠義水滸傳》一百回一百卷。明容與堂刻本。

I.《明詩選》二卷，《續皇明詩選》二卷。正德 5 年刊本。

J.《李卓吾選校袁石公先生文集》二十卷。明萬曆 43 年刊本。

K.《新鐫全像武穆精忠傳》八卷。明天德堂刻本，有圖。

L.《李卓吾先生批評三國志》一百二十卷。明刊本、清康熙間吳郡
寶翰樓刊本、清初刊本。

M.《李卓吾先生批評西遊記》一百回。明刊本。

O.《鐫李卓吾批點殘唐五代演義》八卷。明刊本、清初刊本。

P.《新評龍圖神斷公案》十卷。清嘉慶 7 年刊本。

Q.《七十二朝四書人物演義》四十回。

R.《繡榻野史》。

S.《新刊京本春秋五霸七雄全相列國志傳》。

T.《後三國石珠演義》三十回。

U.《大隋志傳》四卷四十六回。

　　　　V.《蔭家將平西演義》八卷。

5. 叢　書

　　　　A.《枕中十書》十卷。明大雅堂刊本、明博極堂刊本、明萬曆間鈔
　　　　　補本。

　　　　B.《李卓吾先生祕書八種》八卷。清康熙 12 年序刊本。

　　　　C.《李卓吾遺書十二種》二十三卷。明萬曆間繼志齋刻本、明刊本、
　　　　　崇禎間燕超堂重刊本。

　　　　D.《李氏全書》二十四卷。明刊本。

　　　　E.《李氏遺說》九卷。約明天啓間刊本。

　　　　F.《李氏六書》六卷。明萬曆 45 年病嗜軒刻本。

　　　　G.《卓吾二書》二冊。民國 65 年河洛出版社景排印標點本。

　　上述這些李贄著作的分類，林其賢的分類最爲精詳，其次則爲崔文印，
侯外廬的分類較爲簡略，晉江地區文管會資料組所做的分類則有多處需要商
榷的地方。

　　侯外廬的時代較早，其分類較爲簡略，因此李贄的許多部書他並未提到，
例如，《李溫陵集》、《老子解》、《莊子解》、《李卓吾先生遺書》、《明燈道古錄》、
《因果錄》、《心經提綱》、《釋子須知》、《淨土決》、《李氏全書》、《闇然錄最》、
《柞林紀潭》、《李氏逸書》、《李卓吾先生祕書八種》、《史綱評要》等，皆未
提及。

　　晉江地區文管會資料組所做的「李贄著作目錄總目」，則有多處需要再經
過考證，因爲其中雜有不少僞書，與書籍本身的錯誤資訊。例如「史評類」
的《批點皇明通記》一書，乃是明代陳建所撰的《皇明通紀》，後經李贄評點，
故此書並非李贄所著。並且《初潭集》乃屬文言小說，不應歸類於「史評類」；
又作者在「存目類」，另收入一部《初談集》，此書應是《初潭集》的誤抄，
李贄的著作中並沒有《初談集》這部書。又例如「著作集類」中所收皆爲叢
書，而《李溫陵集》爲單行本，歸入此類，是明顯的分類錯誤。還有「存目
類」中收入《說書》與《姑妄編》二書，也值得商榷；《說書》目前尚有多部
存世，中央研究院傅斯年圖書館、中國國家圖書館、中國科學院圖書館、山
西省文史館、安徽省博物館、湖南省圖書館、上海圖書館、四川省圖書館等
地，皆有典藏此書；《姑妄編》也有一部典藏於北京大學圖書館。

　　崔文印將李贄著作分爲五類，依序爲：李贄生前手自編定和由他人整理

而李贄認可的書、李贄歿後由他人編定的書、存疑的書、偽托的書、見於其他記載和著錄的書。自明代以來，李贄的著作編定混亂，其中又有作偽的問題，崔文印的分類法，可達到提綱挈領的效果，並且其書目羅列詳贍，是目前可見較完整的李贄著作介紹論文。可是這篇文章依然有些缺漏，例如崔文印在「偽托的書」未提及《熙朝名臣實錄》與《續藏書》的關係，此書乃是書賈偽托焦竑所作，實則是翻刻李贄的《續藏書》。又例如《淨土決》現存有四卷本與一卷本，但他著錄為「三卷本」。又《九正易因》他著錄為「四卷」，此書在書目上著錄多著錄為「四卷」，〔註51〕但現存的《九正易因》皆為「不分卷」，他並沒有區分。

林其賢對李贄著作的分類法，是目前所見最詳盡的，他將李贄著作依經、史、子、集、叢書分部；部下再分自著、評選、存目、偽托存疑等類；第三層則是各書的書目與各書版本。以《焚書》為例，此書內容為李贄的書信與雜述，故屬「集部」的「自著類」，文中介紹《焚書》包括明萬曆間蘇州刊本等九種版本、相關著錄的書目，與序文內容和刊刻過程。但是林氏書籍歸類也有某些需要修改之處，例如，他將《說書》歸入「經部·自著類」，而絲毫未提此書可能是林兆恩《四書正義》的竄改。又例如，早些年《四書評》在臺灣看不到，因此他將《四書評》歸入「經部·存目類」，但此書目前已有《續修四庫全書》的影印本流通。

## （二）本書的分類

李贄的著作數量眾多，總計李贄自己編輯的個人著作、他人幫李贄編輯的著作集、李贄編選與評點他人的著作、李贄評點的小說、再加上他人偽托李贄的著作，數量超過百部。因為李贄著作的數量太過龐大，本論文囿於篇幅有限，再加上筆者在有限的時間內無法整理這麼多書籍，因此本論文所探討的書籍，界定在李贄自己的著作，而不包括上述諸家所列的輯選類、評選類、小說批點類、戲曲批點類等等；若是傳統上被歸類在李贄個人著作，但書籍有偽作的可能性，則本論文在版本論述時會一併討論。

本書對李贄著作的分類法，是先採用四庫分類的方式，將李贄著作全部區分為經、史、子、集四大類（「叢書類」附於「集部」之後）。再從這些大類中區分：哪些書是李贄生前已編輯完成者？哪些書是李贄死後由他人編輯

〔註51〕如朱彝尊《經義考》、徐乾學《傳是樓書目》、吳焯《繡谷亭薰習錄經部》、《明史》〈藝文志〉均著錄《九正易因》為四卷。

刊刻者？哪些書是存疑偽托的？這些書當中屬於當代選集的另分一類。

　　舉例而言，第一類「李贄生前已編輯完成之書」，共有《李氏藏書》、《李氏焚書》等三十多部著作，本書在第三章將這三十多本書依照經史子集順序排列，然後以每一書為單位，分節介紹。以下是本書對李贄個人的著作，分類排序介紹：

### 1. 李贄生前已編輯完成之書

　　在這一類書籍中，經部類書籍有《易因》，與根據《易因》修改的《九正易因》。史部類書籍有《藏書》（此書又名《李氏藏書》）；還有後人根據《藏書》翻刻並易書名者，例如，《藏書世紀》、《藏書紀傳》、《衡鑒》、《遺史》等。子部類書籍方面，道家類的有《老子解》、《道德經解》、《莊子解》、《南華經解》；釋家類的有《心經提綱》、《釋子須知》、《淨土決》、《華嚴經合論簡要》、《言善篇》（此書又名《卓吾老子三教妙述》）等；兵家類的有《孫子參同》；儒家類的有屬年譜的《陽明先生年譜》，有屬語錄的《道古錄》（此書又名《明燈道古錄》）、《永慶答問》；小說類的有《因果錄》、《初潭集》。（按：另李贄有《墨子批選》一書，屬子部類，但此書屬於李贄對《墨子》一書的編選批點，因此本文不將此書歸入李贄個人著作集中。）集部類書籍有《焚書》（此書又名《李氏焚書》，另有後人翻刻本《焚餘》）、《觀音問》、《闇然錄最》。

### 2. 李贄死後由他人編輯刊刻之書

　　在這一類書籍當中，經部與子部皆被收入於「叢書」當中。史部書籍有《續藏書》（又名《李氏續藏書》）。集部書籍有《李溫陵集》、《李氏文集》、《續焚書》（又名《李氏續焚書》）、《李氏遺書》。叢書類書籍有《李氏叢書》（又名《卓吾先生李氏叢書》）、《李氏六書》、《李卓吾先生遺書》、《李卓吾遺書十二種》、《李卓吾全書》等。

### 3. 存疑偽托類

　　在這一類書籍中，確定為偽托的有《疑耀》、《枕中十書》、《大雅堂藏書八種》、《李卓吾先生祕書八種》、《史綱評要》、《熙朝名臣實錄》等六部。至於《四書評》與《李氏說書》，目前學者們對於此二書是否為偽托尚有爭議。其餘的書籍如《柞林紀潭》、《李卓吾古文法眼》、《龍湖閒話》、《湖上語錄》、《李氏逸書》、《李卓吾彙撰註釋萬形實考》、《刻李卓吾先生文章又玄整理》則屬存疑。

#### 4. 當代選集類

李贄著作在當代有許多重新編輯的選集,除了張建業編輯的《李贄文集》套書外,尚有李敖編輯的《李溫陵集》;「鄭振鐸世界文庫」和「世界文學大系叢書」中收入的《李卓吾詩集》、《李卓吾尺牘》、《李氏雜述》;其他還有多種選注本,皆放在當代選集類中介紹。

## 三、李贄著作流傳

### (一)李贄著作在明代的流傳

在明代萬曆 30 年,朝廷下令焚燬李贄著作,禮部給事中張問達秉承首輔沈一貫的旨意上奏神宗,說:「李贄壯歲為官,晚年削髮,近又刻《藏書》、《焚書》、《卓吾大德》等書流行海內,惑亂人心。」,因此神宗以「敢倡亂道,惑世誣民」的莫須有罪名在通州逮捕李贄,並焚毀他的著作。此事在《明神宗萬曆實錄》卷 369 也有記載:

> 李贄敢倡亂道,惑世誣民,便令廠衛五城,嚴拿治罪。其書籍已刊
> 未刊者,令所在官司,盡搜燒毀,不許存留。如有徒黨曲庇私藏,
> 該科及各有司訪參奏來並治罪。

李贄去世後,雖然朝廷下令焚毀李贄著作,可是李贄的著作卻依然在民間不斷的刊刻與流傳,並且出現許多托名為李贄所作的偽書。當時手中收有李贄遺稿者,紛紛整理遺稿,刊刻出版。例如,萬曆 39 年,王惟儼在金陵刊行《續藏書》,這些稿子是眉源蘇公弔李贄之墓後,訪遺編於馬經綸處所得;萬曆 42 年,楊定見於吳縣刊刻其所收藏的《李卓吾評忠義水滸全傳》;明萬曆 46 年,李贄學生汪本鈳蒐集李贄未刊刻的稿子於新安刊行《續焚書》。

有些文人與李贄素不相識,但心中景仰李贄,也將李贄的著作收集整理一番,重新編輯後再刊刻出版。例如,顧大韶編輯校刻《李氏六書》、《李溫陵集》和《李氏文集》;湯顯祖編輯刊刻《李氏全書》。

還有一些人托名李贄以出版偽書,其內容在傳播李贄的思想或是藉以宣揚自己的思想。例如,吳從先刊刻《史綱評要》、葉晝偽造《四書評》、張萱出版《疑耀》。偽托李贄之名者,有許多是才學之士,他們甘冒獲罪的危險,也要「套先生之口氣,冒先生之批評」。〔註52〕

---

〔註52〕《續藏書》〈續刻李氏書序〉。

　　李贄的友人與弟子，也看到了李贄著作大量流通，真偽並存的情形。焦竑在〈續藏書序〉言道：「宏甫歿，遺書四出，學者爭傳誦之。其實真膺相錯，非盡出其手也。」張鼐〈讀卓吾老子書述〉也說：「卓吾死而其書重。卓吾之書重，而真書、贗書并傳于天下。」李贄的書籍，無論真偽，在民間大量流行，李贄弟子汪本鈳在〈續刻李氏書序〉形容道：「海以內無不讀先生之書者，無不欲盡先生之書而讀之者，讀之不已或並其偽者而亦讀矣。」這樣的「李贄熱」，讓朝廷感到不安，因此在明天啓 5 年，朝廷再次下令焚燬李贄著作。

### （二）李贄著作在清代的流傳

　　李贄著作雖然在明代經過兩次焚燬的命運，但是一直到清初顧炎武仍說：「士大夫多喜其書，往往收藏，至今未滅。」「其書行於人間自若也。」〔註53〕可見雖然明代朝廷明令禁止，但成效不彰，李贄的著作依然在明間流通。可是到了清代，文字獄嚴苛，朝廷不但對李贄的著作禁止版刻，甚至也禁止民間收藏；朝廷行文到地方各省，要禁燬李贄著作。

　　在清代的各種禁燬書目中，如《禁書總目》〔註54〕、《銷毀抽毀書目》〔註55〕、《違礙書目》〔註56〕、《清代各省禁書彙考》，皆可發現李贄的著作被查禁的歷史。舉例來說，清代三寶是查禁書非常徹底的一位官員，從他在乾隆時所奏繳的禁書內容可見一斑。他在任職浙江巡撫時，於乾隆四十二年八月初四日，上繳〈續交應燬書籍摺〉（附清單），裡面著錄：

　　《李氏文集》五部。刊本。是書明李贄著，溫陵人。係贄所作各體
　　詩、古文二十卷，其立說多有乖僻。內二部全；一部另板名《李溫
　　陵集》，卷次相同，全；又一部原缺卷七至卷十一；又一部原缺卷十
　　六至卷二十。《李氏遺書》一部。刊本。是書明李贄著，溫陵人。所

---

〔註53〕顧炎武《日知錄》卷十八·〈李贄〉。

〔註54〕此書爲清代軍機處等編，浙江巡撫羅琅原刊，姚氏咫進齋叢書本。收入《書目五編》，臺北：廣文書局，1972 年 7 月。

〔註55〕此書爲清代英廉等編，姚氏咫進齋叢書本，內容爲清乾隆 47 年 5 月四庫館總裁英廉奏准頒發各省督撫應行銷燬、抽燬各書之清單。收入《書目五編》，臺北：廣文書局，1972 年 7 月。

〔註56〕清代河南省布政史榮柱原刊，姚氏咫進齋叢書本，此書原是清乾隆時和南省所編應行查繳違礙書籍之清冊。收入《書目五編》，臺北：廣文書局，1972 年 7 月。

作詩文雜體，在文集之外分上下卷，語涉乖僻。《李氏焚書》六十三
部。刊本。是書明李贄著，溫陵人。係贄所作各體詩文雜著。內四
十八部全；又十部不全；又《續焚書》五部不全。

他任職閩浙總督時，第二次查禁書籍，查出李贄著作四種，包括《李氏藏書》
六部刊本、《李氏續藏書》五部刊本、《李氏文集》二部刊本、《李氏焚書》三
部刊本。細看其目，在《李氏藏書》下寫道：

是書，李贄輯。今續查出六部，內二部全。一部原缺序目。又一部
原缺卷二十四、卷二十五、卷二十八至三十、卷五十七至六十四。
又一部原缺卷一至卷十八、卷四十至卷四十二、卷六十一至卷六十
四。又一部原缺卷九至卷十三、卷十七至卷十九、卷二十四至二
十五、卷三十二至卷四十一、卷四十九至卷五十七、卷六十一至卷
六十四。又一部只存卷三至卷八。又一部只存卷三、卷四、卷五，
具不全。〔註57〕

一部《李氏藏書》共有 68 卷，在民間私人收藏只剩 3 卷的殘卷，官府一樣要
查禁焚燬，清代文字獄的嚴厲可見一斑，李贄書籍的被查禁命運亦可想見。

因爲清朝對李贄著作的查禁嚴苛，所以清朝的李贄著作版本非常少，只
有清初尚未查禁以前，或清末改革思潮興起後，才有零星的一些刊本或抄本。
例如，《藏書》有「清康熙 47 年刻本」、「清咸豐 2 年芹圃氏鈔本」；《焚書》
有「清光緒 34 年上海國學保存會鉛印本」、「清宣統～民國間鉛印本」等。目
前可見李贄著作的古籍善本，是以明版居多，清版非常少。

### （三）李贄著作在現代的流傳

李贄的思想因爲追求自由、重眞性情、不願被禮法束縛，因此每當要改
革開放、追求自由、推翻禮教時，李贄的思想就會被提起，其著作也會大爲
流傳。五四運動時，因爲要追求自由、民主的思想革新，因此李贄思想被重
視。當時《國粹學報》上刊載了李贄給焦竑的一封信，以及焦竑所作《李氏
焚書序》。1908 年，國學保存會出版李贄的《焚書》。

文化大革命時期，因爲李贄的思想具有反封建的革命性與戰鬥性，因此
被當作打擊舊禮教的英雄，尊稱李贄爲明代傑出的法家思想家，以尊法反儒
的鬥士形象賦予新的歷史地位。這時期關於李贄思想的研究多帶有馬克思主

〔註57〕詳見雷夢辰《清代各省禁書彙考》，北京：書目文獻出版社，頁 191～197，1989
年。

義的色彩，但有關李贄文獻的整理則有相當大的進展。中華書局整理出版了許多李贄的著作，包括《史綱評要》、《焚書》、《續焚書》、《藏書》、《續藏書》、《初潭集》等多部書，這是李贄著作首次有新式標點的版本出現。

　　另一方面台灣也積極保存與推廣李贄典籍，在影印本的出版方面，有藝文印書館出版了《莊子解》和《老子解》三種版本，新文豐出版的《續藏經》保存了《心經提綱》、《淨土決》、《華嚴經合論簡要》等釋家類書；在排印本方面，則有河洛出版社、臺灣學生書局等翻印中華書局出版的李贄著作。

　　最近十數年來，「四庫學叢書」如《續修四庫全書》、《四庫全書存目叢書》、《四庫禁燬書叢刊》，保存影印了多部李贄著作，包括《九正易因》、《四書評》、《李氏續焚書》、《藏書》、《續藏書》、《初潭集》、《李溫陵集》、《李氏焚書》、《李卓吾先生遺書》、《李溫陵外紀》、《大雅堂訂正枕中十書》等。這些叢書所收的版本，大多不同，使得查閱李贄著作版本變得方便許多。

　　2000 年後，李贄著作整理的工作有重大成就，首先，張建業主編的《李贄文集》於 2000 年 5 月初版。這套叢書動員了許多學者專家，針對李贄著作的多種版本，進行大規模的校勘整理。全書共七冊，收入李贄的著作十六部，包括《焚書》、《續焚書》、《藏書》、《續藏書》、《初潭集》、《四書評》、《史綱評要》、《老子解》、《莊子解》、《九正易因》、《因果錄》、《永慶答問》、《柞林紀譚》、《道古錄》、《闇然錄最》、《孫子參同》。《李贄文集》出版後，李贄個人著作除部份佛家類書籍外，幾乎皆有整理過的版本。

　　2008 年出版的《回族典藏全書》也收入不少李贄的作品，包括《史綱評要》、《焚書》、《李氏續焚書》、《藏書》、《續藏書》、《初潭集》、《李溫陵集》等 7 部。此叢書所收之書多為影印本，且所收版本大致與《續修四庫全書》相同。

　　因為資訊的發達，李贄著作也有資料庫可以檢索。目前收入最多李贄著作的資料庫為「中國基本古籍庫」，其收入作品包括《焚書》、《續焚書》、《九正易因》、《藏書》、《續藏書》、《李溫陵集》、《初潭集》、《山中一夕話》，等八部。另外中華電子佛典協會（CBETA）有建立線上佛典資料庫，此資料庫是依照《卍新纂續藏經》所編輯建置，可免費使用，收入有李贄著作《心經提綱》、《華嚴經合論簡要》、《淨土決》等。

## 四、李贄著作的影響

　　李贄生長的背景是沿海工商業發達的城市，市民階級出現，人們有一種

追求自由，反傳統、反禮教的欲望。李贄的地位就在於他繼承了王學的學脈，以及泰州學派「吾身爲天下之大本」的觀念，又精研《易》理，並且思想游於儒佛道三教中，從而論證了「人即道，道即人」、「人外無道，而道外亦無人」的思想，發明了新的理論。

李贄提出「童心說」，他指出「夫童心者，絕假純眞，最初一念之本心也。」人生而具有「童心」，童心就是眞心，「若失卻童心，即失卻眞心，失卻眞心便失卻眞人」。李贄針對理學家「存天理，去人慾」的說法，提出「穿衣吃飯，即是人倫物理」〔註 58〕的辯駁。他反對盲目崇拜，認爲要獲得思想自由，就必須打破孔孟之道及宋明理學的壟斷地位。李贄推崇孔子，但反對以孔子當時之是非來衡量今日之是非。他說：「夫天生一人，自有一人之用，不待取給於孔子而後足也。若必待取足於孔子，則千古以前無孔子，終不得爲人乎？」他也反對「聞見道理」，認爲「以聞見道理爲心矣，則所言者皆聞見道理之言，非童心自出之言。」就是「以假人言假言而事假事、文假文」，至於「《六經》、《語》、《孟》乃道學之口實，假人之淵藪也，斷斷乎其不可以語於童心之言，明矣。」

### 1. 思想方面的影響

李贄的思想在晚明產生了巨大的影響，直接受到影響的有公安三袁、湯顯祖等人，這個影響延續到清代有錢謙益、顧炎武、王夫之、黃宗羲，到民國有五四運動，直至當代依然有很大的影響力。

清初三大思想家：顧炎武、王夫之、黃宗羲都有受到李贄思想的影響。顧炎武從李贄「人必有私」觀點，發展出「公天下」的理論，因爲肯定人民有「自私自爲」的權利，所以他提出了「合天下之私，以成天下之公」的思想。王夫之雖然稱李贄「導天下於邪淫，以釀中夏衣冠之禍，豈非逾於洪水、烈於猛獸者乎？」但是他也接收了李贄「人必有私」、「推而擴之，與天下爲公」的觀點，〔註 59〕從而發展出「公天下而私存」的理論。黃宗羲認爲李贄過於叛離儒家，以屬狂禪，因此不爲李贄立學案。

李贄「童心」的思想也影響到清代。鄭板橋在詩中提到：「青春在眼童心熱」；袁枚提倡「性靈說」；戴震肯定「人欲」，進而提出「血氣心知」；龔自珍的「尊情說」；魏源在其《老子本義》中，更是直接引用多條李贄的論點。

---

〔註 58〕見《焚書》〈答鄧石陽〉。
〔註 59〕見王夫之《讀通鑑論》。

## 2. 文學方面影響

李贄的戲曲理論，有收在《焚書》中《雜述》裡，包括〈雜說〉、〈童心說〉、〈讀律膚說〉等篇。「童心說」的觀點，帶出了文學創作的幾個理論，包括「化工」與「畫工」的概念、「發憤著書說」、「怒罵成詩說」、公安派的「性靈說」……等。

### （1）提出「童心說」

「童心」即真心，「夫童心者，絕假純真，最初一念之本心也。」〔註60〕李贄認為，人心因為受了理學思想的錮桎，「童心」就遭到損害，以致「言假言，事假事，文假文」。〔註61〕文學創作要表現童心、要抒發真情，強調要順乎人性之自然來表達，不要矯飾。文學是作者「胸中有如許無狀可怪之事，其喉間有如許欲吐而不敢吐之物，其口頭又時時有許多欲語而莫可所以告語之處，蓄極既久，勢不能遏。」「發狂大叫，流涕慟哭，不能自止。」他說所謂「作者」，應當是「興於有感而志不容己，或情有所激而詞不可緩之謂也。」〔註62〕反之，「文非感時發己，或出自經畫康濟，千古難易者，皆是無病呻吟，不能工。」〔註63〕

### （2）「化工」與「畫工」

李贄提出「化工」與「畫工」的概念，他推崇「自然之美」，認為「化工」遠勝於「畫工」，稱《西廂記》、《拜月亭記》為「化工」，稱《琵琶記》為「畫工」。

「畫工」是指作品只刻意求形似，而缺少變化與韻味，「畫工雖巧，已落二義。」李贄認為，「自然之謂美」即所謂的「化工」，在描繪人物時要合乎其本色，「說淫婦便像個淫婦，說烈漢便像個烈漢，說呆子便像個呆子，說馬泊六便像個馬泊六，說小猴子便像個小猴子，但覺讀一過，分明淫婦、烈漢、馬泊六、小猴子聲音在耳，不知有所謂語言文字也。」〔註64〕

### （3）文學創作影響

公安派的袁宏道、袁宗道、袁中道三兄弟，多次到麻城龍潭湖向李贄請教，和李贄一起論學。他們受到李贄思想的影響，在文學創作上反對擬古。

---

〔註60〕見《焚書》〈童心說〉。
〔註61〕見《焚書》〈童心說〉。
〔註62〕見《藏書》‧史學儒臣‧〈司馬遷〉。
〔註63〕見《續焚書》〈復焦漪園〉。
〔註64〕見《水滸傳》‧二十四回。

竟陵派繼公安派而起，也繼承了李贄的文學理念，提倡反擬古、反傳統，要求文學創作要「獨抒性靈，不拘格套」、「幽深孤峭」。

馮夢龍受到李贄思想的影響，對「情」的地位大加提升，他在〈情史序〉中云：「擇取古今情事之美者，各著小傳，使人知情之可久，於是無情化有，私情化公，庶鄉國天下，藹然以情相與。」其所編的《山歌》和《三言》、《二拍》是代表。

湯顯祖受到李贄思想的影響，在戲曲創作方面表現出「因情成夢」的意象，他認爲「世總爲情，情生詩歌而行於神。天下之聲音笑貌，大小生死，不出乎是。」

代表作是《牡丹亭》。李玉在《清忠譜》中，將主角顏佩韋塑造成一位保持童心的至情至性之人。顏佩韋在劇中自述道：「不讀詩書，自守著孩提眞性；略知禮義，偏厭那學究斯文。」

（4）小說評點影響

早期的小說評點多是書坊主人所寫，內容是對小說的簡單介紹，李贄是第一位以文人的身份加入小說評點行列之人，他並開啓了文人評點小說的風氣。他寫道：「《水滸傳》批點得甚快活人，《西廂》、《琵琶》塗抹改竄得更妙。」〔註65〕當時人也說：「人言《水滸》奇，果奇。……若無卓老揭出一段精神，則作者與讀者千古俱成夢境。」〔註66〕在李贄之後有許多文人評點本出現，諸如金聖嘆評點《第五才子書》、毛倫與毛宗崗父子評點《三國演義》、張竹坡評點《金瓶梅》、胭脂齋評點《紅樓夢》、閑齋老人評點《儒林外史》等。

（5）提高俗文學地位

在俗文學方面，李贄以前戲曲小說等俗文學一直被世大夫所瞧不起，李贄提高了小說、戲曲的地位，將其提升至與詩、文同樣重要的位置，與六經、《論語》、《孟子》並提。李贄認爲，文學作品的體裁與風格是隨時代變化的，「孰謂傳奇不可以興、觀、群、怨？」，因此他提出新的觀點：只要有童心、有眞心，就會有好的文學作品。他說：「詩何必古選？文何必先秦？降而爲六朝，變而爲近體，又變而爲傳奇，變而爲院本，爲雜劇，爲《西廂記》，爲《水滸傳》，爲今之舉子業，皆古今至文，不可得而時勢先後論也。」〔註67〕

---

〔註65〕見《續焚書》〈與焦弱侯〉。
〔註66〕見袁宏道〈東西漢通俗演義序〉。
〔註67〕見《焚書》〈童心說〉。

李贄奠定戲曲小說的文人評點模式，透過序跋、評點、雜談、書信等方式，提高了俗文學文本上的美學價值與文學地位，並且對俗文學的創作有指導作用，促使更多人投入通俗文學的創作。另一方面，一般人通過李贄小說戲曲的評點，比較容易閱讀與欣賞小說戲曲文本，這使的更多人願意去欣賞俗文學，也大大的促進了明代通俗文學的傳播與普及。

### 3. 社會風氣方面

李贄尊重女性，反對男尊女卑，反對歧視婦女。他認為婦女的智力不亞於男子，讚揚某些婦女「才智過人，識見絕甚」，「男子不如」。〔註68〕他寫了一篇〈答以女人學道為見短書〉，〔註69〕駁斥「婦女見短，不堪學道」的說法，他認為，人們的見識是由其所處的環境所決定的，並不是先天帶來的，「夫婦人不出閨域，而男子則桑弧蓬矢以射四方，見有長短，不待言也。……故謂人有男女則可，謂見有男女豈可乎？謂見有長短則可，謂男子之見盡長，女人之見盡短，又豈可乎？」

在男女地位方面，李贄藉著批點《西廂記》、《拜月亭》，來肯定自由戀愛，反對強迫女子守貞節，肯定女子有追求幸福的權利。他主張婚姻自由，歌頌卓文君和司馬相如戀愛的故事，認為此乃是歸鳳求凰之美事。

在李贄所處的晚明時代，沿海倭寇擾民嚴重，西北有西寧兵變，李贄深感武事的重要。他認為「知兵之將，民之司命，國家安危之主。」。〔註70〕他提倡耕戰，主張「務農講武，不可偏廢」〔註71〕、「蓋有所生，則必有以養此生者，食也。有此身，則必有以衛此身者，兵也。」。〔註72〕

### 4. 國外方面

李贄的思想在日本通過吉田松陰《幽室文稿》，而廣為人知。吉田松陰是日本明治維新運動的先驅者，著名的漢學家和兵學家，他曾熟讀李贄的《焚書》和《藏書》，而且作《李氏焚書抄》，受到李贄在《焚書》中所闡述的生死觀的影響，體認出「死非可好，亦非可惡，道盡心安，便是死所。世有身死而心死者，有身死而魂存者。心死，生無益也；魂存，亡無損也。」〔註73〕

---

〔註68〕見《初潭集》〈才識〉。
〔註69〕見《焚書》。
〔註70〕見《孫子參同》。
〔註71〕見《李卓吾批點皇明通記》。
〔註72〕見〈兵食論〉。
〔註73〕見《幽室文稿》〈與高杉晉作書〉。

的道理。

西方人知道李贄，首先是通過利瑪竇的《中國箚記》，此書詳細記敘了利瑪竇與李贄的交往。1615 年《中國箚記》在西方出版，陸續被譯爲各種文字，先後有四種拉丁文本、三種法文本、以及德文本、西班牙文本、義大利文本和英文摘譯本各一種，1942 年出版了完整的英譯本，1978 年又出版了法文新譯本。

# 第三章　李贄著作與版本考定

**本章編輯體例：**

1. 本章是將李贄的個人著作一部一部條列介紹。各書的文獻資料以臺灣典藏爲主，旁及島內所能查閱到的大陸、香港、日本、歐美等各大圖書館書目資料。

2. 分類方式是先將李贄著作區分四大類，每一大類爲 1 小節：第 1 節是李贄生前已編輯完成、第 2 節是李贄死後由他人編輯刊刻之書、第 3 節是存疑僞托之書、第 4 節是李贄著作當代選集。

3. 每一小節內以各「書名」當子目。「書名」是按照經、史、子、集、叢書的順序排列。若有缺類，則遞序而下。

4. 介紹每一部書的排列體例時，依序是：提要、序跋文、目錄、目前可見版本、刊刻與版本源流、相關研究論文。若有缺項，則遞序而下。

5. 目前可見版本區分爲：古籍善本、影印本、排印本、電子文獻等四類。若有缺類，則遞序而下。

6. 「古籍善本」各著錄項的排序爲：版本、叢書名、(出版社與出版時間)、資料格式、版匡高廣、行格版式、序跋、卷端題字、其他、典藏地、資料來源。若有缺項，則遞序而下。若某版本中有某一部書的特定資料，如其函數、冊數、藏印、朱墨筆點校、序跋等，與他書不同，則會以註腳方式標明。

7. 「影印本」各著錄項的排序爲：叢書名、出版社、出版時、資料格式、原書版匡、行格版式、序跋文、卷端題字、其他、附錄、影印來源。

若有缺項，則遞序而下。

8. 「排印本」各著錄項的排序爲：叢書名、出版社、出版時、資料格式、
序文、其他、附錄。若有缺項，則遞序而下。

# 第一節　李贄生前已編輯完成之書

## 1-1　經　部

### 一、《易因》

#### （一）提　要

《易因》，有「明萬曆28年陳邦泰刻本」與「萬曆35年道藏本」兩種，此
書又名《李氏易因》、《李氏易圖》。《明史》〈藝文志〉著錄作四卷。今「陳邦泰
刻本」有二卷；「道藏本」有六卷，收入於《續道藏》（第1097至1100冊）。

此書爲李贄以己意解釋《周易》六十四卦著作，並附錄諸儒之說。每卦
先列經文，然後總論卦象義理，並附錄王弼、程頤、蘇軾、方時化等諸儒之
說。書中對《易經》之解釋重在義理，頗近乎禪，與李贄哲學思想相符。清
儒朱彝尊《經義考》卷55、《四庫全書總目》〈易類存目〉皆著錄此書。〔註1〕

#### （二）序　文

〈易因小序〉〔註2〕

李禿翁序讀《易》之因，云：余自幼治《易》，復改治《禮》，以《禮
經》少決科之利也。至年十四，又改治《尚書》，竟以《尚書》竊祿。
然好《易》，歲取《易》讀之，而讀輒不解，輒亦遂止，然終好也。
以終好故，輒止輒讀，不知凡幾讀，而凡幾止。

因自恨頑愚，決不能觀象玩辭，觀變玩占。若所云，其爲棄物，無
疑於是。始投荒谷，專一究心，釋典《老》、《莊》諸書。雖若因而
有契於畫前之《易》，然尚未敢明言讀《易》，以《易》道深也。

---

〔註1〕參考資料：道藏典籍推廣 http://www.enweiculture.com/culture/tem/xdz/xdz4.htm
（2009年4月1日檢索）

〔註2〕「道藏版」的《易因》無序文，此篇〈易因小序〉是據《李溫陵集》第11卷
輸入。

今余年七十又四矣,偶遊都下,獲偕焦弱侯先生南行。先生深明《易》道,其徒方時化者,亦通《易》。以先生家白下,即自新安徙家來就先生以居。

以故每夜輒會,每會輒講,每講輒與坐而聽焉。有新得時,化又輒令其徒汪本鈳記載之,既成褒,即且印行,以請正四海高明上士,而令余述其因。如此余因而述曰:「余不意既老,乃遂得以讀《易》,遂得以終老,遂得以見三聖人之心,于千百世之上也。」

蓋至今日,而《老》、《莊》釋典不足言矣。此非焦先生之功、方時化伯雨諸君之力;與其夜夜往聽者,白下馬逢暘,亦焦先生門人;有時往聽者,新安吳明貢,亦與汪本鈳同里。然本鈳從余,自北而南,閱四歲矣,而終不思歸,殆少年之極篤志者。最後乃得山西劉用相,自沁水迢遞而來,欲面聽焦先生與方伯雨《易》說,從秋徂冬,經春不去,又一奇也。

嗚呼!是余之幸也夫!是余之所喜述也夫!

## (三)目　錄
### 卷　上

| | | | |
|---|---|---|---|
| 乾 | 坤 | 屯 | 蒙 |
| 需 | 訟 | 師 | 比 |
| 小畜 | 履 | 泰 | 否 |
| 同人 | 大有 | 謙 | 豫 |
| 隨 | 蠱 | 臨 | 觀 |
| 噬嗑 | 賁 | 剝 | 復 |
| 無妄 | 大畜 | 頤 | 大過 |
| 坎 | 離 | | |

### 卷　下

| | | | |
|---|---|---|---|
| 咸 | 恒 | 遯 | 大壯 |
| 晉 | 明夷 | 家人 | 睽 |
| 蹇 | 解 | 損 | 益 |
| 夬 | 姤 | 萃 | 升 |
| 困 | 井 | 革 | 鼎 |

| | | | |
|---|---|---|---|
| 震 | 艮 | 漸 | 歸妹 |
| 丰 | 旅 | 巽 | 兌 |
| 渙 | 節 | 中孚 | 小過 |
| 既濟 | 未濟 | | |

## （四）目前可見的各種版本

### 1. 各大圖書館藏古籍善本

《易因》二卷，〔註3〕〔明〕李贄撰。

版本：明萬曆 28 年陳邦泰〔註4〕刻本。

版框高廣：22.7 公分×15 公分。

行格版式：9 行，20 字。白口，四周單邊，單黑魚尾，版心上鐫書名。

本書據《易經》原書分爲兩部份。

卷末鐫「秣陵陳邦泰錄梓」。

典藏地：中國國家圖書館、北京大學圖書館〔註5〕、天津圖書館〔註6〕、天津市人民圖書館、中國歷史博物館、湖北省圖書館。

資料來源：中文古籍書目資料庫、中國古籍善本書目聯合導航系統。

《易因上經》三卷、《易因下經》三卷，〔明〕李贄撰。

版本：明萬曆 35 年張國祥刊本。

叢書名：《續道藏》。〔註7〕

序跋：本書卷首無序文。

典藏地：中研院傅斯年圖書館、中國國家圖書館、北京圖書館、上海圖書館、四川省圖書館、東京大學東洋文化研究所。〔註8〕

---

〔註 3〕 此書書名據卷末和版心處題名「易因」著錄。

〔註 4〕 陳邦泰，字大來，南京刻書家。

〔註 5〕 藏印：「粤人吳榮光印」、「曾在吳石雲處」、「吳氏筠清館所藏書畫」。資料來源：《中國善本書提要》。

〔註 6〕 資料格式：4 冊 1 函。30 公分×19 公分。

〔註 7〕 《道藏》，是由明朝第四十三代天師張宇初及其弟張宇清奉詔主持編修，刊成於明正統十年（1445），稱作《正統道藏》。明神宗萬曆三十五年（1607），又命第五十代天師張國祥主持編成《續道藏》，正續《道藏》共收入各類道書一千四百七十六種，五千四百八十五卷，分裝成五百一十二函。其中有大批道教經典、論集、科戒、符圖、法術、齋儀、讚頌、宮觀山志、神仙語錄和道教人物傳記，還收入不少諸子百家著作。

〔註 8〕 資料庫名：所藏漢籍分類目錄。編號：A044100。子目號碼：14540。索書號：

資料來源：中國叢書、中文古籍書目資料庫、中國古籍善本書目聯合
導航系統、《中國善本書提要》。

《易因》二卷，〔明〕李贄撰。

版本：明嘉靖刻本。

資料格式：2冊。

典藏地：中國國家圖書館。

資料來源：中國古籍書目資料庫。

《易因上經》三卷、《易因下經》三卷，〔明〕李贄撰。

版本：民國 12～15 年（1923～1936）上海商務印書館據《續道藏》
萬曆 35 年本影印。

叢書名：《道藏・續集》第 1097～1100 冊。

資料格式：共 4 冊，附圖。

典藏地：中研院傅斯年圖書館、北京圖書館、首都圖書館、中國科
學院圖書館、北京師範大學圖書館、清華大學圖書館、上海圖書館、
復旦大學圖書館、華東師範大學圖書館、上海辭書出版社圖書館、
天津市人民圖書館、遼寧省圖書館、吉林市圖書館、吉林大學圖書
館、南京圖書館、南京大學圖書館、浙江圖書館、杭州大學圖書館、
河南省圖書館、湖北省圖書館、四川省圖書館、重慶市圖書館、雲
南省圖書館。

資料來源：中國古籍書目資料庫、中國古籍善本書目聯合導航系統、
中國叢書。

《易因》，〔明〕李贄撰。

版本：舊鈔本。

典藏地：中國科學院社科所圖書館。

資料來源：林海權《李贄年譜考略》。〔註9〕

2. 影印本

《易因上經》三卷、《易因下經》三卷，〔明〕李贄撰。

---

子部-道家-1。第 131 帙。資料來源：東京大學東洋文化研究所所藏漢集目錄
資料庫。

〔註9〕 筆者查詢中國科學院社科所圖書館資料庫，目前查無此書。不知是林海權的
資料錯誤，或是此書已經移往他處。

收入於《無求備齋易經集成》，第 54 冊。〔註 10〕

臺北：文成出版社。出版時間：1976 年。

本書據明萬曆 35 年刊「續道藏」本影印。

《易因・上經》目錄　　　　　內文　　　　　此版本內附插圖

《易因上經》三卷、《易因下經》三卷，〔明〕李贄撰。

收入於《續道藏》，家字號，第 59 冊。

（上卷，頁 795～864；下卷，頁 865～934）

臺北：新文豐出版。出版時間：1985 年。

本書據明萬曆 35 年刊「續道藏」本影印。

封面　　　　　上卷　　　　　下卷

─────────────

〔註 10〕嚴靈峯編輯。

3. 排印本

《易因》六卷，〔明〕李贄撰，孔令宏點校。

　　收入於《中華道藏》，第二部類‧四輔真經；第 17 冊‧道教易學，
頁 61～158。

　　北京：華夏出版社。出版時間：2004 年。

　　資料格式：精裝，附圖，27 公分。

　　本書底本根據「萬曆續道藏本」，參校「清汲古閣‧續修四庫全書本」。

　　附錄：本書篇後附有校注。

封面　　　　　　　　　　　　　　　內文

（五）刊刻與版本源流

編輯與刊刻

　　萬曆 26 年李贄與同焦竑往南京，住永慶寺。並和焦竑、方時化等人讀
《易》，撰寫《易因》。萬曆 28 年刊刻《易因》。〔註 11〕李贄和友朋在文章中
提到關於《易因》的寫作背景與刊刻情況有三則：

　　1.《易經》未二絕，今史方伊始。（見〈復澹然大士〉）

　　2. 於是遂從治《易》者，讀《易》三年，竭晝夜力，復有六十四卦《易

〔註 11〕張善文認為《易因》於西元 1600 年初刻於南京。見張善文，〈李贄《易因》
　　　　及《九正易因》考述〉。《李贄研究》，泉州：社會科學聯合會編，頁 295～305，
　　　　1989 年 5 月。

因》鋟刻行世。（見《續焚書》卷二〈聖教小引〉）

3. 明年春，弱矦焦先生迎師抵白下，爲精舍以居師。時方伯雨師絜家往
就學焉。師因與方師日夜讀《易》不倦。白下馬伯時先生日往請正，
聽至夜分始散。鉶不過從旁作記載人，而《易因》梓矣。……鉶從先
生先後計九載，見師無一年不讀《易》，無一月不讀《易》，無一日無
一時刻不讀《易》，至於忘時廢寢，務見三聖之心而後已。（見《李溫
陵外記》〈哭李卓吾先師文〉）

### 古籍版本

目前可見《易因》共有兩種版本，一爲「二卷」本，一爲「六卷」本。

《易因》二卷本的祖本是「明陳邦泰刻本」，此版本卷末鐫「秣陵陳邦泰
錄梓」。此書的行格版式爲：9 行，20 字；白口，四周單邊，單黑魚尾，版心
上鐫書名。

《易因》六卷本的祖本是「明萬曆 35 年《續道藏》本」。李贄於萬曆 30
年去世，此版本刊刻於李贄死後 5 年，故此書應是以「明陳邦泰刻本」爲底
本來刊刻。此版本書前無序文，分《上經》三卷、《下經》三卷，共六卷。此
版本的訛誤脫落處甚多，閱讀時須仔細校對。

### 影印本

「明陳邦泰刻本」目前沒有影印本。「續道藏本」有兩種影印本。一種收
入於《無求備齋易經集成》第 54 冊，由臺北的文成出版社出版；另一種收入
於《正統道藏·續道藏》家字號，第 59 冊，由臺北的新文豐出版。

### 排印本

目前有根據「續道藏本」整理的排印本，收入於《中華道藏·第二部類·
四輔眞經；第 17 冊·道教易學》，由北京的華夏出版社出版，本書的底本爲
「萬曆續道藏本」，並參校「清汲古閣·續修四庫全書本」，書後附有校注。

### （六）相關研究論文

| 張善文 | 李贄《易因》及《九正易因》考述<br>李贄研究，泉州，社會科學聯合會編，頁 295～305，1989 年 5 月 |
| --- | --- |

## 二、《九正易因》

### （一）提　要

1. **《四庫全書總目》〈九正易因提要〉**：〔註12〕

《九正易因》，無卷數，江蘇周厚堉家藏本。明李贄撰。贄本名載贄，晉江人。嘉靖壬子舉人，官至姚安府知府。坐妖言逮問，自殺。事蹟附見《明史‧耿定向傳》。是書每卦先列經文，次以己意總論卦象，又附錄諸儒之說於每卦之後。書止六十四卦，其《文言》、《繫辭》等傳皆未之及。經文移《大象》於《小象》之後，則贄臆改也。朱彝尊《經義考》載其原〈序〉述馬經綸之言曰：「樂必九奏而後備，丹必九轉而後成，《易》必九正而後定」，故有是名。贄所著述，大抵皆非聖無法，惟此書尚不敢詆訾孔子，較他書為謹守繩墨云。

2. **其他書目著錄：**

《藏園訂補 邵亭知見傳本書目》：「《九正易因》不分卷。明李贄撰。明毛氏汲古閣刊本。八行十八字，白口。」朱彝尊《經義考》、徐乾學《傳是樓書目》、吳焯《綉古亭薰習錄經部》、《明史》〈藝文志〉均著錄：「《九正易因》，四卷。」

## （二）序　文

1. **〈九正易因序〉**〔註13〕

李贄曰，《易因》一書，蓋予既老，復遊白門而作也。時天寒夜永，予每臥聽讀《易》者說《易》，既心中不解，輒慘然不樂，曰：「此豈吾孔氏之書也哉？」遂不自量，三年白門，就此《易因》。然其妄誕可笑，使後人聽之，亦當如予之聽前人也。因而封置莢筒，直上濟北，而《易因》梓矣，反使予轉側不安。

在濟上，日惟《周易》是誦是讀。才一年所，改其甚不堪者，幸已得十之三。今馬侍御又攜予北抵，復讀《易》於其所學《易》之精舍。侍御，通州人，名經綸。以《易》起家，號通於《易》。予既幸得之，乃晝夜參詳，纔兩年，而《易因》之舊者，存不能一二，改者且至七八矣。

嗟乎！予生平不喜著書，雖性資懶散，亦以既作則必成，無復有中

---

〔註12〕　《四庫全書總目》，卷7‧經部7‧易類存目1。
〔註13〕　本序文據蘇州市圖書館藏明萬曆28年陳泰邦刻本輸入。

輟之理也。故嘗私計年老以來，絕無不成之書者。獨此先聖之《易》，驚惶靡定，自謂萬分一決不能成。何也？聖心難窺，一也；予年已老，二也；聰明不逮，三也。而卒底於成，豈非夫子在天之靈有默相之邪？不然，何以或十日，或五日，或百十餘日，其不可曉者，終歸曉了，何也？迷時千里萬里，曉時即在目前。固知鬼神將通，抑或憫念予之至誠也。

於是乃復乞名於侍御焉。侍御曰：「此真孔氏之書矣。他時後日，可以就正吾夫子于杏壇之上矣。」夫樂必九奏而後備，丹必九轉而後成，《易》必九正而後定。宜仍舊名《易因》，而加『九正』二字，即得矣！」予喜而受之，遂令汪本鈳復讀一過，而定其名曰《九正易因》也。

2. 〈序〉〔註14〕

夫《易》廣矣！大矣！凡古今人情世故，名物事變，總括在天地之中者，胥總括在《易》之中。

伏羲因重八卦爲六十四卦，始乾終坤，正所謂以言乎天地之間則備矣。嗣後夏商各有《易》，取六十四卦而更置之，然《連山》首艮，《歸藏》首坤，維亦一說，然于義均無當焉。迨至周文因羑里之囚，復取而再更之，仍以乾爲首，即次以坤，非無說以處此，蓋至大莫如天地，有天地然後萬物生焉，與羲皇始乾終坤之旨，並行而不悖。

是以《周易》斷自文君，而周、孔相與繫而翼之，若夏之《連山》，殷之《歸藏》，退而與《三墳》抒祇，是《周易》定爲一尊，此亦宣聖尊周之意也。

故於記曰，說經當以孔子爲宗，孔子窮理至韋編三絕，而猶曰：「假我數年，五十以學《易》，可以無大過矣。」則《易》又誠寡過之書也。若讀《易》者，觀象玩辭，求所以寡過焉，而後可。

　　　　　　　　　　戊子孟春濩澤王崇銘漫書於姑蘇□關

3. 〈讀易要語〉〔註15〕

---

〔註14〕本序文據遼寧省圖書館清初毛氏汲古閣刻本輸入。
〔註15〕本序文據遼寧省圖書館清初毛氏汲古閣刻本輸入。

## 眞要語幸勿草草

陽城張愼言訂

文王〈彖辭〉〈爻辭〉，其言約，其旨深，非夫子讀而傳之，後之人終不可得而讀也。唯夫子於《易》終身焉，是故舉其象，指其義，陳其辭，以至聖之心，合前聖之心，而後義畫文理，燦然詳明，厥功大矣。雖謂夫子以註解文王之《易》可也，後之人又何以贊爲？

夫唯不免有贊矣，以故夫子之傳，明而復晦，贊贊無已，晦晦相仍，《易》道大喪。乃後之用《易》者，反師其所訓詁，即以爲眞聖人之神化，自入于過，而欲人寡過也，不亦甚與？

故世之讀《易》者，只宜取夫子之傳，詳之必得其易象之自然乃已，不然，寧不讀《易》，不可誤述醫方以傷人也。雖然夫子在當時亦已知文王之言，至精至約，至約至精，非神聖莫能用矣。是故於〈爻〉、〈象〉、〈傳〉之外，復爲六十四卦，大象以教後世之君子。

余嘗怪其與〈爻〉、〈象〉不倫，每每置之而不讀，後思而得之，乃知文王之深于憂患也。故於六十四卦、三百八十四爻，專一發揮神聖心事，不至入險而後悔。而夫子復舉大象，有言之教，俾鹵莽如余者，得而讀之，亦可以省愆而寡于怨尤。分明是爲余中下之人説法，實與〈爻〉、〈象〉不倫也。

嗚呼！聖無兩心，人有上下，雖夫子其奈我何？故嘗私論之曰，《易》有六十四卦，是《易》之六十四大乾坤世界也；《易》有三百八十四爻，是《易》之三百八十四小乾坤世界也。一卦自爲一卦，一爻自爲一爻，一世界自爲一世界，不可得而同也。六十四卦之爻象，專一發明六十四位神聖大人事也；六十四卦之大象，專一發明六十四位君子學人事也。

總之有六十四人分之則，神聖也，君子也，兩途各別，不可得而混也。然六十四位神聖，未嘗不能爲此六十四位君子之事；而六十四位君子，求一神聖之影響，不可得矣。故余又願後之君子，要以神聖爲法，法神聖者，法孔子者也，法文王者也，則其餘亦無足法矣。

## （三）目　錄〔註16〕

### 卷　上

| | | | |
|---|---|---|---|
| 讀易要語 | 乾 | 坤 | 屯 |
| 蒙 | 需 | 訟 | 師 |
| 比 | 小畜 | 履 | 泰 |
| 否 | 同人 | 大有 | 謙 |
| 豫 | 隨 | 蠱 | 臨 |
| 觀 | 噬嗑 | 賁 | 剝 |
| 復 | 無妄 | 大畜 | 頤 |
| 大過 | 坎 | 離 | |

### 卷下

| | | | |
|---|---|---|---|
| 咸 | 恒 | 遯 | 大壯 |
| 晉 | 明夷 | 家人 | 睽 |
| 蹇 | 解 | 損 | 益 |
| 夬 | 姤 | 萃 | 升 |
| 困 | 井 | 革 | 鼎 |
| 震 | 艮 | 漸 | 歸妹 |
| 丰 | 旅 | 巽 | 兌 |
| 渙 | 節 | 中孚 | 小過 |
| 既濟 | 未濟 | | |

## （四）目前可見的各種版本

### 1. 各大圖書館藏古籍善本

《九正易因》不分卷，〔明〕李贄撰。

版本：明刻本。

行格版式：9行，19字。白口，四周單邊，無刻工。

典藏地：蘇州市圖書館。

資料來源：中國古籍善本書目聯合導航系統。

《九正易因》不分卷，〔明〕李贄撰。

版本：明毛氏汲古閣刻本。

---

〔註16〕原書書前沒有附目錄，此目錄乃就內文整理得來。

行格版式：8 行，18 字。白口，左右雙邊。

典藏地：遼寧省圖書館。

資料來源：中國古籍善本書目聯合導航系統。

**《九正易因》，〔明〕李贄撰。**

版本：舊鈔本。

資料格式：8 冊，分上下卷。

典藏地：中國社會科學院圖書館。

資料來源：李國庭〈李贄生平及其著作譚要〉、林海權《李贄年譜考略》。〔註 17〕

2. 影印本

**《九正易因》不分卷，〔明〕李贄撰。**

收入於《續修四庫全書》，經部・易類；第 9 冊。

上海：上海古籍出版社。出版時間：1995 年。

原書版框高廣：18.5 公分×27 公分。

行格版式：8 行，行 18 字。白口，左右雙邊，無魚尾，版心上鐫書名，下刻「汲古閣」。眉上鐫評，行間有圈點。

序跋文：本書無目錄，書前有李贄自序一篇、王崇銘序一篇、張愼言〈讀易要語〉。

本書據遼寧省圖書館清初毛氏汲古閣刻本影印。〈九正易因序〉是據蘇州市圖書館藏明萬曆 28 年陳泰邦刻本補。

 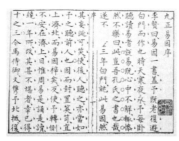 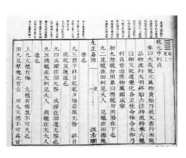

封面　　　　　　　　　序文　　　　　　　　　內文

---

〔註 17〕林海權記載此書藏於「中國科學院社科所圖書館」。

《九正易因》不分卷，〔明〕李贄撰。

收入於《四庫全書存目叢書》，經部易類；第 6～7 冊。（第 6 冊，頁 692～757；第 7 冊，頁 1～76）

臺南：莊嚴文化出版。出版時間：1997 年。

行格版式：9 行，行 19 字。白口，四周單邊，無行格，單黑魚尾，版心上鐫書名。

本書無目錄，書前有李贄自序一篇、〈讀易要語〉一篇。

書後附《四庫全書總目》〈九正易因無卷數提要〉。

本書據蘇州市圖書館藏明刻本影印。

封面　　　　　　　〈讀易要語〉　　　　　　　內文

3. 排印本

《九正易因》，〔明〕李贄撰。

收入於《李贄文集》，〔註18〕第七卷，頁 83～256。

北京：社會科學文獻出版社。出版時間：2000 年。

資料格式：簡體字，橫排。

序文：首有李贄自序一篇。

《九正易因》是由邱少華以《四庫全書存目叢書》中所收，蘇州市圖書館藏明刻本為底本，並參校《道藏》本所整理。

---

〔註18〕詳見「李贄當代選集」。

封皮　　　　　　　　封面　　　　　　　　內文

《九正易因》，〔明〕李贄撰。

聚文書局出版。出版時間：2002 年。

資料格式：共三冊。

4. 電子文獻

《九正易因》不分卷，〔明〕李贄撰。

收入於：《中國基本古籍庫》，哲科庫・思想類・經學思想目；00419。

資料形式：電子資料庫（文字及圖像）。

開發製作：北京愛如生數字化技術研究中心。

合肥：黃山書社出版。

原據版本：明末刻本。圖像版本：明末刻本。

  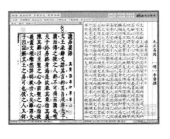

電子書皮　　　　　　　內文　　　　　　　版本對照

## （五）刊刻與版本源流

### 編輯與刊刻

萬曆 29 年李贄修訂《易因》為《九正易因》。萬曆 30 年《九正易因》脫稿。李贄和友朋在文章中提到關於《九正易因》的寫作背景與刊刻情況有四則：

（1）又三年南都所刻《易因》，雖焦公以為精當，然餘心實未了。……故余仍於每日之暇，熟讀一卦兩卦，時時讀之，時時有未妥，則時時當自知，今又已改正十二卦矣。此非一兩年之力，決難停妥，是以未甘即死也。（見《續焚書》〈與友人〉）

（2）又將《易因》對讀一遍，宜改正者即改正。且再讀一遍，亦自諷誦了一遍，自亦大有益也。（見〈與汪鼎甫〉）

（3）初公病，病中復定所作《易因》，其名曰《九正易因》。常曰：「我得《九正易因》成，死快矣。《易因》成，病轉甚。（見袁中道〈李溫陵傳〉）

（4）庚子冬，師又讀《易》于黃柏山中，改正《易因》。適馬誠所先生自北通州來訪山中。越春二月，師與馬先生同至通州。既至，又與馬先生讀《易》，每卦自讀千遍，又引坡公語鈳曰：「經書不厭百回讀，熟讀深思子自知」。而《易因》改正成矣，名曰《九正易因》。鈳計從師先後計九載，見師無一年不讀《易》，無一月不讀《易》，無一日無一時刻不讀《易》，至於忘食忘寢，必見三聖人之心而後已。（見汪本鈳〈卓吾先師告文〉）

### 古籍善本

目前可見的古籍善本有三種，其中兩種為刻本，一種為抄本。

在刻本方面，一種為「明刻本」，其行格版式為：9 行，19 字；白口，四周單邊，無刻工。另一種為「明毛氏汲古閣刻本」，其行格版式為：8 行，18 字；白口，左右雙邊。

在鈔本方面，李國庭〈李贄生平及其著作譚要〉寫道「中國社會科學院圖書館」藏有《九正易因》舊鈔本；而林海權在《李贄年譜考略》中則記載此書是藏於「中國科學院社科所圖書館」。然而筆者就這兩個圖書館的館藏作了查詢，結果卻是查無此書，因此這本舊鈔本的資料無法確認，也不知此書下落為何。

影印本

目前可見《九正易因》的影印本有兩種，分別收入《續修四庫全書》與《四庫全書存目叢書》。「續修四庫全書本」是據遼寧省圖書館「毛氏汲古閣刻本」影印；而「四庫全書存目叢書」是據蘇州市圖書館藏「明刻本」影印。此二書是不同的版本。

**勘　誤**

《九正易因》遼寧省圖書館藏本乃是「毛氏汲古閣刻本」，「中國古籍善本書目聯合導航系統」著錄此書為「明刻本」；然《續修四庫全書》據此書影印，其於書名頁上著錄為「清刻本」。此版本的正確時代還需要再查證。

## （六）相關研究論文

| 張建業 | 明代進步思想家李贄在河北<br>河北師範大學學報，1982 年第 1 期，頁 54～65，1982 年 |
|---|---|
| 張建業 | 李贄與《九正易因》<br>北京師院學報（社會科學版），1988 年第 1 期（總第 60 期），頁 1～9，1988 年<br>首都師範大學學報（社會科學版），1988 年第 2 期，1988 年<br>李贄研究，頁 30～44，泉州，社會科學聯合會編，1989 年 5 月 |
| 張善文 | 李贄《易因》及《九正易因》考述<br>李贄研究，泉州，社會科學聯合會編，頁 295～305，1989 年 5 月 |

# 三、《陽明先生年譜》

## （一）提　要

《陽明先生年譜》李贄於萬曆 28 年春編撰。《年譜》多與《陽明先生文集》或《陽明先生道學鈔》合刊。《四庫全書總目》〈王陽明集提要〉〔註19〕寫道：

> 《王陽明集》十六卷，浙江巡撫採進本，明王守仁撰。其五世孫貽樂重編。案守仁全集刻於明嘉靖中，久而版佚。國朝康熙初貽樂為滕縣知縣，乃重為掇拾，定為此本，然視原集已闕其半。其目分〈論學書〉、〈南贛書〉、〈平濠書〉、〈思田書〉、〈雜著書〉，亦頗瑣屑。又因有李贄所作年譜，而遂以「卓吾鑒定」題其前，尤為依託，迴不及原本之完善也。

〔註19〕見《四庫全書總目》，卷 176・集部 29・別集類存目 3。

## （二）序 文

### 1.〈陽明先生道學鈔序〉〔註20〕

溫陵李贄曰，余舊錄有先生年譜，以先生書多不便攜持，故取譜之繁者刪之，而錄其節要，庶可挾之以行遊也，雖知其未妥，要以見先生之書而已。

今歲庚子元日，余約方時化、汪本鈳，馬逢暘及山西劉用相，暫輟易，過吳明貢，擬定此日共適吾適，決不開口言易。而明貢書屋正有王先生全書，既已開卷，如何釋手？況彼己均一旅人，主者愛我，焚香煮茶，寂無人聲，余不起于坐，遂盡讀之，于是乃敢斷以先生之書為足繼夫子之後，蓋逆知其從讀易來也。故余于易因之薰甫就，即令汪本鈳校錄先生全書，而余專一手抄年譜，以譜先生者，須得長康點晴手，他人不能代也。

抄未三十葉，工部尚書晉川劉公以漕務巡河，直抵江際，遣使迎余，余暫閣筆，起隨使者，冒雨登舟，促膝未談，順風揚帆，已到金山之下矣。嗟嗟！余久不見公，見公固甚喜，然使余輟案上之紙墨、廢欲竟之全鈔，亦終不歡耳。于是遣人為我取書，今書與譜抵濟上，亦遂成矣。

大參公黃與參、念東公于尚寶，見其書與其譜，喜曰：「陽明先生真足繼夫子之後，大有功來學也，況是鈔僅八卷、百十有餘篇乎，可以朝夕不離、行坐與參矣！」參究是鈔者，事可立辦、心無不竭，於艱難禍患也何有？是處上處下、處常處變之最上乘好手，宜共序而梓行之，以嘉惠後世之君子乃可。晉川公曰：「然。」余于江陵首內閣日，承乏督兩浙學政，特存其書院祠宇，不敢毀矣。

萬曆己酉春月，武林繼錦堂梓

### 2.〈陽明先生年譜後語〉〔註21〕

李贄曰，余自幼倔強難化，不信學、不信道、不信仙釋，故見道人則惡、見僧則惡、見道學先生則尤惡。惟不得不假升斗之祿以為養，不容不與世俗相接而已。然拜揖公堂之外，固閉戶自若也，不幸年

〔註20〕本篇序文據國家圖書館藏明萬曆37年武林繼錦堂刊本輸入。
〔註21〕本篇序文據國家圖書館藏明萬曆37年武林繼錦堂刊本輸入。

甫四十，為友人李逢陽、徐用檢所誘，告我龍溪王先生語、示我陽明王先生書，乃知得道真人不死，實與真佛真仙同，雖倔僵不得不信之矣。

李逢陽號翰峯，白門人，徐用檢號魯源，蘭溪人。此兩公何如人哉？世人俗眼相視，安能一一中歟？今可勿論，即其能委委曲曲，以全活我一箇既死之人，則亦真佛真仙等矣。今翰峯之仙去久矣，而魯源固無恙也。

是春予在濟上劉晉川公署，手編陽明年譜自適，黃與參見而好之，即命梓行以示同好，故予因復推本而并論之耳，要以見余今者果能讀先生之書、果能次先生之譜，皆徐、李二先生力也。若知陽明先生不死，則龍溪先生不死，魯源、翰峯二先生之與群公，於余也皆不死矣，譜其可以年數計邪？同是不死，同是不死真人，雖欲勿梓，焉得而勿梓？

## （三）目　錄

《陽明先生年譜》無目錄。

## （四）目前可見的各種版本

### 1. 各大圖書館藏古籍善本

《陽明先生道學鈔》七卷，附《年譜》二卷，〔明〕王守仁撰，〔明〕李贄編。

版本：明萬曆 37 年（1609）武林繼錦堂刊本。

版匡高廣：21.7 公分×14.8 公分。

行格版式：9 行，行 18 字。單欄，單黑魚尾，無直格，版心白口，版心上方記篇名、中間記卷次、下方記葉次、最下方偏右記字數；行間刻圈點。

序跋者：〔明〕繼錦堂序〈陽明先生道學鈔序〉一篇。

正文卷端題：「先生論學書卷之一」。

內容：卷一〈論學書〉16 篇、卷二〈雜著書〉22 篇、卷三〈龍場書〉6 篇、卷四〈廬陵書〉1 篇、卷五〈南贛書〉28 篇、卷六〈平濠書〉28 篇、卷七〈思田書〉15 篇、卷八〈年譜上〉、卷九〈年譜下〉。

典藏地：國家圖書館〔註22〕、中國國家圖書館。〔註23〕

資料來源：中國古籍書目資料庫、《國家圖書館善本書志初稿》。

國家圖書館藏明萬曆 37 年武林繼錦堂刊本

《陽明先生年譜》二卷，〔明〕李贄撰。

版本：明刻本。

行格版式：9行，18字。白口，四周雙邊。

典藏地：中國國家圖書館、復旦大學圖書館、南京圖書館、天一閣文物保管所。

資料來源：中國古籍書目資料庫、中國古籍善本書目聯合導航系統。

《陽明先生文集》十六卷，〔明〕王守仁撰；《陽明先生年譜》二卷，〔明〕李贄撰。

版本：清康熙刻本。

行格版式：8行，22字。白口，四周雙邊。

資料格式：存十五卷（一～七卷、九～十五卷、年譜下）。

---

〔註22〕 資料格式：6冊；卷7，葉1-葉2缺；年譜首葉缺。藏印：「國立中央圖／書館收藏」朱文長方印、「野巢草堂／藏書之印」白文長方印、「王／龍光」朱白文方印。有微捲。書號11659。

〔註23〕 資料格式：5冊。

典藏地：河南省圖書館。

資料來源：中國古籍書目資料庫。

《王陽明先生年譜》一卷，〔明〕李贄輯。

版本：清道光 6 年（1826）柳廷芳刻本。

資料格式：16 冊。

行格版式：9 行，24 字。白口，左右雙邊。

典藏地：中國國家圖書館。

資料來源：中國古籍書目資料庫。

《王陽明先生年譜》二卷，〔明〕李贄編。

版本：清道光 6 年（1826）湖南湘潭王文德刻本。

資料格式：2 冊。

行格版式：9 行，24 字。白口，左右雙邊，單魚尾。

典藏地：中國國家圖書館。

資料來源：中國古籍書目資料庫。

《王陽明先生年譜》二卷，〔明〕李贄編。

版本：清道光 6 年（1826）刻本。

資料格式：2 冊。

行格版式：9 行，24 字。白口，左右雙邊，單魚尾。

典藏地：中國國家圖書館。

資料來源：中國古籍書目資料庫。

《王陽明先生年譜》二卷，〔明〕李贄編。

版本：清刻本。

資料格式：1 冊。

行格版式：9 行，24 字。白口，左右雙邊，單魚尾。

典藏地：中國國家圖書館。

資料來源：中國古籍書目資料庫。

《王陽明先生年譜》二卷，〔明〕李贄編。

版本：清刻本。

資料格式：2 冊。

版式：9 行，24 字。白口，左右雙邊，單魚尾。

典藏地：中國國家圖書館。〔註24〕

資料來源：中國古籍書目資料庫。

《王陽明先生年譜》二卷，〔明〕李贄編。

叢書名：《陽明先生文集》。

典藏地：東京大學東洋文化研究所。

資料來源：中國古籍書目資料庫。

2. 影印本

《陽明先生年譜》，〔明〕李贄編。

收入於《北京圖書館珍藏本年譜叢刊》，第 43 冊。

北京：北京圖書館出版社。出版時間：1999 年。

本書據明萬曆 37 年刻本影印。

封面　　　　　　　　卷上　　　　　　　　後語

《陽明先生年譜》二卷，〔明〕李贄編。

收入於《宋明理學家年譜》〔註25〕〔一〕；第 11 冊，頁 1～257。

北京：北京圖書館出版。出版時間：2005 年。

本書據明萬曆 37 年刻本影印。

---

〔註24〕藏印：「松蔭軒李校藏」印。

〔註25〕于浩輯。

封面　　　　　　　　　　　　內文

## 3. 排印本

此書目前無排印本。

## （五）刊刻與版本源流

### 編輯與刊刻

萬曆 28 年李贄在山東濟甯編《陽明先生道學鈔》、《陽明先生年譜》。李贄在《續焚書》〈與方伯雨〉寫道：

> 《陽明先生年譜》及《抄》在此間梓，未知回日可印行否，想《年譜》當有也。此書之妙，千古不容言。《抄選》一依《年譜》例，分類選集在京者，在龍場者，在南贛者，在江西者，在盧陵者，在思、田者，或書答，或行移，或奏請謝，或榜文，或告示，各隨處附入，與《年譜》並觀，眞可喜。士大夫攜之以入扶手，朝夕在目，自然不忍釋去，事上使下，獲民動眾，安有不中者乎？唯十分無志者乃不入目，稍有知覺能運動，未有不發狂欲大叫者也。待我回日，決帶得來。

### 古籍版本

《陽明先生年譜》流傳的版本至少有五種，茲列如下：

1. 「明萬曆己酉（37 年）武林繼錦堂刊本」，此版本與《陽明先生道學鈔》七卷合刻。行格版式為：9 行， 18 字；單欄，版心白口，單黑魚尾。正文卷端題：「先生論學書卷之一」。

2. 「明刻本」，其行格版式爲：9 行，18 字；白口，四周雙邊。

3. 「清康熙刻本」，此版本與《陽明先生文集》十六卷合刻。行格版式爲：
   8 行，22 字；白口，四周雙邊。

4. 「清道光 6 年柳廷芳刻本」，此刻本較爲特別爲「一卷本」，行格版式
   爲：9 行，24 字；白口，左右雙邊。

5. 「清道光 6 年湖南湘潭王文德刻本」，行格版式爲：9 行，24 字，白口，
   左右雙邊，單魚尾。

6. 「清刻本」，行格版式爲：9 行，24 字，白口，左右雙邊，單魚尾。

### 影印本

《陽明先生年譜》影印本目前有兩種，一種收入於《北京圖書館珍藏本
年譜叢刊》，一種收入於《宋明理學家年譜》。此二者的版本底本相同，皆是
據明萬曆 37 年刻本影印，皆由北京圖書館出版社出版。

## 1-2 史　部

### 一、《李氏藏書》／《藏書》

#### （一）提　要

《藏書》亦稱《李氏藏書》，〔註26〕六十八卷。成書於明萬曆 10 年至 18
年間。《藏書》是李贄晚年之作，他說「此書但可自怡，不可示人」，故稱《藏
書》。後來因爲朋友借閱頗多，不得已才刊行於南京。

李贄編纂《藏書》，依前人修史貫通古今之例，記人採傳紀，記事採編年，
博採眾史書之長，將自己的史識與見解，藉著立目與編排以示褒貶毀譽。《藏
書》分爲〈世紀〉和〈列傳〉兩部分，主要取材於歷代正史，內容爲歷史人
物評傳。此書上起戰國，下迄於元，各采人物事蹟，編爲記傳，計世紀八卷，
列傳六十卷。其於帝王和大臣紀傳前均撰有總論，末附評語。

卷一至卷八爲「世紀」，記戰國到元代的朝代更替及歷代君王事蹟，對於
某些人雖未曾稱帝，但曾起兵稱王，李贄也列入「世紀」，如陳勝、項羽、公
孫述等。記敍的順序是根據時代而定，每篇都標有名目以示褒貶。如西楚霸

---

〔註26〕筆者查到也有圖書館著錄爲《藏書世紀》、《藏書紀傳》，但這是非常少有的狀
　　　　況。

王項籍篇，題爲「英雄草創」；王莽篇，題爲「篡弒資賊」。

卷九以下爲「列傳」，把大臣分門別類，各門類中人物依時代先後排列，依序分大臣、名臣、儒臣、武臣、賊臣、親臣、近臣、外臣八門。每類之下又分若干門。

1. 《四庫全書總目》〈藏書提要〉：〔註27〕

   《藏書》六十八卷，兩江總督採進本。明李贄撰。贄有《九正易因》，已著錄。是編上起戰國，下迄於元，各採摭事蹟，編爲紀傳。紀傳之中，又各立名目。前有自序曰：「前三代吾無論矣。後三代漢、唐、宋是也。中間千百餘年，而獨無是非者，豈其人無是非哉？咸以孔子之是非爲是非，固未嘗有是非耳。然則予之是非人也，又安能已。」又曰：「《藏書》者何？言此書但可自怡，不可示人，故名曰《藏書》也。而無奈一二好事朋友，索覽不已，予又安能以已耶？但戒曰『覽則一任諸君覽，但無以孔夫子之定本行賞罰也則善矣』」云云。贄書皆狂悖乖謬，非聖無法。惟此書排擊孔子，別立褒貶，凡千古相傳之善惡，無不顛倒易位，尤爲罪不容誅。其書可燬，其名亦不足以污簡牘。特以贄大言欺世，同時若焦竑諸人，幾推之以爲聖人。至今鄉曲陋，儒震其虛名，猶有尊信不疑者。如置之不論，恐好異者轉矜創獲，貽害人心故特存其目，以深暴其罪焉。

2. 〈世紀總論〉〔註28〕

   李生曰：一治一亂若循環，自戰國以來，不知凡幾治幾亂矣。方其亂也，得保首領，已爲幸矣。幸而治，則一飽而足，更不知其爲蠱糲也；一睡爲安，更不知其是廣廈也。此其極質極野無文之時也。非好野也，其勢不得不野，雖至於質野之極，而不自知也。迨子若孫，則異是矣。耳不聞金鼓之聲，足不履行陣之險，惟知安飽是適而已，則其勢不極文固不止也。所謂其作始也簡，其將畢也必巨。雖神聖在上，不能反之於質與野也。然文極而天下之亂復起矣，英雄並生，逐鹿不已，雖聖人亦順之爾。儒者乃以忠、質、文並言，不知何説。又謂以忠易質，以質捄文，是猶不根之甚矣。夫人生斯世，惟是質、文兩者。兩者之生，原於治亂。其質也，亂之終而治

---

〔註27〕見《四庫全書總目》，卷50・史部6・別史類・別史類存目。
〔註28〕本編文章據北京大學圖書館藏明萬曆27年焦竑刻本輸入。

之始也，乃其中心之不得不質者也，非矯也。其積漸而至於文也，治之極而亂之兆也，乃其中心之不能不文者也，皆忠也。夫當秦之時，其文極矣，故天下遂大亂而興漢。漢初，天子不能具鈞駟，雖欲不質，可得耶？至於陳陳相因，貫朽粟腐，則自然啓武帝大有爲之業矣。故漢祖之神聖，堯以後一人也；文帝之用柔，文王羑里以後一人也。西楚繼蚩尤以興霸，孝武紹黃帝以增廓，皆千古大聖，不可輕議。群雄未死，則禍亂不息；亂離未甚，則神聖不生。一文一質，一治一亂，於斯見矣。

### 3.〈藏書世紀列傳總目前論〉

李氏曰：人之是非，初無定質。人之是非人也，亦無定論。無定質，則此是彼非并育而不相害；無定論，則是此非彼亦并行而不相悖矣。然則今日之是非，謂予李卓吾一人之是非，可也。謂爲千萬世大賢大人之公是非，亦可也。謂予顛倒千萬世之是非，而復非是予之所非是焉，亦可也。則予之是非，信乎其可矣。前三代，吾無論矣。后三代，漢、唐、宋是也。中間千百餘年，而獨無是非者，豈其人無是非哉？咸以孔子之是非爲是非，故未嘗有是非耳。然則予之是非人也，又安能已！夫是非之爭也，如歲時然，晝夜更迭，不相一也。昨日是而今日非矣，今日非而後日又是矣。雖使孔夫子復生于今，又不知作如何非是也，而可遽以定本行罰賞哉！老來無事，愛覽前目，起自春秋，訖于宋元，分爲紀傳，總類別目，用以自怡，名之曰《藏書》。《藏書》者何？言此書但可自怡，不可示人，故名曰《藏書》也。而無奈一二好事朋友，索覽不已，予又安能以已邪？但戒曰：「覽則一任諸君覽觀，但無以孔夫子之定本行罰賞也。則善矣。

### 4.〈藏書世紀列傳總目後論〉〔註29〕

李卓吾曰：聖主不世出，賢主不恒有，若皆如漢祖、孝文、孝武之神聖，孝昭、孝宣之賢明，則又何患乎其無臣也？唯聖主難逢而賢主亦難遇，然後大臣之道，斯爲美矣，故傳大臣。大臣之道非一，有因時而若無能者，有忍辱而若自污者，有結主而若媚，有容人而若愚，有忠誠而若可欺以罔者。隨其資之所及，極其力之所造，皆

---

〔註29〕本編文章據北京大學圖書館藏明萬曆 27 年焦竑刻本輸入。

可以輔危亂而致太平。如諸葛孔明之輔劉禪，可以觀矣。非謂必兼全五者，而後足當大臣之名也。大臣又不可得，於是又思其次，其次則名臣是已，故傳名臣。

夫大臣之難遘，亦猶聖主之難遭也，倘得名臣以輔之，亦可以輔幼弱而致富強，然名臣未必知學而實自有學。自儒者出，而求志達道之學興矣，故傳儒臣。儒臣雖名爲學而實不知學，往往學步失故，踐迹而不能造其域，卒爲名臣所嗤笑。然其實不可以治天下國家，亦無怪其嗤笑也。自儒者以文學名爲儒，故用武者遂以不文名爲武，而文武從此分矣，故傳武臣。

夫聖王之王也，居爲後先疏附，出爲奔走禦侮，曷有二也？唯夫子自以嘗學俎豆，不聞軍旅，辭衛靈，遂爲邯鄲之婦所證據。千萬世之儒皆爲婦人矣，可不悲乎！使曾子、有子若在，必知夫子此語，即速貧速朽之語，非定論也。武臣之興，起於危亂，危亂之來，由於嬖寵，故傳親臣、傳近臣、傳外臣。外臣者，隱處之臣也。天下亂則賢人隱，故以外臣終焉。

嗚呼！受人家國之託者，慎無刻舟求劍，託名爲儒，求治而反以亂。而使世之眞才實學，大賢上聖，皆終身空室蓬戶巳也。則儒者之不可以治天下國家，信矣。若康節先生、明道先生、龜山楊先生，皆儒也。雖曰古之大臣，又誰曰不宜？又誰敢嗤之？作列傳。

## （二）序　文

### 1.〈藏書序〉〔註30〕

卓吾先生隱矣。而其人物之高，著述之富，如珠玉然。山暉川媚，有不得而自揜抑者，蓋聲名赫赫盈海內矣。或謂先生之爲人，與其所爲書，疑信者往往相半。何居？余謂此兩者皆遙聞聲而相思，未見形而吠影者耳。先生高邁肅潔，如泰華崇嚴，不可昵近。聽其言冷冷然，塵土俱盡。而寔本人情，切物理，一一當實不虛。蓋一被其容接，未有不爽然自失者也。吾慨學者況錮抂俗流，而迷沿抂聞見。抂人之言，非其所耳熟不以信。先生程量今古，獨出胸臆，無所規放。聞者或河漢其言，無足多怪。夫孔翠矜其華采，顧影自耀，

---

〔註30〕本編序文據北京大學圖書館藏明萬曆 27 年焦竑刻本輸入。

人咸惜之。固矣。若蛟龍之興雲雨，雷電皆至，霆□百里，即震驚者不無而卒賴其用，豈區區露細巧媚世好而足哉！先生之言，何以異是！總之衆人之疑，不勝賢豪者之信；疑者之恍忽，不勝信者之堅決。余知先生之書當必傳，久之，學者復耳熟扵先生之書，且以爲衡鑑，且以爲蓍龜，余又知後之學者當無疑。雖然，此非先生之欲也。有能抉腸剔腎，盡翻窠臼，舉先生所是非者而非是之。斯先生忻然以爲旦暮遇之矣。書三種：一《藏書》，一《焚書》，一《説書》。《焚書》、《説書》刻扵亭州，今爲《藏書》刻扵金陵，凡六十八卷。

萬歷己亥秋日琅琊焦竑書

## 2. 〈藏書序〉〔註31〕

予爲左轄時，獲交卓吾先生于楚。先生手不釋卷，終日抄寫，自批自點，自歌自讚，不肯出以示人。予因異而問焉，先生曰：「吾鎮日無事，只與千古人爲友。彼其作用，多有妙處，其心多有不可知處。既已覷破，實不與舊時公案同，如何敢以語人也？以故特書而藏之，以俟夫千百世之後爾。」予聞而疑之，試竊取以讀之。則見其包羅千古，鑑別衆形，古昔哲后碩輔，名儒大將，意念深沉，事功彪炳，以及篡逆不道之倫，伎藝諷諫之類，靡不悉載。中間治亂興敗，貞佞賢奸，一從胸懷點綴以出。品騭區別，據事直書，眞可謂斷自本心，不隨人唇吻者也。非欲以爲異也，而何必藏之名山以待後之人乎？但先生孤介峭直，自閩入滇，自滇適楚，寄跡禪林，托心朋輩，畦徑稍別，疑謗叢生。即今世之人已無有知者，又何望扵後世之人之知也？夫世儒局于成説，膠固胸中，尺寸不失，誰能凝神于寂，以心相印，察其行事之實，而獨窺其不傳之眞邪？予謂先生此書，千百世後，經筵以進讀，科場以取士，如所言無疑也。茲遊金陵覓舊侶，聞其書已爲好者所梓，業與四方人士共之矣。噫！或庶幾即有知先生者哉！

皆萬歷己亥秋

賜進士出身吏部左侍郎前都察院左副都御史協理院事翰林院庶吉士沁水劉東星譔

〔註31〕本編序文據北京大學圖書館藏明萬歷 27 年焦竑刻本輸入

### 3. 〈藏書敘〉〔註32〕

衡湘梅國楨撰

自古豪傑之士，其識趣論議，與世人定不相入。故其人惟艱難危急之時用焉，當治平無事，往往無以自見。其磊塊不平之氣，不淂已而筆之扵書。書又不相入，而藏之名山以俟千百世之下。又安知千百世之人不猶今之人乎？豪傑之士，不宜扵人也如此。余友李禿翁先生，豪傑之士也。當其時，士方持文墨，矩步繩趨，談 性命之糟粕。獨一禿翁，其識趣論議，誰從而信之？故官至二千石，輒自劾免。取漢以來至金元君臣名士，撮其行事，分類定品，一切斷以己意，不必合扵儒者相沿之是非。知其與世不相入，而曰：「吾姑書之而姑藏之，以俟夫千百世之下有知我者而已。」余不及禿翁遠甚，而與世不相入則甚似之。其書之藏而傳也，藏而不傳也，抑亦不藏而傳也，皆不可知。惟其不淂已而筆之扵書，又不得已而藏之，禿翁之苦心，則余所深知也。故爲之敘而並藏之，以俟千百世之下之知禿翁者。

### 4. 〈藏書序〉〔註33〕

往予以南宮之役，偕潘去華過留都，于時先生居比部。先生自托無爲人也，唯知有性命之學而已。比余入楚，先生業已挂冠寓楚矣。余雖時獲聞問，然先生猶居然自托無爲人也，唯知有性命之學而已。及余釋策筮爲令，而從潘去華得李氏《藏書》讀之，始稍疑其不同焉。頃來余叨南省，先生與焦弱矦俱南，而弱矦已將《藏書》發梓以傳矣。謂其書鑿鑿皆治平之事與用人之方，質其始所自托無爲，幾若兩截。豈潛心性命已久，將古今人物之變，治亂之原，洞若觀火，不能掩耶？抑治平之事，用人之方，初非兩轍，固即眞性命之學耶？予謭謭者，末由窺見，然細玩其書，其扵治平大道，斷不妄矣。由其言，有善治即有眞儒：不由其言，無眞儒即無善治。不爲而可以有爲，斯語也，殆謂先生耶？不然，先生固不有其才者。一書之中所三致意，惟是眞才是寶。豈非識天下之才，用天下之才必自不有其才者當之耶？抑識才實難，唯通扵性命，了達物情，然後能識之也。雖然，書曰《藏書》，先生固將藏之不以示人也。豈先生

---

〔註32〕　本編序文據北京大學圖書館藏明萬曆 27 年焦竑刻本輸入。
〔註33〕　本編序文據北京大學圖書館藏明萬曆 27 年焦竑刻本輸入

以己之是非，未必遽合乎斯世之是非，而欲藏之歟？

昔班孟堅譏議子長，謂其是非頗謬于聖人。夫班孟堅猶以子長之是非爲非是，而謂先生之《藏書》能必斯世之不是非者，亦決無是理矣。則先生之以《藏書》名其書固宜，令其是非果謬也，果當藏也，則先生之心是矣。其是非果不謬也，果不當藏也，則焦弱侯、潘去華之心是矣。余又烏能知之？烏能是之？然余有說焉，夫使是非而果謬也，何可藏也？使是非而果不謬也，先生雖欲藏之，必有不能藏者矣。夫至扵不能藏也，先生亦任之可也。以孟堅之史才，猶不能無譏于子長。吾以是觀之，愈有譏者必其書之愈有奇也。爲史遷者，萬古不易；譏史遷者，千古不易。以千古不易之才，譏萬古不易之史，必如是而後可以讀先生之書矣。能讀先生之書，則必有善治，必有眞儒。既能善治而有眞儒，則雖謂先生是非謬扵聖人也，先生亦任之可也。

　　　　　　　　　　昔萬曆歲己亥秋七月朔

　　　　賜進士第南京吏科給事中豫章祝世祿頓首撰

5. 〈藏書敘〉〔註34〕

千古同一道也，千古同一心也。是是非非，無弗同也。達者尚論，先得同然，不求異也。何者？忠臣孝子，仁人義士，途之人知之，無不忻慕也。亂臣賊子，壬人僉夫，途之人知之無不誅貶也。即有奇譎巧僞，能博勛名扵一時，能儌驩虞扵眾口，而於心有疚，扵道有違。人心公議，無所逃也。第忠孝仁義有同然也，而委曲以全忠孝，隱忍以成仁義，眾人不識也。匪不同也，束扵見也。眾人執見乃不同也，達者大觀，故能闡其微也。善夫李先生之言道也，曰道猶水也，無地無水，無人無道也。信斯言也。權衡當世，程量千古，可也。

　　　　　　　　　　　　　　　　耿叔子定力撰

6. 〈書李氏藏書後〉〔註35〕

當海內異同先生時，小子獨承響而知其爲是，比獲從眾友朋旅見先生矣；小子獨謦欬而知先生實未有不是者，時所叱咤，人或駭走。唯小子但見其爲慈閔之至，愈益趨侍之矣。

---

〔註34〕本編序文據北京大學圖書館藏明萬曆27年焦竑刻本輸入。
〔註35〕本編序文據國家圖書館藏明萬曆27年焦竑刻本輸入。

今幸得先生《藏書》讀之，《藏書》之所進退程衡，世之人皆知其爲奇。然亦有驚怪者，則舊見橫集，爲足以讀此書也。此書碻然爲千萬世史中之經將，有志于用世者，斷斷乎其必有以考矣。

嗟嗟予小子，何足以知先生乎？雖予小子，亦不自知其何故而獨能知我先生也。先生嘗語予曰：「子，蒙者也，舊見尚少，猶有嬰赤之初乎。」故自予之得侍先生也。其知予者，謂予以讀《易》，故得侍先生久；其不知予者，謂先生以父執，故俾予得以終日侍先生也。乃予小子則何待于是？因先生命予校正《藏書》，既校訖，遂志其語於此。

萬曆己亥季秋門人方時化謹書

## （三）目　錄

### 藏書世紀列傳總目〔註36〕

| | | 前論、序文、後論〔註37〕 | | | | |
|---|---|---|---|---|---|---|
| 世紀 | 卷一 | 世紀總論 | | | | |
| | | 九國兵爭 | 東周<br>魏<br>秦 | 西周<br>趙 | 燕<br>韓 | 田齊<br>楚 |
| | 卷二 | 混一諸侯 | 呂秦始皇帝〔註38〕 | | | |
| | | 匹夫首倡 | 陳王勝 | | | |
| | | 英雄草創 | 西楚霸王項籍 | | | |
| | | 乘時復業 | 齊王田橫 | | | |
| | | 神聖開基 | 漢高祖皇帝〔註39〕 | | | |
| | 卷三 | 明聖繼統 | 漢孝文皇帝〔註40〕 | | | |
| | | 英雄繼創 | 漢孝武皇帝 | | | |
| | | 守成明辟 | 漢孝昭皇帝 | | | |
| | | 守成令主 | 漢孝宣皇帝〔註41〕 | | | |

〔註36〕本目錄據北京大學圖書館藏明萬曆 27 年焦竑刻本輸入。
〔註37〕在《藏書》中的小目共有六百餘條，而每一小目之中有一人或數人。
〔註38〕附二世胡亥。
〔註39〕附孝惠帝。
〔註40〕附孝景帝。
〔註41〕附漢元帝、漢成帝、漢哀帝、漢平帝。

| | | | | | |
|---|---|---|---|---|---|
| | 篡弑盜竊 | 〔新莽〕王氏 | | | |
| | 乘亂草竊 | 公孫述 | | | |
| 卷四 | 聖主重興 | 漢世祖光武皇帝 | | | |
| | 守成明辟 | 漢孝明皇帝〔註42〕 | | | |
| | 三國兵爭 | 曹魏　孫吳　劉蜀 | | | |
| | 奸臣篡奪 | 〔晉〕司馬氏 | | | |
| 卷五 | 南北兵爭 | 南朝 | 〔晉〕牛氏 | | 〔宋〕劉氏 |
| | | | 〔齊〕蕭氏 | | 〔梁〕蕭氏 |
| | | | 〔陳〕陳氏 | | |
| 卷六 | | 北朝 | 〔漢〕劉淵 | | 〔後趙〕石勒 |
| | | | 〔燕〕慕容廆 | | 〔秦〕苻洪、苻堅 |
| | | | 〔西燕〕慕容冲 | | 〔後燕〕慕容垂 |
| | | | 〔南燕〕慕容德 | | 〔後秦〕姚萇 |
| | | | 〔北魏〕索頭虜〔註43〕 | | 〔北齊〕高歡 |
| | | | 〔北周〕宇文泰〔註44〕 | | |
| 卷七 | 混一南北 | 〔隋〕楊堅〔註45〕 | | | |
| | 因亂使智 | 魏公李密 | | | |
| | 亡命草創 | 夏主竇建德 | | | |
| | 英主肇興 | 唐太宗皇帝〔註46〕 | | | |
| | 篡殺巨盜 | 〔後梁〕朱溫 | | | |
| | 討逆正位 | 〔後唐〕莊宗〔註47〕 | | | |
| | 借兵臣虜 | 〔後晉〕石敬塘 | | | |
| | 乘便竊位 | 〔後漢〕劉暠 | | | |
| | 因時援立 | 〔後周〕郭威〔註48〕 | | | |

〔註42〕附漢章帝以後。
〔註43〕附〔北魏〕聖主文帝宏。
〔註44〕附〔北周〕聖主武帝邕。
〔註45〕附隋煬帝楊廣。
〔註46〕附唐子孫。
〔註47〕附〔後唐〕賢主明宗。
〔註48〕附〔後周〕聖主柴世宗。

| | 卷八 | 聖主推戴 | 宋太祖皇帝 | | |
|---|---|---|---|---|---|
| | | 繼統人主 | 宋太宗皇帝〔註49〕 | | |
| | | 守成賢主 | 宋仁宗皇帝〔註50〕 | | |
| | | 求治直主 | 宋神宗〔註51〕 | | |
| | | 偏安一隅 | 宋高宗〔註52〕 | | |
| | | 附載 | 遼、金 | | |
| | | 華夷一統 | 元 | | |
| 大臣傳（凡五門） | 卷九 | 大臣總論 | | | |
| | | 一、因時大臣 | 〔漢〕叔孫通 〔晉〕王導 〔註53〕 | 〔漢〕曹參 〔晉〕謝安 | 〔漢〕丙吉 |
| | | 二、忍辱大臣 | 〔唐〕婁師德 | 〔唐〕狄仁杰 〔註54〕 | |
| | | 三、結主大臣 | 〔漢〕蕭何 〔唐〕李泌 〔註56〕 | 〔漢〕公孫弘 〔宋〕呂夷簡 〔註57〕 | 〔符秦〕王猛 〔註55〕 |
| | 卷十 | 四、容人大臣 | 〔東漢〕陳寔 〔註58〕 〔晉〕羊祜 〔唐〕盧懷慎 〔宋〕王旦 | 〔劉蜀〕蔣琬 〔唐〕房玄齡 〔唐〕郭子儀 〔宋〕畢士安 | 〔晉〕山濤 〔唐〕杜如晦 〔宋〕呂蒙正 〔宋〕文彥博 〔註59〕 |

〔註49〕附宋眞宗。
〔註50〕附宋英宗。
〔註51〕附宋哲宗、宋徽宗、宋欽宗。
〔註52〕附宋孝宗等。
〔註53〕附〔晉〕王夷甫。
〔註54〕附〔唐〕朱敬則。
〔註55〕此篇爲互見，其傳見〈智謀名臣〉。
〔註56〕此篇爲互見，其傳見〈智謀名臣〉。
〔註57〕此篇爲互見，其傳見〈智謀名臣〉。
〔註58〕附〔東漢〕陳群。
〔註59〕附〔宋〕李允則。

| 名臣傳（凡八門） | 卷十一 | 五、忠誠大臣 | 〔燕〕樂毅 | 〔趙〕藺相如 | 〔齊〕魯仲連 |
|---|---|---|---|---|---|
| | | | 〔魏〕侯嬴〔註60〕 | 〔漢〕張良 | 〔漢〕田叔 |
| | | | 〔漢〕孟舒 | 〔漢〕張安世 | 〔孫〕吳周瑜 |
| | 卷十二 | | 〔劉蜀〕諸葛亮〔註61〕 | 〔唐〕裴度 | 〔宋〕呂端 |
| | | | 〔宋〕李沆 | 〔宋〕韓琦 | |
| | 卷十三 | 一、經世名臣 | 〔漢〕魏相 | 〔晉〕江統 | 〔唐〕馬周 |
| | | | 〔唐〕魏徵〔註62〕 | 〔唐〕李德裕 | 〔後唐〕郭崇韜 |
| | 卷十四 | | 〔宋〕趙普 | 〔宋〕張齊賢 | 〔宋〕向敏中 |
| | | | 〔宋〕蘇頌 | 〔宋〕邵雍〔註63〕 | 〔宋〕范純仁 |
| | | | 〔宋〕程顥〔註64〕 | 〔宋〕呂好問 | 〔宋〕楊時〔註65〕 |
| | | | 〔宋〕葉適 | 〔宋〕崔與之 | 〔元〕劉秉忠 |
| | | | 〔元〕廉希憲〔註66〕 | 〔元〕耶律楚材〔註67〕 | |
| | 卷十五 | 二、強主名臣 | 〔秦〕商鞅 | 〔趙〕毛遂 | 〔趙〕李同 |
| | | | 〔韓〕韓非 | 〔韓〕申不害 | 〔漢〕周勃 |
| | | | 〔漢〕鼂錯 | 〔漢〕郅都 | 〔漢〕張騫 |
| | | | 〔漢〕雋不疑 | 〔漢〕龔遂 | 〔漢〕傅介子 |
| | | | 〔漢〕鄭吉 | 〔漢〕王尊 | 〔東漢〕董宣 |

〔註60〕此篇為互見，其傳見〈直節名臣〉。
〔註61〕附傳。
〔註62〕此篇為互見，其傳見〈行業儒臣〉。
〔註63〕此篇為互見，其傳見〈德業儒臣〉。
〔註64〕此篇為互見，其傳見〈德業儒臣〉。
〔註65〕此篇為互見，其傳見〈德業儒臣〉。
〔註66〕此篇為互見，其傳見〈行業儒臣〉。
〔註67〕此篇為互見，其傳見〈數學儒臣〉。

| 卷十六 | | 〔唐〕張柬之　　〔唐〕李吉甫　　〔唐〕杜黃裳<br>〔宋〕寇准　　　　〔宋〕王曾　　　〔宋〕富弼<br>〔註68〕<br>〔宋〕沈括　　　　〔宋〕李綱　　　〔宋〕趙鼎<br>　　　　　　　　　〔註69〕<br>〔宋〕陳亮　　　　〔宋〕虞允文 |
|---|---|---|
| 卷十七 | 三、富國名臣 | 富國名臣總論 |
| | | 〔魏〕李悝　　　　〔漢〕孔僅　　　〔漢〕桑弘羊<br>〔漢〕耿壽昌　　　〔隋〕長孫平　　〔唐〕戴胄<br>〔唐〕劉晏　　　　〔宋〕陳恕　　　〔宋〕趙開 |
| 卷十八 | 四、諷諫名臣 | 〔齊〕淳于髡　　　〔楚〕優孟　　　〔秦〕優旃<br>〔趙〕左師觸龍　　〔齊〕岩下貫珠　〔後唐〕敬新磨<br>者 |
| | | 附<br>錄　〔齊〕晏子　　　　　〔晉〕師曠<br>　　　〔魏〕魏敬　　　　　〔漢〕東方朔<br>　　　〔劉蜀〕簡雍　　　　〔孫吳〕諸葛瑾<br>　　　〔孫吳〕李忠臣　　　〔唐〕谷那律<br>　　　〔唐〕王方慶 |
| 卷十九 | 五、循良名臣 | 〔漢〕張釋之　　　〔漢〕文翁　　　〔漢〕路溫舒<br>〔漢〕兒寬　　　　〔漢〕杜延年　　〔漢〕朱邑<br>〔漢〕于公　　　　〔漢〕于定國　　〔漢〕何武<br>〔東漢〕卓茂　　　〔東漢〕魯恭　　〔唐〕徐有功<br>〔唐〕房琯　　　　〔唐〕武元衡 |
| 卷二十 | 六、才力名臣 | 〔秦〕李斯　　　　〔漢〕趙廣漢　　〔漢〕田延年<br>〔漢〕黃霸　　　　〔漢〕張敞　　　〔漢〕尹翁歸<br>〔漢〕韓延壽　　　〔漢〕召信臣 |
| 卷二十一 | | 〔漢〕薛宣　　　　〔漢〕尹賞　　　〔漢〕朱博<br>〔漢〕翟方進　　　〔北魏〕李崇　　〔唐〕張嘉貞<br>〔唐〕崔祐甫　　　〔宋〕張詠 |

〔註68〕附〔宋〕高瓊。
〔註69〕附〔宋〕種師道。

| 卷二十二 | 七、智謀名臣 | 智謀名臣總論 | | |
|---|---|---|---|---|
| | | 〔東周〕蘇秦 | 〔東周〕蘇代 | 〔秦〕張儀 |
| | | 〔秦〕陳軫 | 〔魏〕犀首 | 〔秦〕樗里子 |
| | | 〔秦〕甘茂 | 〔秦〕甘羅 | 〔魏〕侯贏〔註70〕 |
| 卷二十三 | | 〔秦〕范雎 | 〔秦〕蔡澤 | 〔齊〕孟嘗君 |
| | | 〔齊〕馮驩 | 〔楚〕春申君 | 〔齊〕魯仲連〔註71〕 |
| | | 〔秦〕呂不韋 | 〔秦〕李園 | 〔秦〕蒯通 |
| | | 〔秦〕廝養卒 | | |
| 卷二十四 | | 〔漢〕陳平 | 〔漢〕張良〔註72〕 | 〔漢〕酈食其 |
| | | 〔漢〕張耳 | 〔漢〕婁敬 | 〔漢〕陸賈 |
| | | 〔漢〕朱建 | 〔漢〕韓安國 | 〔漢〕王先生 |
| | | 〔東漢〕虞詡 | | |
| 卷二十五 | | 〔曹魏〕荀彧 | 〔曹魏〕滿寵 | 〔曹魏〕荀攸 |
| | | 〔曹魏〕賈詡 | 〔曹魏〕程昱 | 〔曹魏〕郭嘉 |
| | | 〔曹魏〕董昭 | 〔曹魏〕劉曄 | 〔孫吳〕魯肅 |
| | | 〔孫吳〕周瑜〔註73〕 | 〔孫吳〕呂蒙〔註74〕 | 〔孫吳〕陸遜 |
| | | 〔孫吳〕陸抗〔註75〕 | 〔曹魏〕劉巴 | 〔劉蜀〕龐統 |
| | | 〔劉蜀〕法正 | | |
| 卷二十六 | | 〔符秦〕王猛 | 〔唐〕姚崇 | 〔唐〕李泌 |
| | | 〔宋〕呂夷簡 | | |

〔註70〕此篇爲互見，其傳見〈直節名臣〉。
〔註71〕此篇爲互見，其傳見〈忠誠大臣〉。
〔註72〕此篇爲互見，其傳見〈忠誠大臣〉。
〔註73〕此篇爲互見，其傳見〈忠誠大臣〉。
〔註74〕此篇爲互見，其傳見〈大將〉。
〔註75〕此篇爲互見，其傳見〈大將〉。

| 卷二十七 | 八、直節名臣 | 〔楚〕屈原 | 〔楚〕伍員 | 〔楚〕申包胥 |
|---|---|---|---|---|
| | | 〔晉〕豫讓 | 〔齊〕聶政 | 〔齊〕魏子與粟賢者 |
| | | 〔魏〕無忌 | 〔魏〕侯嬴 | 〔魏〕朱亥 |
| | | 〔齊〕魯仲連 〔註76〕 | 〔趙〕虞卿 | 〔趙〕平原君 |
| | | 〔齊〕王蠋 | 〔趙〕肥義 | 〔燕〕荊卿 |
| | | 〔燕〕田光 | 〔燕〕高漸離 | 〔燕〕太子丹 |
| 卷二十八 | | 〔漢〕濮陽周氏 | 〔漢〕魯朱家 | 〔漢〕季布 |
| | | 〔漢〕欒布 | 〔漢〕周昌 | 〔漢〕周苛 |
| | | 〔漢〕張良 〔註77〕 | 〔漢〕貫高 | 〔漢〕汲黯 |
| | | 〔漢〕蘇武 | 〔漢〕霍光 | 〔漢〕金日磾 |
| | | 〔漢〕朱雲 | 〔漢〕王章 | |
| | | 〔漢〕龔勝等三十九人 | 〔東漢〕董宣 〔註78〕 | |
| 卷二十九 | | 〔東漢〕朱暉 | 〔東漢〕朱穆 | 〔東漢〕彭修 |
| | | 〔東漢〕李善 | 〔東漢〕范式 | 〔東漢〕孔嵩 |
| | | 〔東漢〕王忳 | 〔東漢〕戴封 | 〔東漢〕李固 |
| | | 〔東漢〕杜喬 〔註79〕 | 〔東漢〕陳蕃 | 〔東漢〕朱震 |
| 卷三十 | | 〔東漢〕皇甫規 | 〔東漢〕史弼等 | 〔東漢〕趙岐 |
| | | 〔東漢〕孫嵩 | 〔東漢〕李膺 | 〔東漢〕景毅 |
| | | 〔東漢〕夏馥 | 〔東漢〕何顒 | 〔東漢〕賈彪 |
| | | 〔東漢〕范滂 | 〔東漢〕王允等 | 〔東漢〕孔融 |
| | | 〔東漢〕脂習 | 〔東漢〕田疇 | 〔晉〕周處 |
| | | 〔晉〕祖逖 | 〔晉〕劉琨 | |

〔註76〕此篇爲互見，其傳見〈忠誠大臣〉。
〔註77〕此篇爲互見，其傳見〈忠誠大臣〉。
〔註78〕此篇爲互見，其傳見〈疆主名臣〉。
〔註79〕附〔東漢〕李邰。

| | 卷三十一 | | 〔晉〕稽康 | 〔晉〕稽紹 | 〔唐〕安金藏 |
|---|---|---|---|---|---|
| | | | 〔唐〕辛讜 | 〔唐〕顏眞卿 | 〔唐〕顏常山 |
| | | | 〔唐〕劉蕡 | 〔唐〕李邰 | 〔宋〕劉安世 |
| | | | 〔宋〕蘇軾 〔註80〕 | 〔宋〕陳東 | 〔宋〕陳瓘 |
| | | | 〔宋〕胡銓等 | 〔宋〕洪皓 | 〔宋〕汪立信等 〔註81〕 |
| | | | 〔宋〕陸秀夫 | 〔宋〕劉鼎孫 | 〔宋〕文天祥等 |
| | | | 〔宋〕家鉉翁 | 〔宋〕謝枋得等 〔註82〕 | |
| 儒臣傳（凡二門） | 卷三十二 | 一、德性儒臣 德行門（又分為二） | 一、德業儒臣：德業儒臣前論 二、文學儒臣 | | |
| | | | 〔東周〕荀卿 | 〔東周〕孟軻 〔註83〕 | 〔漢〕揚雄 |
| | | | 〔東漢〕馬融 | 〔東漢〕鄭玄 | 〔隋〕王通 |
| | | | 〔宋〕胡瑗 | 〔宋〕穆脩 | 〔宋〕李之才 |
| | | | 〔宋〕康節 | 〔宋〕周濂溪 | 〔宋〕程明道 |
| | | | 〔宋〕楊時 | 〔宋〕謝良佐 | 〔宋〕羅從彥 |
| | | | 〔宋〕李侗 | 〔宋〕張九成 | 〔宋〕陸九淵 |
| | | | 〔宋〕楊簡 | 〔元〕吳澄 | 〔元〕黃澤 |
| | | | 德業儒臣後論 | | |
| | 卷三十三 | 二、行業儒臣 | 行業儒臣總論 | | |
| | | | 〔漢〕申屠嘉 | 〔漢〕蕭望之 | 〔漢〕孔霸 |
| | | | 〔漢〕孔光 | 〔漢〕王嘉 | 〔東漢〕第五倫 |
| | | | 〔東漢〕宋弘 | 〔東漢〕袁安 | 〔東漢〕黃瓊 |
| | | | 〔東漢〕楊震等 〔註84〕 | | |

---

〔註80〕此篇爲互見，其傳見〈詞學儒臣〉。
〔註81〕包括汪麟、金明二人。
〔註82〕包括謝徵明二子。
〔註83〕附樂克論。
〔註84〕附〔晉〕蔡漠、〔隋〕高熲。

| 卷三十四 | | 〔唐〕黃珪 | 〔唐〕魏徵 | 〔唐〕宋璟〔註85〕 |
|---|---|---|---|---|
| | | 〔唐〕楊綰〔註86〕 | 〔唐〕陸贄 | 〔唐〕裴垍 |
| | | 〔唐〕李絳 | 〔宋〕李昉 | 〔宋〕錢若水 |
| | | 〔宋〕杜衍 | 〔宋〕張方平 | 〔宋〕司馬光 |
| | | 〔宋〕呂公著 | 〔宋〕呂大防 | 〔宋〕范鎮 |
| | | 〔宋〕范祖禹 | 〔宋〕程頤〔註87〕 | 〔宋〕張載〔註88〕 |
| 卷三十五 | | 〔宋〕鄒浩 | 〔宋〕呂大臨 | 〔宋〕胡安國〔註89〕 |
| | | 〔宋〕陳師道 | 〔宋〕張浚 | 〔宋〕張栻 |
| | | 〔宋〕楊萬里 | 〔宋〕朱熹〔註90〕 | 〔宋〕陸九齡 |
| | | 〔宋〕趙汝愚〔註91〕 | 〔宋〕蔡元定〔註92〕 | 〔宋〕呂祖謙〔註93〕 |
| | | 〔宋〕陳俊卿 | 〔宋〕眞德秀 | 〔元〕廉希憲 |
| | | 〔元〕許衡 | 〔元〕姚樞 | 〔元〕虞集〔註94〕 |
| 卷三十六 | 文學門（又分爲五）一、詞學儒臣 | 〔漢〕賈誼 | 〔漢〕賈山 | 〔漢〕枚乘 |
| | | 〔漢〕枚皋 | 〔漢〕鄒陽 | 〔漢〕嚴助 |
| | | 〔漢〕朱買臣 | 〔漢〕吾丘壽王 | 〔漢〕主父偃 |
| | | 〔漢〕徐樂 | 〔漢〕嚴安 | 〔漢〕終軍 |

〔註85〕附〔唐〕魏元忠、〔唐〕韓休。
〔註86〕附〔唐〕韋貫之。
〔註87〕此篇爲互見，其傳見〈易經學儒臣〉。
〔註88〕此篇爲互見，其傳見〈易經學儒臣〉。
〔註89〕此篇爲互見，其傳見〈春秋經學儒臣〉。
〔註90〕此篇爲互見，其傳見〈經學儒臣〉。
〔註91〕附傳。
〔註92〕此篇爲互見，其傳見〈經學儒臣〉。
〔註93〕此篇爲互見，其傳見〈經學儒臣〉。
〔註94〕此篇爲互見，其傳見〈經學儒臣〉。

| 卷三十七 | | 〔漢〕司馬相如 | 〔漢〕伍被 | 〔漢〕王褒 |
|---|---|---|---|---|
| | | 〔漢〕劉向 | 〔漢〕揚雄 〔註95〕 | 〔東漢〕張衡 〔註96〕 |
| | | 〔東漢〕崔篆 | 〔東漢〕崔駰 | 〔東漢〕崔瑗 |
| | | 〔東漢〕崔寔 | 〔東漢〕王充 | 〔東漢〕王符 |
| | | 〔東漢〕仲長統 | 〔東漢〕蔡邕 | 〔東漢〕禰衡 |
| 卷三十八 | | 〔曹魏〕曹子建 | 〔曹魏〕王粲等 〔註97〕 | 〔晉〕張華 |
| | | 〔晉〕陸機 | 〔晉〕左思 | 〔宋〕謝靈運等 |
| | | 〔宋〕顏延之 〔註98〕 | 〔宋〕鮑照 | 〔齊〕謝朓 |
| | | 〔齊〕沈約 | 〔唐〕陳子昂 | 〔唐〕許敬宗 〔註99〕 |
| | | 〔唐〕張說 | 〔唐〕蘇頲 | 〔唐〕張九齡 |
| | | 〔唐〕李白 〔註100〕 | | |
| 卷三十九 | | 〔唐〕杜甫 | 〔唐〕王維 | 〔唐〕韋應物 〔註101〕 |
| | | 〔唐〕白居易 | 〔唐〕韓愈 〔註102〕 | 〔唐〕柳宗元 |
| | | 〔宋〕王禹偁 〔註103〕 | 〔宋〕歐陽脩 〔註104〕 | 〔宋〕王安石 〔註105〕 |
| | | 〔宋〕蘇洵 | 〔宋〕蘇軾 | 〔宋〕蘇轍 〔註106〕 |
| | | 〔宋〕曾鞏 | | |

〔註95〕此篇為互見，其傳見〈德業儒臣〉。
〔註96〕附傳。
〔註97〕并建安諸子。
〔註98〕附〔宋〕劉穆之。
〔註99〕附〔唐〕李義府。
〔註100〕附〔唐〕張旭、〔唐〕裴旻。
〔註101〕附〔唐〕李揆。
〔註102〕包括〔唐〕孟郊、張籍、皇甫湜、盧仝、賈島、劉父、李翱等人。
〔註103〕附〔宋〕丁謂。
〔註104〕附〔宋〕梅堯臣、〔宋〕蔣之奇。
〔註105〕附〔宋〕呂惠卿、〔宋〕章惇。
〔註106〕附〔宋〕張耒。

| 卷四十 | 二、史學儒臣 | 〔漢〕司馬遷 | 〔東漢〕班彪 | 〔東漢〕班固 |
|---|---|---|---|---|
| | | 〔劉蜀〕陳壽〔註 107〕 | 〔宋〕范曄 | 〔北魏〕崔浩 |
| | | 〔北魏〕高允 | 〔北齊〕魏收 | |
| 卷四十一 | | 〔唐〕姚思廉 | 〔唐〕李延壽 | 〔唐〕吳兢 |
| | | 〔唐〕劉知幾 | 〔宋〕宋祁 | 〔宋〕鄭樵 |
| | | 〔元〕歐陽玄 | | |
| 卷四十二 | 三、數學儒臣（又分四門）（一）音律門 | 〔隋〕萬寶常 〔註 108〕 | 〔宋〕魏漢津 | |
| | （二）曆象門 | 〔唐〕李淳風 | 〔唐〕僧一行 | 〔元〕郭守敬 |
| | （三）占卜門 | 〔晉〕管輅 | 〔晉〕郭璞 | 〔晉〕索□ |
| | | 〔唐〕嚴善思 | 〔唐〕周傑 | 〔宋〕竇儼 |
| | | 〔宋〕劉敞 | 〔元〕耶律楚材 | |
| | （四）星相門 | 〔曹魏〕朱建平 | 〔唐〕袁天綱 | 〔唐〕王遠知〔註 109〕 |
| 卷四十三 | 四、經學儒臣（又分六門）（一）易經 | 〔漢〕田何等 | 〔漢〕張禹 | 〔漢〕京房 |
| | | 〔晉〕王弼 | 〔宋〕程頤〔註 110〕 | 〔宋〕張載 |
| | | 〔元〕許衡 | | |
| | （二）書經 | 〔漢〕伏生 | 〔漢〕歐陽生 | 〔漢〕夏侯勝 |
| | | 〔漢〕李尋 | 〔漢〕歐陽歙 | 〔東漢〕伏湛 |
| | | 〔東漢〕孔僖 | | |
| | （三）詩經 | 1.魯詩 | | |
| | | 2.齊詩 | 〔漢〕申公 | 〔漢〕韋孟 |
| | | | 〔漢〕韋賢 | 〔漢〕韋玄成 |
| | | | 〔漢〕薛廣德 | |
| | | 3.韓詩 | 〔漢〕轅固 | 〔漢〕匡衡 |
| | | | 〔漢〕翼奉 | 〔漢〕平當 |
| | | 4.毛詩 | 〔漢〕韓嬰 | 〔漢〕毛公〔註 111〕 |

〔註 107〕附王隱。
〔註 108〕附王令言。
〔註 109〕附子客師、張憬藏、金梁風。
〔註 110〕附〔宋〕譙定。
〔註 111〕附〔漢〕衛宏。

| 卷四十四 | （四）春秋經 | 〔漢〕董仲舒 〔漢〕疏廣 | 〔漢〕王吉 〔漢〕疏受 〔註112〕 | 〔漢〕貢禹 〔宋〕胡安國 |
|---|---|---|---|---|
| | | 1.公羊春秋 | 〔漢〕胡母生 〔漢〕嚴彭祖 〔註113〕 〔東漢〕丁恭 | 〔漢〕眭孟 〔東漢〕何休 |
| | | 2.穀梁春秋 | 〔漢〕瑕丘江公 〔唐〕啖助 | 〔晉〕范甯 |
| | | 3.左氏春秋 | 〔漢〕張蒼 〔東漢〕賈逵 〔晉〕杜預 | 〔漢〕劉歆 〔東漢〕鄭眾 |
| 卷四十五 | （五）禮經 | 〔漢〕高堂生 〔北齊〕熊安生 | 〔漢〕二戴 〔宋〕陳暘 | 〔梁〕皇侃 |
| | （六）五經 | 〔漢〕許慎 〔隋〕劉焯 〔宋〕朱熹 | 〔魏〕王肅 〔隋〕劉炫 〔宋〕蔡元定 | 〔梁〕崔靈恩 〔唐〕孔穎達 〔宋〕呂祖謙等 〔註114〕 |
| 卷四十六 | 五、藝學儒臣 （又分三門） | （一）字藝 | 〔魏〕鍾繇 〔註115〕 〔唐〕褚遂良 〔宋〕蘇軾 〔註117〕 | 〔晉〕王羲之 〔唐〕懷素 〔註116〕 〔元〕趙孟頫 |
| | | （二）畫藝 | 〔晉〕顧愷之 〔唐〕吳道元 〔五代〕郭熙 〔宋〕李公麟 | 〔晉〕張僧繇 〔五代〕郭忠恕 〔五代〕黃筌 |
| | | （三）器藝 | 〔魏〕馬鈞 | 〔元〕藝元 |

〔註112〕附〔宋〕孫復。
〔註113〕附〔漢〕服虔。
〔註114〕附〔宋〕呂祖儉、〔宋〕陳傅良。
〔註115〕附〔晉〕王獻之等。
〔註116〕附〔宋〕黃庭堅。
〔註117〕此篇為互見，其傳見〈詞學儒臣〉。

| 武臣傳（凡三門） | 卷四十七 | 一、大將 | 武臣總論 | | |
|---|---|---|---|---|---|
| | | | 〔吳〕孫武子 | 〔吳〕孫臏 | 〔齊〕穰苴 |
| | | | 〔魏〕吳起 | 〔趙〕李牧 | 〔趙〕趙奢 |
| | | | 〔漢〕韓信 | 〔漢〕周亞夫 | |
| | 卷四十八 | | 〔漢〕趙充國 | 〔漢〕陳湯 | 〔東漢〕寇恂 |
| | 卷四十九 | | 〔東漢〕班超 | 〔東漢〕班勇 | 〔東漢〕鄧訓 |
| | | | 〔東漢〕虞詡 〔註118〕 | 〔吳〕周瑜 〔註119〕 | 〔吳〕呂蒙 |
| | | | 〔吳〕陸遜 | 〔吳〕陸抗 | 〔晉〕馬隆 |
| | | | 〔西魏〕韋孝寬 | | |
| | 卷五十 | | 〔唐〕李靖 | 〔唐〕裴行儉 | 〔唐〕郭震 |
| | | | 〔唐〕張仁愿 | 〔唐〕唐休璟 | 〔唐〕王忠嗣 〔註120〕 |
| | | | 〔唐〕李光弼 | 〔唐〕張巡 | 〔唐〕許遠 |
| | 卷五十一 | | 〔唐〕段秀實 | 〔唐〕李晟 | 〔唐〕李愬 |
| | | | 〔唐〕高仁厚 | 〔宋〕曹瑋 | 〔宋〕范仲淹 |
| | | | 〔宋〕狄青 | 〔宋〕種世衡 | |
| | 卷五十二 | | 〔宋〕宗澤 | 〔宋〕岳飛 | 〔宋〕韓世忠 |
| | | | 〔宋〕吳玠 | 〔宋〕吳璘 | 〔宋〕孟珙 |
| | 卷五十三 | 二、名將 | 〔齊〕田單 | 〔秦〕白起 | 〔秦〕王翦 |
| | | | 〔漢〕衛青 〔註121〕 | 〔漢〕李廣 | 〔漢〕李陵 |
| | | | 〔東漢〕耿弇 | 〔東漢〕吳漢 | 〔東漢〕段熲 |
| | 卷五十四 | | 〔曹魏〕張遼 | 〔劉蜀〕姜維 | 〔曹魏〕鄧艾 |
| | | | 〔晉〕王濬 | 〔後周〕賀若敦 〔註122〕 | 〔後周〕長孫晟 |
| | | | 〔隋〕楊素 | 〔宋〕劉錡 | 〔宋〕余玠 |
| | | | 〔元〕董摶霄 | | |

〔註118〕此篇為互見，其傳見〈智謀名臣〉。
〔註119〕此篇為互見，其傳見〈忠誠大臣〉。
〔註120〕附〔唐〕哥舒翰。
〔註121〕附〔漢〕霍去病。
〔註122〕附〔後周〕賀若弼。

| | 卷五十五 | 三、賢將 | 賢將論 |
|---|---|---|---|
| | | | 〔東漢〕鄧禹　　　〔東漢〕馮異　　　〔東漢〕馬援<br>〔東漢〕皇甫規　　〔東漢〕朱雋　　　〔東漢〕皇甫嵩<br>〔註123〕<br>〔東漢〕張奐 |
| | 卷五十六 | | 〔劉蜀〕關羽　　　〔劉蜀〕張飛　　　〔唐〕李勣<br>〔唐〕王晙　　　　〔唐〕渾瑊　　　　〔唐〕李抱眞<br>〔唐〕李光顏　　　〔宋〕曹彬 |
| 賊臣傳（凡七門） | 卷五十七 | 一、盜賊 | 〔漢〕劉盆子等赤眉賊　　〔後魏〕破六韓拔陵<br>〔唐〕黃巢 |
| | | 二、妖賊 | 〔東漢〕黃巾賊張角　　　〔東漢〕五斗米賊張魯<br>〔晉〕奉五斗米道賊孫恩　〔隋〕宋子賢 |
| | | 三、貪賊 | 〔宋〕蔡京　　　　　〔宋〕賈似道 |
| | | 四、反賊 | 〔唐〕僕固懷恩　　　〔唐〕李懷光 |
| | 卷五十八 | 五、殘賊 | 〔漢〕甯成　　　〔漢〕周陽由等　〔漢〕趙禹<br>〔漢〕張湯　　　〔漢〕江充　　　〔漢〕嚴延年<br>〔唐〕裴延齡　　〔唐〕皇甫鎛　　〔宋〕蔡确<br>〔宋〕邢恕　　　〔宋〕史嵩之<br>〔註124〕 |
| | 卷五十九 | 六、逆賊 | 〔東漢〕董卓　　　〔晉〕王敦　　　〔晉〕桓溫<br>〔註125〕<br>〔晉〕桓玄　　　　〔唐〕安祿山　　　〔唐〕史思明<br>〔唐〕李希烈　　　〔唐〕朱泚<br><br>附殺母逆賊：<br>〔漢〕王陵　　　　〔東漢〕趙苞　　　〔晉〕溫嶠 |
| | | 七、奸賊 | 〔唐〕李林甫　　　〔唐〕盧杞　　　　〔宋〕秦檜<br>〔註126〕 |
| | 卷六十 | 一、太子 | 〔漢〕戾太子據　〔隋〕太子勇　　〔唐〕太子建成<br>〔唐〕太子忠　　〔唐〕太子弘　　〔唐〕太子憲<br>〔唐〕太子瑛 |

〔註123〕此篇爲互見，其傳見〈直節名臣〉。
〔註124〕附〔宋〕史彌遠。
〔註125〕附〔東漢〕呂布。
〔註126〕附〔宋〕湯思退。

| 親臣傳（凡五門） | 卷六十一 | 二、諸王宗室 | 〔漢〕楚元王交　〔漢〕梁孝王武　〔漢〕河間王德<br>〔漢〕中山王勝　〔漢〕東平王蒼　〔漢〕楚王英<br>〔漢〕朱虛侯章　〔漢〕吳王濞　〔漢〕淮南王長<br>〔晉〕八王　〔宋〕劉義康<br>〔註127〕 |
|---|---|---|---|
| | 卷六十二 | 三、外戚 | 〔漢〕史丹　〔漢〕王商　〔漢〕傅喜<br>〔漢〕陰興　〔漢〕樊鯈　〔漢〕梁冀<br>〔東漢〕竇武　〔晉〕楊駿　〔唐〕長孫無忌<br>〔註128〕 |
| | 卷六十三 | 四、后妃 | 〔漢〕馬后　〔漢〕班捷仔　〔唐〕長孫后<br>〔宋〕曹后　〔宋〕高后　〔宋〕孟后<br>〔漢〕呂后　〔漢〕趙后　〔漢〕竇后<br>〔註129〕<br>〔晉〕賈后　〔隋〕獨孤后　〔唐〕武才人<br>〔註130〕　　　　　　　　　　　　　〔註131〕<br>〔唐〕韋庶人　〔唐〕壽王妃楊氏〔註132〕 |
| | 卷六十四 | 五、公主 | 〔宋〕荊國公主〔註133〕　　〔唐〕太平公主<br>〔唐〕安樂公主 |
| | | | 附列女：<br>〔漢〕桓少君　　　　　〔漢〕王霸妻<br>〔漢〕姜詩妻龐氏　　　〔漢〕班姬<br>〔漢〕樂羊子妻　　　　〔漢〕李穆姜<br>〔漢〕孝女曹娥　　　　〔漢〕龐涓母趙娥<br>〔漢〕皇甫規妻　　　　〔漢〕陰瑜妻荀氏<br>〔漢〕孝女叔先雄　　　〔晉〕羊耽妻辛氏<br>〔隋〕洗氏夫人　　　　〔元〕謝枋得妻李氏 |

〔註127〕附〔晉〕齊王攸。
〔註128〕附〔東漢〕胡騰。
〔註129〕附〔漢〕竇憲、〔漢〕鄭眾。
〔註130〕附〔晉〕賈充。
〔註131〕附〔唐〕吉頊。
〔註132〕附〔唐〕楊國忠。
〔註133〕附駙馬李遵勖。

| | | | | | | |
|---|---|---|---|---|---|---|
| 近臣傳（凡三門） | 卷六十五 | 一、宦官 | 〔漢〕正直宦官呂彊 | | 〔唐〕小心宦官高力士 | |
| | | | 〔唐〕忠謹宦官馬存亮 | | 〔唐〕嚴遵美 | |
| | | | 〔後唐〕忠節宦官張承業 | | 〔秦〕趙高 | |
| | | | 〔漢〕石顯 | | 〔漢〕單超等五侯 | |
| | | | 〔漢〕曹節 | | 〔漢〕王甫等 | |
| | | | 〔漢〕侯覽 | | 〔漢〕張讓 | |
| | | | 〔漢〕趙忠等 | | 〔唐〕李輔國 | |
| | | | 〔唐〕程元振 | | 〔唐〕魚朝恩 | |
| | | | 〔唐〕仇士良 | | | |
| | | 二、嬖幸 | 〔漢〕鄧通 | | 〔漢〕董賢 | |
| | | 三、方士 | 〔漢〕李少君 | 〔漢〕少翁 | 〔漢〕謬忌 | |
| | | | 〔漢〕欒大 | 〔漢〕公孫卿 | | |
| 外臣傳（凡四門） | 卷六十六 | 一、時隱外臣 | 〔漢〕梅福 | 〔漢〕逢萌 | 〔漢〕王君公等〔註134〕 | |
| | | | 〔漢〕周黨等〔註135〕 | 〔漢〕周燮 | 〔漢〕馮良 | |
| | | | 〔漢〕韓康 | 〔漢〕范丹 | 〔漢〕漢濱父老 | |
| | | | 〔漢〕陳留父老 | 〔漢〕魏桓 | 〔漢〕姜岐 | |
| | | | 〔漢〕申屠蟠 | 〔漢〕黃憲 | 〔漢〕戴良 | |
| | | | 〔漢〕袁閎 | 〔漢〕郭泰 | 〔漢〕徐穉 | |
| | | | 〔漢〕管寧 | 〔漢〕王烈 | 〔漢〕夏馥〔註136〕 | |
| | | | 〔漢〕龐德公 | 〔漢〕司馬德操 | 〔魏〕張掞 | |
| | | | 〔魏〕焦先 | 〔隋〕李士謙 | 〔隋〕崔廓 | |
| | | | 〔隋〕張文詡 | 〔唐〕元德秀 | 〔唐〕鄭遨等〔註137〕 | |
| | | | 〔宋〕南安翁 | 〔宋〕蘇雲卿 | | |

〔註134〕包括〔漢〕徐房、〔漢〕李子雲。
〔註135〕包括〔漢〕譚賢、〔漢〕殷謨、〔漢〕王霸。
〔註136〕此篇為互見，其傳見〈直節名臣〉。
〔註137〕包括〔唐〕李道殷、〔唐〕羅隱之。

| 卷六十七 | 二、身隱外臣 | 〔東周〕莊周 | 〔東周〕列禦寇 | 〔秦〕四皓 |
|---|---|---|---|---|
| | | 〔漢〕嚴遵 | 〔漢〕鄭樸 | 〔漢〕向長 |
| | | 〔漢〕禽慶 | 〔漢〕野王二老 | 〔漢〕嚴光 |
| | | 〔漢〕井丹 | 〔漢〕閔仲叔 | 〔漢〕荀恁 |
| | | 〔漢〕梁鴻 | 〔漢〕高恢 | 〔漢〕高鳳 |
| | | 〔漢〕臺佟 | 〔漢〕矯慎 | 〔漢〕馬瑤 |
| | | 〔漢〕樊英 | 〔漢〕周勰 | 〔漢〕法真 |
| | | 〔魏〕寒貧子 | 〔魏〕翟莊 | 〔晉〕孫登 |
| | | 〔晉〕皇甫謐〔註138〕 | 〔晉〕陶潛 | 〔五代〕陶弘景 |
| | | 〔五代〕宗測 | 〔五代〕馬樞 | 〔五代〕阮孝緒 |
| | | 〔五代〕睦夸 | 〔五代〕李謐 | 〔五代〕孔淳之 |
| | | 〔五代〕翟法賜 | 〔五代〕臧榮緒 | 〔五代〕朱桃椎 |
| | | 〔唐〕孫思邈 | 〔唐〕武攸緒 | 〔唐〕崔覲 |
| | | 〔唐〕陸龜蒙 | 〔唐〕司空圖 | 〔宋〕陳搏 |
| | | 〔宋〕邵雍〔註139〕 | 〔宋〕魏野 | 〔宋〕林逋 |
| | | 〔宋〕張塈 | 〔宋〕順昌山人 | 〔元〕劉因 |
| 卷六十八 | 三、心隱外臣 | 〔戰國〕魯仲連〔註140〕 | 〔晉〕阮籍 | 〔晉〕劉伶 |
| | | 〔隋〕王績 | 〔唐〕李白〔註141〕 | 〔宋〕種放 |
| | 四、吏隱外臣 | 吏隱外臣總論 | | |

---

〔註138〕附〔晉〕楊王孫。
〔註139〕此篇爲互見，其傳見〈德業儒臣〉。
〔註140〕此篇爲互見，其傳見〈忠誠大臣〉。
〔註141〕此篇爲互見，其傳見〈詞學儒臣〉。

| | | 〔戰國〕侯嬴<br>〔註142〕 | 〔韓〕張良<br>〔註143〕 | 〔漢〕東方朔 |
|---|---|---|---|---|
| | | 〔漢〕揚雄<br>〔註144〕 | 〔漢〕胡廣 | 〔蜀〕譙周 |
| | | 〔晉〕王導 | 〔晉〕謝安<br>〔註145〕 | 〔唐〕婁師德<br>〔註146〕 |
| | | 〔唐〕白居易<br>〔註147〕 | 〔唐〕鄭綮 | 〔五代〕馮道 |

## （四）目前可見的各種版本

### 1. 各大圖書館藏古籍善本

《李氏藏書》六十八卷，《續藏書》二十七卷，〔明〕李贄撰。

版本：明萬曆刻本。

資料格式：36 冊。

行格版式：9 行，行 20 字。白口，四周單邊。

典藏地：浙江圖書館。

資料來源：《浙江圖書館古籍善本書目》。

《李氏藏書》六十八卷，〔明〕李贄撰。

版本：明萬曆 27 年金陵刊本。

版匡高廣：23.5 公分×15 公分。

行格版式：9 行，行 20 字。雙欄，版心白口，單黑魚尾，上方記「藏書世紀」；行間刻小字批語及圈點。

序跋：焦竑序、劉東星序、梅國禎序、祝世祿序、方時化後序。

正文卷端題「藏書世紀卷一」。

典藏地：國家圖書館。〔註148〕

---

〔註142〕此篇爲互見，其傳見〈直節名臣〉。

〔註143〕此篇爲互見，其傳見〈忠誠大臣〉。

〔註144〕此篇爲互見，其傳見〈詞學儒臣〉。

〔註145〕此篇爲互見，其二人傳俱見〈因時大臣〉。

〔註146〕此篇爲互見，其傳見〈忍辱大臣〉。

〔註147〕此篇爲互見，其傳見〈詞學儒臣〉。

〔註148〕共收藏二部。第一部，48 冊，朱筆點校，藏印有「國立中央圖／書館收藏」朱文長方印、「錫山鄭／氏家藏」朱文長方印、「鄭印／若旦」朱文方印、「玉節／氏」白文方印，有微捲。第二部，20 冊，藏印有「風雨／樓」朱文方印、「國

資料來源：中文古籍書目資料庫。

卷一　　　　　序1　　　　　序2

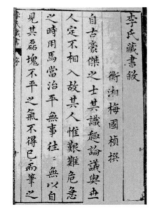

序3　　　　　序4　　　　　跋

《李氏藏書》六十八卷，〔明〕李贄撰。

版本：明萬曆 27 年金陵刊本。

版匡高廣：23.5 公分×15 公分。

行格版式：9 行，行 20 字。雙欄，版心白口，單黑魚尾，上方記「藏書世紀」；行間刻小字批語及圈點。

序跋：焦竑序、劉東星序、梅國禎序、祝世祿序、耿定力序、方時化後序。

立中／央圖書／館考藏」朱文方印、「吳正昌號」朱文長方印四周飾以花紋。

正文卷端題：「藏書世紀卷一」。

典藏地：國家圖書館〔註149〕、美國國會圖書館〔註150〕、哈佛燕京圖
書館。〔註151〕

資料來源：中文古籍書目資料庫、《美國哈佛大學哈佛燕京圖書館中
文善本書志》。

明萬曆27金陵刊本　　　　　　　　　　明萬曆27金陵刊本

國家圖書館藏本　　　　　　　　東京大學東洋文化研究所藏本

《李氏藏書》六十八卷，〔明〕李贄撰。

版本：明萬曆27年金陵刊本。

典藏地：東京大學東洋文化研究所。〔註152〕

資料來源：東京大學東洋文化研究所所藏漢集目錄資料庫。

《藏書》六十八卷，〔明〕李贄撰。

---

〔註149〕國圖共收藏二部。第一部，24冊，藏印：「希古／右文」朱文方印、「國立中
　　　　／央圖書／館考藏」朱文方印、「不薄今／人愛古人」白文長方印。第二部，
　　　　60冊，有朱筆點校，藏印為「國立中央圖／書館收藏」朱文長方印。

〔註150〕資料格式：16冊4函。附作者小傳。

〔註151〕資料格式：16冊。資料來源：《美國哈佛大學哈佛燕京圖書館中文善本書志》。

〔註152〕共藏有二部。一部是32冊4函；收入於「所藏漢籍分類目錄」；索書號：史
　　　　部-別史-40；編號：B1524700。另一部是40冊4函。收於「倉石文庫」，包
　　　　含《李氏藏書》與《續藏書》，其中《續藏書》是萬曆37年金陵王維儼刊本。

版本：明萬曆 27 年金陵刻本。

資料格式：32 冊。（存卷 1～卷 60）

行格版式：9 行，行 20 字。白口，單魚尾，四周單邊，無直格。

藏印：有鄞縣孫景烈藏書印。

典藏地：山東師範大學圖書館。〔註 153〕

資料來源：《山東師範大學圖書館藏古籍書目》。

《藏書》六十八卷，〔明〕李贄撰。

版本：明萬曆 27 年焦竑刻本。

行格版式：9 行，20 字。白口，四周單邊。

典藏地：北京大學圖書館〔註 154〕、清華大學圖書館〔註 155〕、中國人民大學圖書館〔註 156〕、北京師範大學圖書館〔註 157〕、北京師範學院圖書館、中國科學院圖書館、中國社會科學院文學研究所、中國社會科學院歷史研究所、中國歷史博物館、公安部群眾出版社、北京市文物局、上海圖書館、復旦大學圖書館、南開大學圖書館、祁縣圖書館、遼寧省圖書館、旅大市圖書館、遼寧大學圖書館、吉林省圖書館、吉林大學圖書館、東北師範大學圖書館、黑龍江大學圖書館、陝西省圖書館、陝西省師範大學、青海省圖書館、山東大學圖書館、南京圖書館、南京師範學院圖書館〔註 158〕、安徽省圖書館、安徽省博物館、江西師範學院圖書館、福建省圖書館、廣東省中山圖書館、中山大學圖書館〔註 159〕、四川省圖書館、重慶市圖書館、四川南充師範學院圖書館。

資料來源：中國古籍善本書目聯合導航系統、《北京大學圖書館藏古籍善本書目》、《清華大學圖書館藏善本書目》、《中國人民大學圖

---

〔註 153〕書碼：038／27。

〔註 154〕資料格式：24 冊。。

〔註 155〕資料格式：22 冊。鈐「淮西田氏珍賞之章」、「臣良」等印。資料來源：《清華大學圖書館藏善本書目》。

〔註 156〕資料格式：28 冊 4 函。白口，單魚尾，四周單邊。有小字夾注並圈點，封面有稽古主人識語。

〔註 157〕收藏有兩部。一部是 60 冊，與《續藏書》二十七卷合函。另一部是 36 冊，存 60 卷，鈐有「滌盦藏書之印」印。書碼：善 982.31／287。

〔註 158〕此書有〔清〕方濬師跋。

〔註 159〕資料格式：30 冊。資料來源：《中山大學圖書館藏古籍善本書目》。

書館古籍善本書目》、《北京師範大學圖書館古籍善本書目》、《東
北地區古籍線裝書聯合目錄》。

《藏書》六十八卷，〔明〕李贄撰。

版本：明萬曆 27 年（1599）刻本。〔註 160〕

資料格式：32 冊。

館藏地：內蒙古圖書館。

資料來源：《內蒙古線裝古籍聯合目錄》。

《藏書》六十八卷，〔明〕李贄撰。

版本：明萬曆 27 年刻本。

資料格式：14 冊。27 公分。

典藏地：普林斯頓大學東亞圖書館。

資料來源：中文古籍書目資料庫。

《李氏藏書》六十四卷，〔明〕李贄撰。

版本：明萬曆 27 年刻本。

資料格式：16 冊。

行格版式：8 行，行 20 字。白口，四周單邊，單魚尾。

卷端題名不一，書名據序題。

有墨筆圈抄補硃筆圈點，間有殘損。

典藏地：中國國家圖書館。

《藏書》六十八卷，〔明〕李贄撰。

版本：明萬曆 27 年焦竑刊余聖久印本。

資料格式：39 冊 4 函。

行格版式：9 行，行 20 字。白口，單魚尾，四周單邊。

封面鐫「余聖久梓行」。

典藏地：中國人民大學圖書館。〔註 161〕

參考資料：《中國人民大學圖書館古籍善本書目》。

《李氏藏書》六十八卷，〔明〕李贄撰。

版本：明萬曆 29 年金陵刊本。

---

〔註 160〕版刻時間據卷首序。

〔註 161〕此書有小字夾注並圈點。藏書印：「大慶堂藏書印」。

典藏地：福建師範大學圖書館。

資料來源：李國庭〈李贄生平及其著作譚要〉。

**《李氏藏書》六十八卷，〔明〕李贄撰；〔明〕沈汝楫，〔明〕金嘉謨重訂。**

版本：明萬曆間（1573～1620）刊本。

行格版式：10 行，行 22 字。單欄，版心白口，上方記「藏書東周西周書世紀」。

序跋：焦竑序、劉東星序、梅國禎序、祝世祿序、耿定力序。

正文卷端題：「藏書世紀卷一　溫陵李贄輯著、虎林沈汝楫、金嘉謨重訂、沈繼震校閱」。

典藏地：國家圖書館〔註162〕、中國人民大學圖書館〔註163〕、清華大學圖書館〔註164〕、中共中央黨校圖書館、中央民族大學圖書館、中央教育科學研究所、華東師範大學圖書館、天津市人民圖書館、太原市晉祠文物保管所、內蒙古自治區圖書館、東北師範大學圖書館、西安市文物管理委員會、鎮江市圖書館、南京大學圖書館、福建省圖書館、福建省廈門市圖書館、廈門大學圖書館、河南省博物館、武漢大學圖書館、重慶市圖書館、西南師範學院圖書館、貴陽師範學院圖書館。

資料來源：中文古籍書目資料庫、中國古籍善本書目聯合導航系統、《清華大學圖書館藏善本書目》。

---

〔註162〕 冊數：24 冊（包含《續藏書》二十七卷）。版匡高廣：21.8×14.3 公分。藏印：「芝」朱文圓印、「四明碱街李氏」朱文圓印、「李小蓮／曾藏過」朱文長方印、「國立中央圖／書館收藏」朱文長方印、「李沅／之印」白文方印、「谿南金氏／家藏圖籍」朱文長方印、「措大」白文長方印、「小蓮／藏過」白文方印、「德／聲」白文方印、「宏／揚」朱文方印、「少昊／之裔」白文方印。有微捲。資料來源：中文古籍書目資料庫。

〔註163〕 本書資料格式：12 冊 3 函。藏印：「龍門王氏珍藏」。根據「中國古籍善本書目聯合導航系統」的資料顯示，中國人民大學圖書館藏有此版本的書，但是《中國人民大學圖書館古籍善本書目》著錄此書的版本格式是「白口，單魚尾，四周單邊」，因此可能是不同的版本。

〔註164〕 資料格式：16 冊 3 函。鈐「退耕堂藏書記」、「陸魚見藏閱書」等印。資料來源：《清華大學圖書館藏善本書目》。

**國家圖書館藏「沈汝楫、金嘉謨重訂本」**

《李氏藏書》六十八卷，《續藏書》二十七卷，〔明〕李贄撰。

版本：明萬曆 27 年至天啓 3 年焦竑金陵刊本。

行格版式：9 行，行 20 字。單欄，花口，單魚尾。

典藏地：臺大圖書館。

資料來源：中文古籍書目資料庫。

《李氏藏書》六十八卷，《續藏書》二十七卷，〔明〕李贄撰。

版本：明萬曆刻本

冊數：36 冊。

行格版式：9 行，行 20 字。白口，四周單邊，單魚尾。

鈐「本衙藏板」印。

典藏地：中國國家圖書館。

資料來源：中文古籍書目資料庫。

《藏書》六十八卷，〔明〕李贄撰。

版本：明汪修能刻本。

版式：11 行，26 字（小字）。白口，四周單邊，無魚尾。

典藏地：上海圖書館、天津市人民圖書館、山東省圖書館、湖南省圖
書館、湖南師範大學圖書館〔註 165〕、廣東省哲學社會科學研究所圖
書館、北京大學圖書館。〔註 166〕

〔註 165〕資料來源：《湖南省古籍善本書目》。

〔註 166〕冊數：40 冊。資料來源：《北京大學圖書館藏古籍善本書目》。

資料來源：中國古籍善本書目聯合導航系統。

《藏書》六十八卷，〔明〕李贄撰。

版本：明萬曆翻刻本。

資料格式：24 冊。

典藏地：北京大學圖書館。

資料來源：《北京大學圖書館藏古籍善本書目》。

《藏書》六十八卷，〔明〕李贄撰。

版本：明萬曆刻本。

資料格式：存 45 卷

典藏地：湖南圖書館。

資料來源：《湖南省古籍善本書目》。

《李氏藏書》六十八卷，〔明〕李贄撰。

版本：明萬曆刻本。

資料格式：5 冊。（存 8 卷：卷 1～8）

典藏地：中國國家圖書館。

《藏書》六十八卷，〔明〕李贄撰；〔明〕陳仁錫評。

版本：明萬曆間刻本。

資料格式：20 冊。

典藏地：中國國家圖書館。

《藏書》六十八卷，〔明〕李贄撰；〔明〕陳仁錫評。

版本：天啓元年刻本。

版匡高廣：22.2 公分×14.6 公分。

行格版式：10 行，行 21～22 字。白口，單黑魚尾，四周單邊，眉上
鐫評。

序跋：陳仁錫序。

正文卷端題：「溫陵李載贄卓吾輯著，古吳陳仁錫名卿評正」。

典藏地：北京大學圖書館、中國人民大學圖書館、中共中央黨校圖書
館、中國科學院圖書館、上海圖書館、復旦大學圖書館、遼寧大學圖
書館、吉林省圖書館、吉林省社會科學院圖書館、陝西省富平縣文化
館、西北大學圖書館、山東大學圖書館、揚州市圖書館、浙江圖書館

〔註 167〕、安徽省博物館、江西省圖書館、河南省圖書館〔註 168〕、湖南省博物館〔註169〕、福建省廈門圖書館〔註170〕、廣東省中山圖書館、廣西壯族自治區柳州市圖書館、四川師範學院圖書館、重慶第一師範學校圖書館、內蒙古大學圖書館〔註171〕、芝加哥大學圖書館〔註172〕、柏克萊加州大學東亞圖書館。〔註173〕

資料來源：中文古籍書目資料庫、中國古籍善本書目聯合導航系統、《浙江圖書館古籍善本書目》、《湖南省古籍善本書目》、《內蒙古線裝古籍聯合目錄》、〈李贄生平及其著作潭要〉。

《藏書》六十八卷，〔明〕李贄撰；〔明〕陳仁錫評。

版本：天啓 3 年刻本。

行格版式：10 行，行 21～22 字。白口，單黑魚尾，四周單邊。

典藏地：中國國家圖書館、首都圖書館、中國人民大學圖書館、北京師範大學圖書館、中共中央黨校圖書館、中央民族大學圖書館、中國科學院圖書館、中國社會科學院歷史研究所、中央教育科學研究所、復旦大學圖書館、上海辭書出版社圖書館、吉林省圖書館、吉林大學圖書館、東北師範大學圖書館、陝西省富平縣文化館、西北大學、蘭州大學圖書館、山東大學圖書館、揚州市圖書館、浙江圖書館、安徽省博物館、福建師範大學圖書館、河南省圖書館、武漢大學圖書館、中山大學圖書館、四川省圖書館、重慶第一師範學校圖書館。

資料來源：中國古籍善本書目聯合導航系統。

《藏書》六十八卷，〔明〕李贄撰；〔明〕陳仁錫評。

版本：明崇禎刻本。

---

〔註167〕 資料格式：36 冊。《藏書》六十八卷與《續藏書》二十七卷合函。資料來源：《浙江圖書館古籍善本書目》。

〔註168〕 存四十三卷。資料來源：《湖南省古籍善本書目》。

〔註169〕 資料來源：《湖南省古籍善本書目》。

〔註170〕 李國庭，〈李贄生平及其著作潭要〉，福建圖書館學刊，1989 年第 1 期，頁 21。

〔註171〕 資料格式：20 冊。資料來源：《內蒙古線裝古籍聯合目錄》。

〔註172〕 藏印：「生齋臺灣行篋記」等印記。資料來源：中文古籍書目資料庫。

〔註173〕 資料格式：24 冊。眉間有批註。序：「萬曆二十七年（1599）焦竑序」、「萬曆二十七年劉東星序」、「梅國楨序」、「萬曆二十七年祝世祿序」、「耿定力敘」、「天啓元年陳仁錫序」。藏印：「建侯」朱文方印。資料來源：中文古籍書目資料庫。

資料格式：14 冊 2 函。

行格版式：10 行，行 22 字。白口，單魚尾，四周單邊。夾注並圈點，眉上鐫評。

正文卷端題：「溫陵李載贄卓吾輯著，古吳陳仁錫名卿評正」。

典藏地：中國人民大學圖書館、遼寧大學圖書館。

參考資料：《中國人民大學圖書館古籍善本書目》、《東北地區古籍線裝書聯合目錄》。

《藏書》六十卷，〔明〕李贄撰；〔明〕陳仁錫評。

版本：明崇禎刻本。

資料格式：20 冊。

典藏地：北京大學圖書館。

資料來源：《北京大學圖書館藏古籍善本書目》。

《藏書》六十八卷，〔明〕李贄撰。

版本：清咸豐 2 年芹圃氏鈔本。

資料格式：30 冊。

典藏地：武漢圖書館。

資料來源：《中南、西南地區省市圖書館 館藏古籍稿本提要》。

《藏書》六十八卷，〔明〕李贄撰。

版本：清康熙 47 年刻本。

資料格式：20 冊。

行格版式：10 行，22 字。白口，四周單邊。

典藏地：中國國家圖書館。

資料來源：中國古籍書目資料庫。

《李氏藏書》六十卷，《續藏書》二十七卷，〔明〕李贄撰。

版本：明萬曆 3 年刊本，37 年刊續集本

資料格式：48 冊 5 函。28 公分。

有墨校。

典藏地：臺灣師範大學圖書館。

資料來源：中國古籍書目資料庫。

《李氏藏書》六十卷，《續藏書》二十七卷，〔明〕李贄撰。

版本：明萬曆刻本。

行格版式：9 行，行 20 字。白口，四周單邊。

典藏地：首都圖書館、黑龍江大學圖書館、山東省圖書館、浙江圖書館、中山大學圖書館。

資料來源：中國古籍善本書目聯合導航系統。

《藏書》六十卷，〔明〕李贄撰。

版本：明刻剜改印本。

行格版式：9 行，行 20 字。白口，四周單邊。

典藏地：中國國家圖書館、中央民族大學圖書館、中央教育科學研究所、青海省圖書館、南京圖書館、河南省圖書館、湖北省荊州地區博物館、雲南省圖書館。

資料來源：中國古籍善本書目聯合導航系統。

《藏書》，〔明〕李贄撰。

版本：明萬曆刻本。

資料格式：48 冊。27 公分。

卷端書名：「藏書世紀卷一」

典藏地：普林斯頓大學東亞圖書館。

資料來源：中國古籍書目資料庫。

《李氏藏書》，〔明〕李贄撰。

版本：建陽書坊刊本。

資料來源：《福建通志・版本志》。

2. 影印本

《藏書》六十八卷，〔明〕李贄撰。

收入於《續修四庫全書》，史部・別史類；第 301～302 冊。

上海：上海古籍出版社。出版時間：1995 年。

原書版框高廣：23.7 公分×30.5 公分。

行格版式：9 行，20 字。白口，四周單邊，單黑魚尾，無直格，版心上鐫「藏書世紀」。

序文四篇：焦竑序、梅國禎序、祝世祿序、耿定力序。

卷端題：「藏書世紀卷一」。

本書據復旦大學圖書館藏，明萬曆 27 年（1599）焦竑刻本影印。

封面　　　　　　　　　　　　　　　卷一

《藏書》六十八卷，〔明〕李贄撰。

收入於《四庫全書存目叢書》，史部·別史類；第 23～24 冊。

（第 23 冊，頁 266～790；第 24 冊，頁 1～423）

臺南：莊嚴文化事業。出版時間：1996 年。

版式行格：10 行，22 字。版心白口，無魚尾，上鐫書名、中鐫卷次、下鐫葉次，行間刻圈點。

卷端題字：「藏書世紀卷一　　溫陵李載贄輯著，虎林沈汝楫、金嘉謨重訂，沈繼震校閱」。

書前有序五篇：焦竑序、左前都序、梅國禎序、祝世祿序、耿定力撰。

書後附：《四庫全書總目》〈藏書提要〉。

本書據北京大學圖書館藏，明萬曆 27 年（1599）焦竑刻本影印。

 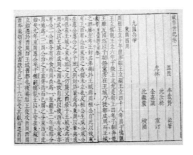

封面　　　　　　　　　　　　　　　卷一

《藏書》六十八卷，〔明〕馬李贄作。

收入《回族典藏全書》，第 64～74 冊。

蘭州：甘肅文化出版社、寧夏人民出版社。出版時間：2008 年。

資料格式：11 冊。30 公分。精裝本。

行格版式：9 行，20 字。白口，單黑魚尾，無直格，行間刻評點與私名號，版心上鑴書名。

前有序 5 篇：焦竑序、劉東星序、梅國楨序、祝世祿序、耿定力序。

本書據明木刻本複製。

封面　　　　　　　　　序文　　　　　　　　　卷一

## 3. 排印本

《藏書》六十八卷、《續藏書》二十七卷，〔明〕李贄撰。

北京：中華書局。出版時間：1951 年；1959 年；1962 年；1963 年；1974 年。

資料格式：全 6 冊（《藏書》4 冊，《續藏書》2 冊）。繁體字，直排。32 開本。1670 頁。

書背　　　　　　　　　封面　　　　　　　　　內頁

《藏書》，〔明〕李贄撰。

北京：中華書局。出版時間：1959 年；1974 年。〔註 174〕

資料格式：全 4 冊。21 公分。繁體字，直排。1142 頁。

序文 5 篇：焦竑序、劉東星序、梅國楨序、祝世祿序、耿定力序。

書前有「《藏書》、《續藏書》再版說明」，書後附「人名索引」。

書背　　　　　　　　　封面　　　　　　　　　內頁

《藏書》六十八卷、《續藏書》二十七卷，〔明〕李贄撰。

北京：中華書局。出版時間：1959 年。

資料格式：全 3 冊（《藏書》2 冊，《續藏書》1 冊）。繁體字，直排。

內文

〔註 174〕1959 年 5 月，爲第一版；1974 年 7 月，爲整理本修訂重印。

《藏書》，〔明〕李贄撰。

北京：中華書局。出版時間：1962 年。

資料格式：全 4 冊。21 公分。繁體字，直排。1142 頁。

序文 5 篇：焦竑序、劉東星序、梅國楨序、祝世祿序、耿叔力序。

書前有：〈出版說明〉、〈附李贄著作目錄〉。

本書以「明覆刻本」為底本，用「明萬曆 27 年原刻本」及「陳仁錫評本」參校。

書背　　　　　　　　封面　　　　　　　　內文

《藏書》六十八卷，〔明〕李贄撰。

北京：中華書局。出版時間：1974 年。

資料格式：2 函，25 冊。26 公分。

《藏書》六十八卷，〔明〕李贄撰。

北京：中華書局。出版時間：1974 年。

資料格式：20 冊，2 函。16 開本（30 公分）。大字本。繁體字，直排。3816 頁。

《藏書》六十八卷，〔明〕李贄撰。

北京：中華書局出版。出版時間：1959 年。

資料格式：全 2 冊。21 公分。1142 頁。

《藏書》，〔明〕李贄撰。

臺北：臺灣學生書局。出版時間：1974 年。

資料格式：全 2 冊。繁體字，直排。平裝。1142 頁。

本書版本同於中華書局本。

封面　　　　　　　　　　　　　　內文

《藏書》，〔明〕李贄撰。

收入於《中國史學叢書》，續編；第 33 種。

資料格式：全 2 冊。繁體字，直排。精裝。1142 頁。

臺北：臺灣學生書局。出版時間：1974 年；1986 年。

本書版本同於中華書局本。

封面　　　　　　　　　　　　　　內頁

《藏書》，〔明〕李贄撰。

北京：社會科學文獻出版社。出版時間：2000 年。

收入於《李贄文集》，第 2～3 卷。

資料格式：簡體字，橫排。1299頁。

前有序5篇：焦竑序、劉東星序、梅國楨序、祝世祿序、耿定力序。

本書是由劉幼生、夏連保、李著鵬、關耀輝等人，依據1974年中華書局排印本校刊整理；王麗青編人名及字號索引。

封套　　　　　　　　　封面　　　　　　　　　內頁

### 4. 電子文獻

《藏書》六十八卷，〔明〕李贄撰。

合肥：黃山書社出版。出版時間：2008年。

資料庫名稱：《中國基本古籍庫》，史地庫·歷史類·別史載記目；03335。

資料型式：文字及圖像。

開發製作：北京愛如生數字化技術研究中心。

原據版本：明萬曆27年焦竑刻本。

圖像版本：明萬曆27年焦竑刻本。

集叢冊次號係據漢珍提供總目清單之序號著錄。

內文

## （五）刊刻與版本源流

### 編輯刊刻

萬曆16年，李贄撰寫《藏書》。萬曆25年李贄往山西大同，依梅國楨，並且修訂《藏書》。萬曆27年《藏書》於南京付梓。萬曆己亥年（西元1595年）焦竑〈李氏藏書序〉：「今爲藏書，刻於金陵，凡六十八卷。」

《藏書》是李贄的重要代表著作，李贄非常重視此書，他定位此書爲「萬世治平之書」，故在撰寫、批點與修改時皆非常謹慎。李贄在書中提到關於《藏書》刊刻與修訂的文字，茲列於下：

1. 劉肖川到，得《道古錄》二冊，謹附去覽教。尚有二冊欲奉弱侯，恐其不欲，故未附去，試爲我問之何如？並爲道《藏書》收整已訖，只待梅客生令人錄出，八月間即可寄弱侯再訂，一任付梓矣。縱不梓，千萬世亦自有梓之者，蓋我此書乃萬世治平之書，經筵當以進讀，科場當以選士，非漫然也。〔註175〕

2. 《李氏藏書》中范仲淹改在《行儒》，劉穆之改在《經國臣》內亦可。此書弟又批點兩次矣，但待兄正之乃佳。〔註176〕

3. 又有《藏書世紀》八卷，《列傳》六十卷。在塞上日，餘又再加修訂，到極樂即付焦弱侯校閱，托爲敘引以傳矣。〔註177〕

4. 《李氏藏書》，謹抄錄一通，專人呈覽。〔註178〕

《藏書》的版本複雜，目前可見有明萬曆27年金陵刻本、明萬曆刻本、明萬曆翻刻本、明刻剜改印本、明翻刻本、明沈汝輯，金嘉謨重訂本、明陳仁錫刻本、明汪修能刻本、清康熙47年刻本、建陽書坊刊本、清咸豐2年芹圃氏鈔本等。

### 版　本

#### 1.《藏書》明萬曆27年刻本

據焦竑序所言，則《藏書》最早的版本應爲明萬曆27年焦竑刻於金陵的「六十八卷本」。焦竑序云：

> 書三種，一《藏書》、一《焚書》、一《說書》。《焚書》、《說書》刻

---

〔註175〕見《續焚書》〈與耿子健〉。
〔註176〕見《續焚書》〈與焦弱侯〉。
〔註177〕見《續焚書》〈老人行敘〉。
〔註178〕見《焚書》〈答焦漪園〉。

於亭州，今爲《藏書》，刻於金陵，凡六十八卷。

但是《藏書》的版本相當複雜，光是著錄爲明萬曆己亥（27 年）刊本，就有許多種。那麼現在的問題是到底有哪幾種？筆者就目前可見各大圖書館善本書目所著錄的「明萬曆 27 年刊本刊本」相比較，發現有五種之多，包括著錄爲焦竑刊本、金陵刊本二種、焦竑刊余聖久印本（上述四種行格版式皆爲9行，20字，白口，四周單邊，單魚尾），另外還有一部藏於中國國家圖書館行格爲8行20字的版本。

沈津也曾經比較過「明萬曆27年刊本刊本」各版本的區別，他認爲很難區別孰爲原刻、孰爲翻刻本，他說：

> 此本雖作明萬曆27年焦竑刻本，然版刻也有其複雜之一面。昔曾見有題此版本者之書十餘部，相比之下竟有四種不同版刻，實難以區別孰爲原刻、孰爲翻刻。今《中國古籍善本書目》著錄之焦竑刻本，有上海圖書館、南京圖書館等三十六館入藏，然其中也確有不同版刻而無法區分者。〔註179〕

筆者學經歷有限，無法準確判斷各版本關係，僅就題名爲「明萬歷27年焦竑刻本」的各版本的不同處加以耙梳。

《中國古籍善本書目》所著錄的「明萬歷 27 年焦竑刻本」，收藏此版本的圖書館包括北京大學圖書館、清華大學圖書館等三十餘處，是數量最多的版本，其行格版式是 9 行，20 字，白口，四周單邊。然沈津說，這些書當中「也確有不同版刻而無法區分者。」所以不能把這些書當作同一版本，但是因爲沒有更詳細的資料加以辨別，僅能先這樣陳述，待其他學者再研究。

國家圖書館收藏的《藏書》，與其他圖書館著錄的差異很大，也是一個疑問。根據國家圖書館的善本著錄，《李氏藏書》「明萬曆 27 年焦竑刻本」，共收四部，行格版式是「9 行，20 字，行間刻小字批語及圈點；雙欄，版心白口，單黑魚尾，上方記『藏書世紀』。」根據這個資料，國家圖書館所藏「明萬曆 27 年焦竑刻本」與其他地方典藏本最大不同是「雙欄」。但是很奇怪，「雙欄」的版本只有國家圖書館有收藏，而且有收藏四部之多。

爲了解開這個疑惑，筆者仔細比對原書，發現實際上這個版本分爲二種，一種是書前有焦竑、劉東星、梅國禎、祝世祿所題的四篇序，書後有方時化

---

〔註179〕見《美國哈佛大學哈佛燕京圖書館中文善本書志》，「明萬曆焦竑金陵刻本藏書」條目，頁104。

的跋；另一種是除了上述的四序一跋外，另外多了耿定力的序。此外這兩個
個版本皆是「四周單邊」，而非國圖所著錄的「雙欄」。（按：《國家圖書館善
本書志初稿》著錄此四部，皆題作「明萬曆己亥金陵刊本」，但在按語中說道，
「雖然四部書的版式行款全同，但四部書中的字體各小有差異，實因當時覆
刊本甚多故。」）

「余聖久印本」刊印地點不詳，其版式行格是 9 行，行 20 字，白口，單
魚尾，四周單邊，有小字夾注並圈點，封面鐫「余聖久梓行」。《中國人民大
學圖書館古籍善本書目》著錄爲：「明萬曆 27 年焦竑刊余聖久印本」。

收藏於東京大學東洋文化研究所，題名爲《李氏藏書》六十八卷「明萬
曆 27 年金陵刊本」，此書版本根據「東京大學東洋文化研究所所藏漢集目錄
資料庫」所提供的書影看來，卷端無直格，左右應是雙欄，與其他版本較爲
不同。

所有《藏書》的版本幾乎都是爲 9 行或 10 行，但是在中國國家圖書館藏
有一部行格版式爲 8 行，20 字，白口，四周單邊，單魚尾，有墨筆圈抄補硃
筆圈點的《藏書》，書間有殘損，每卷卷端題名不一，此書被認爲是明萬曆 27
年（1599）刻本。因爲筆者未曾過目此書，無法判定是否爲配鈔的不同，或
是著錄筆誤，亦或是海內唯一珍版。

福建師範大學圖書館收藏一部著錄爲《李氏藏書》「明萬曆 29 年金陵刊
本」，是唯一一部被認爲是「明萬曆 29 年」的金陵刊本。

### 2.《藏書》其他版本

《李氏藏書》六十八卷，沈汝楫、金嘉謨重訂本。這個版本的刊行時間
在明萬曆年間，行格「10 行 22 字」，在卷端下方就標明「溫陵李贄輯著、虎
林沈汝楫、金嘉謨重訂、沈繼震校閱」，書前有序五篇：焦竑序、劉東星序、
梅國禎序、祝世祿序、耿定力序。

《李氏藏書》六十八卷，陳仁錫評本。此版本的行格爲「10 行，行 21～
22 字」，卷端題「溫陵李載贄卓吾輯著，古吳陳仁錫名卿評正」，書前有一篇
陳仁錫〈評正藏書序〉。此書目前流傳共有四種，第一種是明萬曆間刻本，第
二種是明天啓元年刻本，第三種是明天啓 3 年刻本，第四種是明崇禎刻本。
其中著錄爲「明萬曆間刻本」的陳仁錫評本，只有一部，典藏於中國國家圖
書館。（按：據陳仁錫〈序〉判斷，此評本應初刻於明天啓元年，其後皆爲重
印本，至於藏於中國國家圖書館的「明萬曆間刻本」可能需要再確認。）

著錄為「明萬曆刻本」或「明萬曆翻刻本」的《藏書》有許多部，但多數的圖書館都只有著錄冊數與版本，僅有收藏於中國國家圖書館的一部有著錄行格版式與藏印。因為資料太少，所以無法比對這些著錄為「明萬曆刻本」或「明萬曆翻刻本」的差異。

另外，「明汪修能刻本」，其行格版式為「11 行，26 字（小字），白口，四周單邊，無魚尾」，因此書筆者未曾過目，故僅能就書目著錄。《藏書》除了上述的版本之外，尚有「清康熙 47 年刻本」、「建陽書坊刊本」、「清咸豐 2 年芹圃氏鈔本」等，這些都是較少見的版本。

《藏書》在卷數上有「六十八卷本」、「六十卷本」。「六十卷本」流傳較少，有三種不同版本，一為萬曆年間與《續藏書》二十七卷合刻本，一為明刻剜改印本，另一為北京大學圖書館所藏「陳仁錫評明崇禎刻本」。（按：陳仁錫刻本皆為「六十八卷本」，只有北京大學圖書館所藏這一部著錄為「六十卷本」，不知此書是否為殘卷本？又《藏書》另有翻刻本，名為《遺史》，此書只刻印《藏書》中的列傳六十卷，而沒有收世紀八卷，故僅有六十卷。不知這三種《藏書》「六十卷本」是否與《遺史》六十卷相同。）

### 3.《藏書》、《續藏書》同時著錄

《李氏藏書》六十八卷、《續藏書》二十七卷，兩書一起著錄的版本狀況有下列幾種：

1. 著錄為明萬曆刊本，《藏書》可能為萬曆 27 年焦竑刊本或沈汝梅、金嘉謨重訂本；《續藏書》是萬曆 39 年王惟儼刻本。
2. 著錄為明天啟間刊本，《藏書》為天啟元年陳錫仁刻本；《續藏書》為天啟三年陳錫仁刻本。
3. 其他種版本組合。

### 《藏書》著錄更正

臺灣師範大學圖書館所收藏的《李氏藏書》六十卷，著錄為「明萬曆 3 年刊本」，應是著錄錯誤。根據李贄年譜，其撰寫《藏書》是在萬曆 16 年左右，明萬曆 3 年不可能已有《藏書》刊行。

臺灣大學圖書館收藏一部「明萬曆 27 年至天啟 3 年焦竑金陵刊本」，其行格版式為「9 行，行 20 字；單欄，花口，單魚尾」。據筆者複查，「花口」乃是此圖書館的特別著錄方式，亦即是一般所謂「白口」。

**禁燬狀況**

在明代，萬曆三十年（1602）以及天啓五年（1625），《藏書》二次由朝廷明令搜查燒毀；在清代此書仍屬於禁書、違礙類，詳見《清代禁燬書目四種索引》、〈館藏清代禁書述略〉。〔註 180〕清代地方上實際的查禁奏繳方面，筆者查到二條：

1. 據《應禁書目》記載，清乾隆時湖廣總督三寶奏繳二十五種禁書，其中包括《李氏藏書》一種，說此書「內載女直國紀，語有干礙。」於43 年 2 月初 3 准奏。〔註 181〕

2. 清乾隆乾隆 44 年 9 月初 6 奏准閩浙總督三寶所奏繳之禁書五十一種又查出先前禁書六十二種。其中包括李贄書籍四種：《李氏藏書》六部刊本〔註 182〕、《李氏續藏書》五部刊本〔註 183〕、《李氏文集》二部刊本、《李氏焚書》三部刊本。〔註 184〕

**《藏書》影印本**

在影印本方面，「續修四庫全書本」與「四庫全書存目叢書本」雖然皆標明是據「明萬曆 27 年焦竑刻本」影印，但是這兩部書的版本並不相同。「四庫存目本」影印的乃是「萬曆年間沈汝楫，金嘉謨重訂本」，並非「明萬曆 27年焦竑刻本」。

**《藏書》排印本**

北京中華書局出版的《藏書》，是繁體字，直排本，書後附「人名索引」，有多種版本，茲列舉如下：

---

〔註 180〕〈館藏清代禁書述略〉，國學圖書館，第 4～5 年刊。

〔註 181〕詳見雷夢辰《清代各省禁書彙考》，北京：書目文獻出版社，1989 年，頁 5。

〔註 182〕三寶奏道：「是書，李贄輯。今續查出六部，內二部全。一部原缺序目。又一部原缺卷二十四、卷二十五、卷二十八至三十、卷五十七至六十四。又一部原缺卷一至卷十八、卷四十至卷四十二、卷六十一至卷六十四。又一部原缺卷九至卷十三、卷十七至卷十九、卷二十四至卷二十五、卷三十二至卷四十一、卷四十九至卷五十七、卷六十一至卷六十四。又一部只存卷三至卷八。又一部只存卷三、卷四、卷五，具不全。」《清代各省禁書彙考》，頁 197。

〔註 183〕三寶奏道：「是書，李贄著。今續查出五部。內三部全。一部原缺卷三、卷四、卷七、卷八、卷九、卷十四、卷十五、卷二十一、卷二十二、卷二十五至二十七。又一部只存卷一、卷二，俱不全。」《清代各省禁書彙考》，頁 197。

〔註 184〕三寶奏道：「是書，李贄著。今續查出三部。內二部全。一部只存卷一，不全。」《清代各省禁書彙考》，頁 197。

1. 《藏書》六十八卷、《續藏書》二十七卷，全 6 冊，其中《藏書》4
   冊，《續藏書》2 冊。32 開本。出版時間：1951 年 5 月；1959 年 5
   月；1962 年 6 月；1963 年；1974 年 7 月。
2. 《藏書》六十八卷、《續藏書》二十七卷，全 3 冊；《藏書》2 冊，《續
   藏書》1 冊。32 開本。1959 年出版。
3. 《藏書》4 冊，綠色封面，本書以「明覆刻本」爲底本，用「明萬曆
   27 年原刻本」及「陳仁錫評本」參校。
4. 《藏書》，25 冊，2 函。26 公分。1974 年出版。
5. 《藏書》，20 冊，2 函。16 開本。大字本。1974 年 8 月出版。

在臺灣出版的《藏書》排印本，都是翻印「中華書局版本」，包括臺灣學
生書局本平裝 2 冊本、臺灣學生書局精裝「中國史學叢書」2 冊本。

《藏書》另有簡體字的的排印本，由張建業主編，收入於《李贄文集》
第 2～3 卷，北京社會科學文獻出版社在 2000 年 5 月出版。本書是由劉幼生、
夏連保、李著鵬、關耀輝等人，依據 1974 年中華書局排印本校刊整理；王麗
青編人名及字號索引。

### （六）相關研究論文

| | |
|---|---|
| 包遵信 | 明代著名的法家代表李贄——讀《藏書》筆記<br>文物，1974 年第 6 期（總第 217 期），頁 26～34，1974 年 6 月 |
| 史 文 | 從《藏書》看李贄尊法反儒的戰鬥精神<br>重慶日報，第 2 版，1974 年 7 月 29 日 |
| 虞班水，周遠才 | 批孔反儒的戰鬥篇章——讀李贄的《藏書·世紀列傳總目前論》<br>李贄思想評介·資料選集，頁 85～88，福州，福建省晉江地區文物管理委員會，1975 年 5 月 |
| 湯 嘯 | 李贄爲什麼寫《藏書》？<br>北京日報，第 3 版，1975 年 6 月 9 日 |
| 饒宗頤 | 記「李氏紀傳」——李贄「藏書」未刊稿的發見<br>新亞書院學術年刊，第 19 期，頁 7～15，1977 年 9 月 |
| 饒宗頤 | 記李贄《李氏紀傳》<br>選堂集林，臺北，明文書局，1982 年 |
| 金 榮 | 是志士，也是勇士——李贄著《焚書》和《藏書》，書林（中華書畫），1984 年第 6 期（總第 31 期），頁 46～47，1984 年 11 月 |
| 〔日〕佐藤鍊太郎 | 李贄の經世論——『藏書』の精神〔日〕<br>日本中國學會報，1986 年第 38 卷，頁 187～201，1986 年 |

| 王才忠 | 從《藏書》看李贄的歷史觀<br>湖北大學學報（哲學社會科學版），1987 年第 5 期（總第 51 期），頁 100～103，1987 年 9 月 |
|---|---|
| 丁孝智 | 藏書（簡介）<br>中國學術名著提要，歷史卷，頁 232～234，復旦大學出版社，1994 年 |
| 馬興東 | 《藏書》和李贄的史識<br>史學史研究，1995 年第 4 期（總第 80 期），頁 52～56，1995 年 12 月 |
| 任冠文 | 《藏書》<br>李贄史學思想研究，第 1 章第 1 節，桂林，廣西師範大學出版社，學術文叢，1999 年 |
| 路新生 | 藏書、續藏書（簡介）<br>中國學術名著大辭典，頁 887～889，吳士余、劉凌主編，上海，漢語大辭典出版社，2000 年 |
| 張　凡 | 《藏書》是《焚書》的姊妹篇<br>首都師範大學學報（社會科學版），2002 年第 6 期（總第 149 期），頁 92～96，，2002 年 |
| 錢茂偉 | 論《藏書》對《左編》的繼承與批判<br>福建論壇，1998 年第 6 期，頁 52～55<br>明代史學的歷程，第 15 章第 1 節，頁 336～341，社會科學文獻出版社，2003 年 |
| 錢茂偉 | 《藏書》人物史論的市民思想色彩<br>明代史學的歷程，第 15 章第 3 節，頁 345～352，社會科學文獻出版社，2003 年 |
| 崔紅娟 | 我國目錄學發展的新意──從《藏書》看李贄的目錄學思想<br>高校圖書館工作，第 25 卷（總第 105 期），2005 年第 1 期，頁 25～26，2005 年 |

## 二、《藏書世紀》

### （一）提　要

《藏書世紀》內容與《藏書》相同。（請參見本書頁 68～69，「藏書提要」）

### （三）目　錄

《藏書世紀》的目錄與《藏書》相同。（請參見本書頁 75～92，「藏書目錄」）

### （四）目前可見的版本

各大圖書館藏書中，題名爲《藏書世紀》的李贄著作，僅有典藏於中國國家圖書館的一部殘卷本。其資料如下：

《藏書世紀》六十八卷，〔明〕李載贄撰。

版本：明萬曆間刻本。

資料格式：4 冊。（存 33 卷：卷 1～33，有破損缺頁。）

行格版式：10 行，22 字。白口，四周單邊。

典藏地：中國國家圖書館。

資料來源：中國古籍書目資料庫。

（五）刊刻與版本源流

此書的內容和目錄與《藏書》相同，應爲《藏書》的翻刻本。《藏書》有「世紀」與「列傳」之分，此書則因此名爲「藏書世紀」。

## 三、《藏書紀傳》

（一）提　要

《藏書紀傳》的內容與《藏書》相同。（請參見本書頁 68～69，「藏書提要」）

（二）序　文

此書無序文。

（三）目　錄

藏書紀傳總目錄

藏書世紀目錄

藏書列傳目錄

藏書紀傳總目後論

世紀總論

卷一（以下目錄與《藏書》相同，請參見本書頁 75～92，「藏書目錄」）

（四）目前可見的版本

各大圖書館藏書中，題名爲《藏書紀傳》的李贄著作，僅有典藏於中研院傅斯年圖書館的一部。其資料如下：

《藏書紀傳》六十八卷，《目錄》一卷，〔明〕李贄撰。

版本：明刊本。

資料格式：20 冊。27 公分。

行格版式：9 行，20 字。白口，四周單邊，單黑魚尾，無直格，版心
上鐫「藏書世紀」。

卷端題：「藏書世紀卷一　　九國兵爭　東周西周」。

首有總目前論及總目後論。

典藏地：中研院傅斯年圖書館。〔註185〕

資料來源：中國古籍書目資料庫。

卷一　　　　　　　　　　在卷一的葉二處，有挖空的牌記。

（五）版本源流探討

　　此書應爲《藏書》的重刻本。此書內容與《藏書》完全相同，僅在總目
的篇名上有所不同，例如《藏書》的篇名爲〈藏書世紀列傳總目後論〉，而此
書的篇名爲〈藏書紀傳總目後論〉。

## 四、《遺史》

### （一）提　要

　　《遺史》，六十卷，李贄撰。《遺史》的內容同於《藏書》的卷九～卷六
十八。《藏書》的前八卷是「世紀」，記載帝王；後六十卷是「列傳」，記載大
臣事蹟。而《遺史》的內容與篇目，與《藏書》的「列傳」相同。

### （二）序　文

　　《遺史》書前無序文。

〔註185〕索書號：921.19 161。排架號：檜木櫃 15-4。光碟代號：OD016B。

－117－

## （三）目　錄

《遺史》的篇名與內容與《藏書》的卷九～卷六十相同。本目錄只輸入
前面「因時大臣」至「經世名臣」以供讀者參看，其餘請參見本書頁 75～92，
「藏書目錄」。

| 遺史大臣列傳總目卷一之二（共五門） | |
|---|---|
| 一、因時大臣 | 叔孫通、曹參、丙吉、王導〔註186〕、謝安。 |
| 二、忍辱大臣 | 婁師德、狄仁杰〔註187〕。 |
| 三、結主大臣 | 蕭何、公孫弘、王猛〔註188〕、李泌〔註189〕、呂夷簡〔註190〕。 |
| 四、容人大臣 | 陳寔〔註191〕、蔣琬、山濤、羊祜、房玄齡，杜如晦、盧懷慎、郭子儀、呂蒙正、王旦、畢士安〔註192〕、文彥博。 |
| 五、忠誠大臣 | 樂毅、藺相如、魯仲連、矦嬴〔註193〕、張良、田叔，孟舒、張安世、周瑜、諸葛亮〔註194〕、裴度、呂端、李沆、韓琦。 |
| 遺史名臣傳總目（共八門） | |
| 一、經世名臣 | 魏相、江統、馬周、魏徵〔註195〕、李德裕、郭崇韜、趙普、張齊賢、向敏中、蘇頌、邵雍〔註196〕、范純仁、程顥〔註197〕、呂好問、楊時〔註198〕、葉適、崔與之、劉秉忠、廉希憲〔註199〕、耶律楚材〔註200〕。 |

## （四）目前可見的各種版本

### 1. 各大圖書館藏古籍善本

---

〔註186〕附王衍。
〔註187〕附朱敬則。
〔註188〕別見。
〔註189〕別見。
〔註190〕別見。
〔註191〕附陳群。
〔註192〕附李允則。
〔註193〕別見。
〔註194〕附傳。
〔註195〕別見。
〔註196〕別見。
〔註197〕別見。
〔註198〕別見。
〔註199〕別見。
〔註200〕別見。

《遺史》六十卷，〔明〕李贄撰。

版本：明萬曆間（1573～1619）初刊本。

資料格式：48冊。

版匡高廣：22.8公分×14.9公分。

行格版式：9行，行20字。單欄，版心白口，單黑魚尾，上方記「大臣傳」。

正文卷端題：「尒尒大臣傳卷一」。

典藏地：國家圖書館。〔註201〕

資料來源：中國古籍書目資料庫。

《遺史》，〔明〕李贄撰。

版本：明刻本。

典藏地：福建省圖書館。

資料來源：李國庭〈李贄生平及其著作譚要〉。

## 2. 影印本與排印本

《遺史》目前沒有影印本與排印本。

## （五）刊刻與版本源流

《遺史》目前可見僅一個版本，此書應是翻刻《藏書》，而僅取其「傳記」部分，去其「世紀」八卷。

---

〔註201〕藏印：「國立中央圖／書館收藏」朱文長方印。書號01349。

## 五、《衡鑑》

### （一）提　要

《衡鑑》的内容與《藏書》相同。（請參見本書頁 68～69，「藏書提要」）

### （二）目前可見的版本

《衡鑑》六十八卷，〔明〕李贄撰。

典藏地：日本九州大學文學部書庫。

資料來源：崔文印《李贄著作編年與考辨》、周彥文《日本九州大學文學部書庫漢籍目錄》。

### （三）版本源流探討

《衡鑑》是《藏書》的翻刻本。此書内容上與《藏書》完全相同，但將「李生」、「卓吾」等名字更改，有冒名竄改之意，爲一僞書。

## 六、《李氏春秋》

### 提　要

焦竑《老子翼》和潘士藻的《書洗夫人傳後》均引過此書目，但在現存的古籍目錄中均查無此書。（按：中國傳統上以「春秋」藉指史書，此書可能是《李氏藏書》的別稱。）

## 七、《史閣萬年》

### 提　要

《史閣萬年》，李贄撰。此書現已亡佚，《福建通志》〈藝文志〉有存目，將此書列爲雜史類。《續焚書》卷二〈史閣敘述〉即爲李贄爲此書所寫的自序。清乾隆《泉州府志》〈藝文志〉作著錄此書爲《吏閣萬年》，乃書名著錄錯誤。

# 1-3　子　部

## 一、《老子解》／《解老》

### （一）提　要

《老子解》又名《道德經解》、《解老》，共二卷，是李贄對《老子》一書

的評注。李贄認為申、韓之禍，不可歸咎於《老子》，《老子》所論乃是「至易至簡之道」；他也反對蘇轍「重于無為而輕于治天下國家」的觀點，而認為《老子》一書其政治思想重點應是「不治以治」。

## （二）序　文

### 〈老子解序〉〔註202〕

李贄曰：〔註203〕嘗讀韓非《解老》，未始不為非惜也。以非之才，而卒見殺于秦，安在其為善解《老》也！是豈無為之謂哉！夫彼以柔弱，而此以堅強，此勇于敢，而彼勇于不敢。固已方圓冰炭若矣，而謂：「《道德》申、韓宗祖。」可歟？蘇子瞻求而不得，乃強為之說曰：老子之學，重于無為而輕于治天下國家，是以仁不足愛而禮不足敬。韓非氏得其所以輕天下之術，遂至殘忍刻薄而無疑。嗚呼！審若是，則不可以治天下國家者也。老于〔註204〕之學果如是乎？

夫老子者，非能治之而不治，乃不治以治之者也。故善愛其身者不治身，善愛天下者不治天下，凡古聖王所謂仁義禮樂者，非所以治之也，而況一切刑名法術歟！故其著書專言道德，而不言仁義，以仁雖無為而不免有為，義則為之而有以為，又甚矣。是故其為道也，以虛為常，以因為綱，以善下不爭為百谷之王，以好戰為樂殺人，以用兵為不得已，以勝為小美，以退為進，以敗為功，以福為禍，以得為失，以無知為知，無欲為欲，無名為名，孰謂無為不足以治天下乎？世固未知無為之有益也。

然則韓氏曷為愛之曰：順而達者，帝王之政也；逆而能忍者，黃老之術也。順而達，則以不忍之心行不忍之政，是故其效非可以旦夕責也；逆而能忍者，不見可欲是也，是故無政不達而亦無心可推，無民不安，而亦無賢可尚，如是而已矣。此至易至簡之道，而一切急功利者之所尚也。而一切功利者欲效之而不得，是故不忍于無欲而忍于好殺，不忍以己而忍以人，不忍于忍而忍于不忍。學者不察，遂疑其原，從而曰：道德之禍，其後為申韓也。如此，夫道德之後

---

〔註202〕焦竑《老子翼》卷七亦有收入此文。
〔註203〕「李贄曰」三字，明萬曆繡水沈氏尚白齋刻寶顏堂秘笈本為：「陳眉公」。
〔註204〕「老子」二字，明萬曆繡水沈氏尚白齋刻寶顏堂秘笈本為：「老莊」。

爲申韓固矣，獨不曰「仁義之後其禍爲篡弒乎？」

古今學術亦多矣，一再傳而遂失之，其害不可勝，言者豈少哉？獨老子乎？由此觀之，則謂申韓原道德之意，亦奚不可？

予性剛使氣，患在堅強而不能自克也，喜談韓非之書，又不敢再以道德之流生禍也，而非敢以道德故，故深有味于《道德》，而爲之解，并序其所以語道德者，以自省焉。

## （三）目　錄

本書書前無目錄。

## （四）目前可見的各種版本

### 1. 各大圖書館藏古籍善本

《老子解》二卷，〔春秋〕李耳撰；〔明〕李贄解　。

　版本：明刻本。

　資料格式：3 冊。（與《莊子解》合印）

　典藏地：中國國家圖書館。

　資料來源：中國古籍書目資料庫。

《老子解》二卷，〔明〕李贄撰。

　版本：明萬曆燕超堂刻本。

　叢書名：《李氏叢書十二種》二十五卷。

　典藏地：北京大學圖書館。

　資料來源：《北京大學圖書館藏古籍善本書目》。

《老子解》二卷，〔明〕李贄撰。

　版本：明萬曆刻本。

　叢書名：《李氏叢書十二種》二十五卷。

　行格版式：9 行，18 字。白口，左右雙邊。

　典藏地：北京大學圖書館、中國科學院圖書館、上海圖書館。

　資料來源：中國古籍善本書目聯合導航系統。

《老子解》二卷，〔明〕李贄撰。

　版本：明陳氏繼志齋刻本。

　叢書名：《卓吾先生李氏叢書十二種》二十四卷。

行格版式：8 行，18 字。白口，四周單邊。

典藏地：首都圖書館、旅大市圖書館。

資料來源：中國古籍善本書目聯合導航系統。

**《老子解》二卷，〔明〕李贄撰。**

版本：明陳氏繼志齋刻崇禎間燕超堂重印本。

叢書名：《卓吾先生李氏叢書十一種》二十三卷。

行格版式：8 行，18 字。白口，四周單邊。

典藏地：北京大學圖書館、上海圖書館。

資料來源：《中國叢書廣錄》、中國古籍善本書目聯合導航系統。

## 2. 影印本

**《老子解》二卷，〔明〕李贄撰。**

收入於《百部叢書集成》初編・第 136 冊；《百部叢書集成》18；《寶
顏堂秘笈》31・第 18 函・第 11 冊。

臺北：藝文印書館。出版時間：1965 年。

行格版式：8 行，18 字；白口，四周單邊，單黑魚尾，無直格，行間
有圈點；版心上鐫書名「老子解」，中鐫篇名。

卷端題：「老子解卷上　序四張（小字）上篇」。

本書據明萬曆繡水沈氏尚白齋刻寶顏堂秘笈影印。

封面　　　　　　　　　序　　　　　　　　　卷上

**《老子解》二卷，〔明〕李贄撰。**

收入於《無求備齋老子集成》・初編 71・第 10 函。

臺北：藝文印書館。出版時間：1965 年。

行格版式：8 行，18 字。白口，單黑魚尾，四周單邊。版心上鐫書名「老子解」，中鐫篇名。

卷端題：「老子解卷上　序四張（小字）上篇」。

本書據明萬曆 43 年亦政堂重刊廣秘笈本影印。

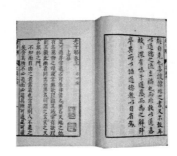

| 封面 | 內文 | 序文 |

**《老子解》二卷，〔明〕李贄撰。**

收入《無求備齋老子集成》・初編 72・第 11 函。

臺北：藝文印書館出版。出版時間：1965 年。

封面題名：「李贄老子解」。

附錄：〈古今本攷正〉。

本書據日本尊經閣文庫藏鈔本影印。

| 封面 | 內文 | 古今本攷正 |

### 3. 排印本

《老子解》，〔明〕李贄撰。

收入於《李贄文集》〔註205〕第 7 卷，頁 29～81。

北京：社會科學文獻出版社。出版時間：2000 年。

資料格式：簡體字，橫排。

書前有李贄自序一篇。

本書由張建業以明燕超堂藏版《卓吾先生李氏叢書》為底本，並參照其他明刻本整理標點。

封皮　　　　　　　　封面　　　　　　　　內頁

## （五）刊刻與版本源流

### 編輯與刊刻

對於《老子》一書的解釋，李贄認為蘇轍的《老子解》寫的最好，因此他於萬曆 2 年撰〈子由解老序〉，〔註206〕並刊刻蘇轍的《老子解》。〔註207〕但李贄又覺得蘇轍的《老子解》並沒辦法完全表達他自己對《老子》的體悟，因此他在萬曆 3 年又寫了《老子解》二卷。關於李贄《老子解》的寫作背景與刊刻情況，據查有六則：

1. 李宏甫先生既刻子由《老子解》，逾年復自著《解老》二卷。（見焦竑《老子翼》卷七）

2. 入九以後，雪深數尺，不復親近冊子，偶一閱子由《老子解》，乃知此君非深《老子》者，此老蓋真未易知也。呵凍作《解老》一卷，七日而成帙，自謂莫逾，今亦未暇錄去，待春暖凍解，抄出呈上取證何如？

---

〔註205〕詳見「李贄當代選集」。

〔註206〕此文收入於《焚書》卷三。焦竑《老子翼》卷七亦有收此文，並註明：「李宏甫刻《解老》於金陵……萬曆二年冬十二月二十日宏甫題」。

〔註207〕《老子解》，〔宋〕蘇轍撰，〔明〕李贄選輯。目前可見萬曆 9 年刊本。

（見《續焚書》〈與焦弱侯〉）

3. 前寄去二《解》，彼時以兄尚未可歸，故先寄丈令送兄覽教，二《解》不知有當兄心不？《南華》如可意，不妨刻行；若未也，可即付之水火。（見《續焚書》〈與焦弱矦〉）

4. 諸兄有相念者，但囑令買此物轉寄可矣，欲印刷二十餘冊《解老》去，而馬大即於山中告別，容後便寄去。擇可語言者與之，亦不枉作《解老》一場也。（見《李氏遺書》卷一〈與焦弱矦〉）

5. 《解老》板弟欲發去，竟不果，見有四本附去。（見《李氏遺書》卷一〈與焦弱矦〉）

6. 黃安邑侯既刻《提綱》矣，復并予所注《道德經解》并刻之。（見《李溫陵集》卷九〈提綱說〉）

《道德經》〔宋〕蘇轍注本〔註208〕

〈子由解老序〉〔註209〕

《道德經解》〔註210〕〔明〕李贄撰

〈老子解序〉〔註211〕

〔註208〕本書明吳興凌氏刊朱墨套印本，爲國家圖書館藏本，凌稚隆批點，書前有李贄序一篇。
〔註209〕此篇收入《李溫陵集》中。本書書影爲「明海虞顧大韶校刊本」。行格版式：9行，行20字；單欄，版心白口，單黑魚尾，版心上鐫「李溫陵集」。
〔註210〕本書爲《李氏叢書》本，國家圖書館藏本。

### 古籍善本

《老子解》二卷，有單行本、合刻本與叢書本傳世。單行本有三種，其中刻本兩種抄本一種。刻本爲「明萬曆繡水沈氏尙白齋刻寶顏堂秘笈本」和「明萬曆 43 年亦政堂重刊廣秘笈本」，抄本爲「日本尊經閣文庫藏鈔本」。合刻本僅一種，爲明刻本，此版本與《莊子解》合印，目前典藏於中國國家圖書館。叢書本《老子解》收入於《李氏叢書十二種》中。（又《李氏叢書》有三種版本，請參見頁 309～311，《李氏叢書》。）

### 影印本

《老子解》影印本目前只有臺北的藝文印書館有出版，此出版社影印了三種版本的《老子解》。「明萬曆繡水沈氏尙白齋刻寶顏堂秘笈本」的影印本收入《百部叢書集成》‧18；寶顏堂秘笈 31‧第 18 函‧第 11 冊；「明萬曆 43 年亦政堂重刊廣秘笈本」的影印收入《無求備齋老子集成》‧初編 71‧第 10 函；「日本尊經閣文庫藏鈔本」的影印收入《無求備齋老子集成》‧初編 72‧第 11 函。

### 排印本

《老子解》的排印本目前有一種，收入於《李贄文集》第 7 卷。此排印本是由是由張建業以明燕超堂藏版《卓吾先生李氏叢書》爲底本，並參照其他明刻本整理標點，北京社會科學文獻出版社於 2000 年 5 月出版。

### 《老子翼》與《老子解》的關係

《老子翼》是〔明〕焦竑的用力之作，輯錄韓非以下解《老子》者六十四家，附以自己的評注。仿李鼎祚《周易集解》，薈萃眾家精語，其音義訓詁則仿裴駰《史記集解》。《四庫全書提要》稱其「博贍而有理致」。

歷來有些學者誤認爲焦竑《老子翼》收了李贄《老子解》的全書，但事實並非如此。《老子翼》是一部對《老子》的集評，書裡收入了各家對《老子》的評注，李贄僅是其中一家。

李贄也曾提過這一件事，他在《續焚書》〈與焦從吾〉寫道：「如《解老》等只宜欲覽者各抄一冊，不宜爲木災也，何如何如？」林海權認爲，這封信裡說「不宜爲木災也」，是因爲焦竑想要將李贄《解老》收入其所著的《老

---

〔註211〕此篇收入《李溫陵集》中。本書書影爲「明海虞顧大韶校刊本」。行格版式：9 行，行 20 字；單欄，版心白口，單黑魚尾，版心上鐫「李溫陵集」。

子翼》一書，因此李贄去信表示此事不宜。〔註212〕所以後來焦竑並未把《老子解》全書收入，僅收入李贄評注，並在《老子翼》的卷尾處收錄了一些關於李贄撰寫《老子解》資料文獻。這些資料對於研究李贄《老子解》有很大的幫助。

國家圖書館藏《老子翼》卷一〔註213〕　　《老子翼》引李贄評注，而非收錄《老子解》全文。〔註214〕

## （六）相關研究論文

| 左藤鍊太郎 | 蘇轍與李贄《老子解》的對比研究<br>首都師範大學學報（社會科學版），2002年第6期（總第149期），頁97～10，2002年12月 |
|---|---|
| 王建光 | 李贄《老子解》的"無爲"思想<br>安徽大學學報（哲學社會科學版），第29卷第2期，頁6～9，2005年3月 |

---

〔註212〕見林海權，《李贄年譜考略》，頁180。

〔註213〕此書版本：明萬曆間（1573～1620）原刊本。行格版式：10行，行20字，注文小字雙行，字數同；左右雙欄，版心花口，單魚尾。正文卷端題：「老子翼卷之一　北海焦竑弱侯輯，秣陵王元貞孟起校」。《老子翼》的版本目前可見下列幾種：明長庚館刊老莊翼註本、金陵刻經處刻「二卷」本、清光緒11年（1885）金陵刻經處重刊漸西村舍「二卷」本、明萬曆間刻「二卷」本、明萬曆16年秣陵（南京）王元貞校刊「三卷」本、〔明〕王元貞校，明萬曆16年古吳聚錦堂刊「三卷」本、明萬曆16年古吳聚錦堂刊《老莊翼合刻》本、清乾隆間寫文淵閣四庫全書「三卷」本、民國3年（1914）上元蔣氏慎修書屋鉛印「八卷」本、金陵刻經處刻「八卷」本、清光緒21年金陵漸西村舍刻「八卷」本、覆金陵叢書「八卷」本、日本刊「十六卷」本、〔明〕王元貞校，（日本）小出立庭點「六卷本」。

〔註214〕此爲《老子翼》「金陵叢書本」書影。

## 二、《道德經解》

### （一）提　要

《道德經解》又名《老子解》、《解老》。（請參見本書頁 120，「老子解提要」。）

### （二）序　文

本書序文與《老子解》相同。（請見本書頁 121～122，「老子解序文」）

### （三）目　錄

此書書前無目錄。

### （四）目前可見的各種版本

#### 1. 各大圖書館藏古籍善本

《道德經解》一卷，〔明〕李贄撰。

> 版本：明刊本。
>
> 叢書名：《李氏叢書》。
>
> 版匡高廣：22.4 公分×15 公分。
>
> 行格版式：9 行，行 20 字。版心白口，四周單邊，單魚尾。
>
> 正文卷端題：「道德經解　溫陵卓吾李贄註，新安思卿洪良巡校」。
>
> 典藏地：國家圖書館〔註215〕、上海圖書館。
>
> 資料來源：中文古籍書目資料庫、中國古籍善本書目聯合導航系統。

正文

序文

---

〔註215〕索書號：503 15377-0002。

2. 影印本

《道德經解》，〔明〕李贄註，〔明〕洪良巡校。

　　收入《藏外道書》·第 1 冊，頁 644～669。

　　成都：巴蜀書社。出版時間：1992 年。

　　行格版式：9 行，行 20 字。版心白口，四周單邊，單魚尾，版心上
　　鐫「道德經解」。

　　序文：李贄〈老子解序〉。

　　正文卷端題：「道德經解　溫陵卓吾李贄註，新安思卿洪良巡校」。

　　書前附《心經提綱》三葉。

書背　　　　　　　　序文　　　　　　　　　卷一（上半頁）

《道德經解》，〔註216〕〔明〕李贄註，〔明〕洪良巡校。

　　收入《中華續道藏》〔註217〕·初輯·第 8 冊，頁 127～150。

　　臺北：新文豐出版社。出版時間：1999 年。

　　行格版式：9 行，行 20 字。版心白口，四周單邊，單魚尾，版心上
　　鐫「道德經解」。

　　序文：李贄〈老子解序〉

　　（此序原有缺文，後據竺塢刊《道德南華二經評註》本修補。）。

　　正文卷端題：「道德經解　溫陵卓吾李贄註，新安思卿洪良巡校」。

　　附註：本書不分上下篇，不標章次，分段闡述內容。

---

〔註216〕編者據序文提名此書為《老子解》，然筆者依據卷端題名，將此書分類為《道
　　　　德經解》。

〔註217〕龔鵬程、陳廖安主編。

本書據明亦政堂重刊廣秘笈本影印。

內文　　　　　　　　序文　　　　　　　　封面

### 3. 排印本

此書目前無排印本。

### （五）版本源流探討

#### 古籍善本

《道德經解》一卷，有合刻本與叢書本兩種。叢書本《道德經解》一卷，收入於〔明〕新安洪良巡校《李氏叢書》中，此書正文卷端題：「道德經解　溫陵卓吾李贄註，新安思卿洪良巡校」。行格版式為：9 行，行 20 字；版心白口，四周單邊，單魚尾。現藏於國家圖書館與上海圖書館。

#### 影印本與勘誤

《道德經解》影印本有兩種，一種為「藏外道書本」，由成都的巴蜀書社於 1992 年 8 月。另一種為龔鵬程、陳廖安主編的「中華續道藏本」，此書由臺北的新文豐出版社於 1999 年 5 月出版。

這兩種影印本的版本相同，皆是用「新安思卿洪良巡校刻本」影印。但是「中華續道藏本」在書前註明底本出處是採用「明亦政堂重刊廣秘笈本影印」，可能需要再查證。

## 三、《莊子解》

### （一）提　要

《莊子解》，二卷，此書又名《莊子內篇解》、《南華經解》。《千頃堂書目》、《國史經籍志》皆著錄於子部・道家類。《中華續道藏》〈莊子解提要〉寫道：

本書依《莊子》內七篇，逐篇逐段疏解，正文旁標示音讀，章段之後闡述南華旨意，間或徵引各家解《莊子》之文，以申其說。

## （二）序　文

本書書前無序文。

## （三）目　錄

| 上卷 | 逍遙游第一、齊物論第二、養生主第三、人間世第四 |
| --- | --- |
| 下卷 | 德充符第五、大宗師第六、應帝王第七 |

## （四）目前可見的各種版本

### 1. 各大圖書館藏古籍善本

《莊子解》二卷，（戰國）莊周撰；〔明〕李贄解　。

　　版本：明刻本。

　　資料格式：3 冊。（與《老子解》合印）

　　典藏地：中國國家圖書館。

　　資料格式：中國古籍善本書目聯合導航系統。

《莊子解》二卷，〔明〕李贄撰。

　　版本：明萬曆 46 年宛陵劉遜之刊《老莊合解》本。

　　資料來源：《老列莊三子知見書目》。

《莊子解》二卷，〔明〕李贄撰。

　　版本：明萬曆燕超堂刻本。

　　叢書名：《李氏叢書十二種》二十五卷。

　　典藏地：北京大學圖書館。

　　資料來源：《北京大學圖書館藏古籍善本書目》。

《莊子解》二卷，〔明〕李贄撰。

　　版本：明萬曆刻本。

　　叢書名：《李氏叢書十二種》二十五卷。

　　行格版式：9 行，18 字。白口，左右雙邊。

　　典藏地：北京大學圖書館、中國科學院圖書館、上海圖書館。

　　資料來源：中國古籍善本書目聯合導航系統。

《莊子解》二卷，〔明〕李贄撰。

版本：明陳氏繼志齋刻本。

叢書名：《卓吾先生李氏叢書十二種》二十四卷。

行格版式：8 行，18 字。白口，四周單邊。

典藏地：首都圖書館、旅大市圖書館。

資料來源：中國古籍善本書目聯合導航系統。

**《莊子解》二卷，〔明〕李贄撰。**

版本：明陳氏繼志齋刻崇禎間燕超堂重印本。

叢書名：《卓吾先生李氏叢書十一種》二十三卷。

行格版式：8 行，18 字。白口，四周單邊。

典藏地：北京大學圖書館、上海圖書館。

資料來源：《中國叢書廣錄》、中國古籍善本書目聯合導航系統。

## 2. 影印本

**《莊子解》二卷，〔明〕李贄撰。**

收入於《無求備齋》‧莊子集成‧續編 18。

臺北：藝文印書館出版。出版時間：1972 年。

本書書前無目錄，無序文。

此書據明萬曆 43 年刊本影印。

封面內頁　　　　　　　　　　　　　　內文

**《莊子解》二卷，〔明〕李贄撰。**

收入於《中華續道藏》‧初輯‧第 14 冊，頁 359～409。

臺北：新文豐出版。出版時間：1999 年。

行格版式：8 行，行 18 字。四周單邊，白口，單黑魚尾，無直格，

版心上鐫書名。

書前無目錄、無序文。編輯者有附解題。

此書據明萬曆 43 年刊本影印。

 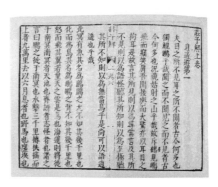

封面　　　　　　　　　　　　　　　內文

### 3. 排印本

《莊子解》，〔明〕李贄撰。

收入於《李贄文集》‧第七卷，頁 29～81。

北京：社會科學文獻出版社。出版時間：2000 年。

資料格式：簡體字，橫排。

無序文。

本書由張建業以明燕超堂藏版《卓吾先生李氏叢書》爲底本，並參照其他明刻本整理標點。

封套　　　　　　　封面　　　　　　　內文

## （五）刊刻與版本源流

### 刊刻與編輯

李贄在萬曆 5 年撰寫《莊子解》，[註218] 他於《莊子》一書中，只注「內七篇」，故此書又名《莊子內篇解》。焦竑《老子翼》刊刻於萬曆 15 年，此書所附的「李贄小傳」已提到《莊子內篇解》這部書。李贄在文章中提到關於《莊子解》的寫作背景與刊刻情況有兩則：

1. 《南華經》若無《內七篇》，則《外篇》、《雜篇》固不妨奇特也，惜哉以有《內七篇》也。故余斷以《外篇》、《雜篇》為秦、漢見道人口吻，而獨注《內七篇》，使與《道德經注解》并請正於後聖云。（見《續焚書》〈讀南華〉）

2. 前寄去二《解》，彼時以兄尚未可歸，故先寄訒丈令送兄覽教，二《解》不知有當兄心不？《南華》如可意，不妨刻行；若未也，可即付之水火。（見《續焚書》〈與焦弱侯〉）

3. 我於《南華》已無稿矣，當時特為要刪太繁，故於隆寒病中不四五日塗抹之。（見《焚書》〈答焦漪園〉）

### 古籍版本

《莊子解》沒有單行本的流傳，只有與《老子解》的合刻本，和收入《李氏叢書》、《李氏遺書》中的叢書本。合刻本有兩種，一種為明萬曆 46 年宛陵劉遜之刊本；另一種為明刻本，目前藏於中國國家圖書館。叢書本《莊子解》收入於《李氏叢書十二種》中。又《李氏叢書》有三種版本，分別為二十三卷本、二十四卷本、二十五卷本（請參見頁 332～336，《李氏叢書》）。

### 影印本

《莊子解》的影印本目前有兩種，一種為臺北的藝文印書館於 1972 年出版；另一種為臺北的新文豐於 1999 年 5 月出版「中華續道藏本」。二者的版本皆相同，皆是以「明萬曆 43 年亦政堂刊陳眉公廣秘笈本」為底本。

### 排印本

《莊子解》的排印本目前有一種，收入於《李贄文集》第 7 卷。此排印本是由是由張建業以明燕超堂藏版《卓吾先生李氏叢書》為底本，並參照其他明刻本整理標點，北京社會科學文獻出版社於 2000 年 5 月出版。

---

[註218] 林海權認為李贄寫《莊子解》是在萬曆 10 年。

考　證

嚴靈峯在《老列莊三子知見書目》中提到，繡水沈氏亦政堂刊「秘笈」、「廣秘笈」本中，俱無李贄老莊二解，他懷疑可能《老莊解》本混入明萬曆43年亦政堂刊陳眉公「廣秘笈」本。

## 四、《南華經解》

### （一）提　要

《南華經解》，又名《莊子內篇解》、《莊子解》，共二卷。（請參見本書頁131，「莊子解提要」）

### （二）序　文

本書書前無序文。

### （三）目　錄

| 上卷 | 逍遙游第一、齊物論第二、養生主第三、人間世第四 |
|---|---|
| 下卷 | 德充符第五、大宗師第六、應帝王第七 |

### （四）目前可見的各種版本

#### 1. 各大圖書館藏古籍善本

《南華經解》二卷，〔明〕李贄撰。

　　版本：明刻本。

　　行格版式：9行，20字。白口，四周單邊。

　　典藏地：上海圖書館。

　　資料來源：中國古籍善本書目聯合導航系統。

《南華經解》二卷，〔明〕李贄撰。

　　版本：明刊本。

　　叢書名：《李氏叢書》。

　　版匡高廣：22.4公分×15公分。

　　行格版式：9行，行20字。版心白口，四周單邊，單魚尾。

　　正文卷端題：「南華經解上　溫陵卓吾李贄註，新安思卿洪良巡校」。

典藏地：國家圖書館〔註219〕、上海圖書館。

資料來源：中文古籍書目資料庫、中國古籍善本書目聯合導航系統

**國家圖書館藏《南華經解》卷上　　　　　　　卷下**

### 2. 影印本排印本

此書目前無影印本與排印本。

### （五）版本源流探討

《南華經解》有兩種版本傳世。一種為明刻本，其行格版式：9 行，20 字；白口，四周單邊。另一種為明刊叢書本，收入於洪良巡校本《李氏叢書》中，其行格版式為：9 行，行 20 字。版心白口，四周單邊，單魚尾。正文卷端題：「南華經解上　溫陵卓吾李贄註，新安愿卿洪良巡校」。

（請參見《莊子解》，頁 132～133。）

## 五、《心經提綱》／《般若心經提綱》／《摩訶般若波羅蜜多心經提綱》

### （一）提　要

《心經提綱》又名《般若心經提綱》、《摩訶般若波羅蜜多心經提綱》。此書《國史經籍志》、《千頃堂書目》皆著錄於子部・釋家類。此書是李贄對《心

---

〔註219〕索書號 503 15377-0003。

經》的大意闡釋，他道：「予在滇中，有友求書《心經》，書訖，仍題數語於後，名之曰『提綱』。」〔註220〕

## （二）序　文

此書書前無序文。

## （三）目　錄

此書書前無目錄。

## （四）目前可見的各種版本

### 1. 各大圖書館藏古籍善本

《心經提綱》，〔明〕李贄撰。

版本：明海虞顧大韶校刊本。

收入《李溫陵集》卷九。

版匡高廣：20.2 公分×13.2 公分。

行格版式：9 行，行 20 字。單欄，版心白口，單黑魚尾，版心上鐫「李溫陵集」。

（資料詳見本書第 297～300 頁，《李溫陵集》）

《心經提綱》，〔明〕李贄撰。

版本：明顧大韶校刻本。

收入《李氏文集》卷九。

行格版式：9 行，20 字。白口，四周單邊，版心上鐫書名。刻工：陳文。

（資料詳見本書第 302～304 頁，《李氏文集》）

《心經提綱》，〔明〕李贄撰。

收入《焚書》卷三。

《焚書》版本眾多，此處不詳細羅列，請參見本書第 226～240 頁，《焚書》。

《心經提綱》一卷，〔明〕李贄撰。

版本：明刊本。

叢書名：《李氏叢書》。

---

〔註220〕《李溫陵集》卷九・〈提綱說〉。

版匡高廣：22.4 公分×15 公分。

行格版式：9 行，行 20 字。版心白口，四周單邊，單魚尾。

正文卷端題：「心經提綱　溫陵卓吾李贄註，新安思卿洪良巡校」。

典藏地：國家圖書館、上海圖書館。

資料來源：中文古籍書目資料庫、中國古籍善本書目聯合導航系統

**國家圖書館藏《心經提綱》**

《心經提綱》一卷，〔明〕李贄撰。

　　明陳氏繼志齋刻本。

　　叢書名：《卓吾先生李氏叢書十二種》二十四卷。

　　行格版式：8 行，18 字。白口，四周單邊。

　　典藏地：首都圖書館、旅大市圖書館。

　　資料來源：中國古籍善本書目聯合導航系統。

《心經提綱》一卷，〔明〕李贄撰。

　　明陳氏繼志齋刻崇禎間燕超堂重印本。

　　叢書名：《卓吾先生李氏叢書十一種》二十三卷。

　　行格版式：8 行，18 字。白口，四周單邊。

　　典藏地：北京大學圖書館、上海圖書館。

　　資料來源：《中國叢書廣錄》、中國古籍善本書目聯合導航系統。

《心經提綱》一卷，〔明〕李贄撰。

　　版本：明萬曆刻本。

叢書名：《李氏叢書十二種》二十五卷。

行格版式：9 行，18 字。白口，左右雙邊。

典藏地：北京大學圖書館、中國科學院圖書館、上海圖書館。

資料來源：中國古籍善本書目聯合導航系統。

**《心經提綱》一卷，〔明〕李贄撰。**

版本：明刻本。

叢書名：《李氏叢書十二種》二十三卷。

典藏地：中科院國家科學圖書館總館。〔註 221〕

資料來源：中國科學院國家科學圖書館古籍檢索系統。

**《摩訶般若波羅蜜多心經提綱》，〔明〕李贄著。**

清順治 9 年（1652）海寬、海印本。

叢書名：《徑山藏》。

此書附錄於《摩訶般若波羅蜜多心經平等解》〔註 222〕一卷。

典藏地：普林斯頓大學東亞圖書館。

資料來源：中國古籍書目資料庫。

**《心經提綱》一卷，〔明〕李贄撰。**

版本：清順治九年（1652）虞山虞氏刊楞嚴方冊藏本。

叢書名：《楞嚴方冊藏》。

典藏地：普林斯頓大學東亞圖書館。

附錄於《摩訶般若波羅蜜多心經平等解》一卷。

資料來源：中國古籍書目資料庫。

**《心經提綱》一卷，〔明〕李贄撰。**

版本：影印本。

叢書名：《大日本續藏經》。

上海：商務印書館出版。出版時間：民國 12～14 年（1923～1925）。

資料格式：1 冊。

典藏地：中國國家圖書館。

資料來源：中國古籍書目資料庫。

2. 影印本

---

〔註 221〕排架號：2939179－90。

〔註 222〕〔明〕張縉彥撰。

《般若心經提綱》，〔明〕李贄撰。

　　收入《卍續藏經》‧第 446 經‧第 41 冊‧第 1 卷，第 848 頁。

　　收入《卍續藏經》‧第 41 冊（新文豐版）。

　　收入《大藏新纂卍續藏經》‧第 543 經‧第 26 冊‧第 1 卷，第 830
頁。

　　收入《新纂卍續藏》‧第 543 經‧中國撰述‧大小乘釋經部‧二十
四 般若部疏‧第 26 冊‧第 1 卷，頁 830。

　　收入《卍大日本續藏經》‧第一編‧第 41 套。

《心經提綱》，〔明〕李贄撰。

　　收入《藏外道書》‧第 1 冊，《道德經解》序文後的三葉。

　　成都：巴蜀書社。出版時間：1992 年。

　　行格版式：9 行，行 20 字。版心白口，四周單邊，單魚尾，版心上
鑴「心經提綱」。

　　正文卷端題：「摩訶般若波羅蜜多心經　溫陵卓吾李贄註，新安思卿
洪良巡校」。

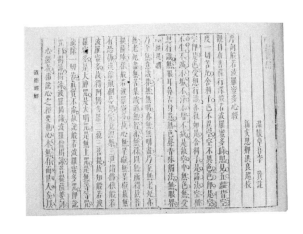

　　　　　　封面內頁　　　　　　　　　　　　　　　卷一

《心經提綱》一卷，〔明〕李贄撰。

　　收入於《頻伽大藏經》‧第 123 冊，第 537 頁。

　　北京：九洲圖書出版。出版時間：2000 年。

　　卷端題：「心經提綱　明李卓吾撰」。

封套　　　　　　　　　　　　　　　內文

《心經提綱》，〔明〕李贄撰。

　　收入《李溫陵集》卷九。

　　《李溫陵集》的影印本有「續修四庫全書本」、「四庫全書存目叢書本」、「中國文史哲資料叢刊本」、「回族典藏全書」本，共四種。請參見本書第298～299頁。

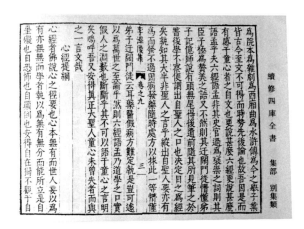

《心經提綱》

收入於「續修四庫全書本」《李溫陵集》。此書行格版式：9行，
行20字。單欄，版心白口，單黑魚尾，版心上鐫「李溫陵集」。

《心經提綱》，〔明〕李贄撰。

　　收入《焚書》卷三。

《焚書》的影印本有「四庫禁燬書叢刊本」、「海外藏中國珍稀書系本」、「回族典藏全書本」，共三種。（請參見本書，頁233～234）

### 3. 排印本

《心經提綱》沒有影印的單行本，但是可以查閱《焚書》的排印本。（請參見本書，頁235～240）

### 4. 電子文獻

《心經提綱》，〔明〕李贄撰。

經文資訊：《卍新纂續藏經》·第26冊·No. 543·《般若心經提綱》。

版本記錄：CBETA　電子佛典　Big5 App　版。〔註223〕

編輯說明：本資料庫由中華電子佛典協會（CBETA）依《卍新纂續藏經》所編輯。

網址：http://www.cbeta.org/result/normal/X26/0543_001.htm

### （五）版本源流探討

《心經提綱》，李贄著於明萬曆5年。他因為黃安邑侯要刊刻《心經提綱》，而後又寫了《提綱說》。〔註224〕李贄在文章中提到關於《心經提綱》的寫作背景與刊刻情況有兩則：

1. 予在滇中，有友求書《心經》，書訖，仍題數語於後，名之曰『提綱』，雖不以「解」名，然亦何嘗離解也哉！黃安邑侯既刻《提綱》矣，復并予所注《道德經解》并刻之。（見《李溫陵集·卷九·提綱說》）

2. 《心經提綱》則為友人寫《心經》畢，尚餘一幅，遂續墨而填之，以

---

〔註223〕最近更新日期：2008/02/01。
〔註224〕《提綱說》後來被收入《李溫陵集》卷九、《李氏文集》卷九。

還其人，皆草草了事，欲以自娛，不意遂成木災也。（見《焚書》卷一〈答焦漪園〉）

《李溫陵集》〈提綱說〉

目前可見的古籍善本《心經提綱》並無單行本，其收入於《焚書》、《李溫陵集》、《李氏文集》等文集中；《心經提綱》亦有叢書本，收入於《李氏叢書》、《李氏叢書十二種》、《卓吾先生李氏叢書十二種》、《卓吾先生李氏叢書十一種》中。有些佛教大藏經亦有收《心經提綱》，例如《徑山藏》、《楞嚴方冊藏》、《大日本續藏經》。

在古籍影印本方面，可查看《焚書》的影印本與《李溫陵集》的影印本。另外在藏經方面也有《藏外道書》、《卍續藏經》、《大藏新纂卍續藏經》、《卍大日本續藏經》、《頻伽大藏經》等影印本。

在排印本方面，可查閱《焚書》的排印本。在資料庫方面，可以檢閱北京愛如生「中國基本古籍庫」所收入的《李溫陵集》與《焚書》。

# 六、《釋子須知》

## （一）提　要

萬曆 29 年李贄撰《釋子須知》，現今各大圖書館皆無此書，僅九卷本《李氏遺書》有收入《釋子須知》。《續焚書》卷二〈釋子須知序〉爲此書的序文。

## （二）序　文

### 〈釋子須知序〉〔註225〕

　　余自出滇，即取道適楚，以楚之黃安有耿楚倥、周友山二君聰明好學，可藉以夾持也。未踰三年而楚倥先生沒，友山亦宦游中外去。余悵然無以爲計，乃令人護送家眷回籍，散遣僮僕依親，隻身走麻城芝佛院與周柳塘先生爲侶。柳塘，友山兄，亦好學，雖居縣城，去芝佛院三十里，不得頻頻接膝，然守院僧無念者以好學故，先期爲柳塘禮請在焉，故余遂依念僧以居。日夕唯僧，安飽唯僧，不覺遂二十年，全忘其地之爲楚，身之爲孤，人之爲老，鬢盡白而髮盡禿也。

　　余雖天性喜寂靜，愛書史，不樂與俗人接，然非僧輩服事唯謹，飲食以時，若子孫之於父祖然，亦未能遽爾忘情，一至於斯矣。

　　余今年七十又五矣，旦暮且死，尚置身冊籍之中，筆墨常潤，硯時時濕，欲以何爲耶？因與眾僧留別，令其抄錄數種聖賢書，眞足令人啓發者，名曰《釋子須知》，蓋以報答大眾二十餘年殷勤，非敢曰爲僧說法也。

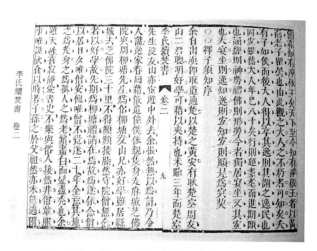

〈續焚書・卷二・釋子須知序〉〔註226〕

---

〔註225〕筆者未見《釋子須知》原書，此篇序文據《續焚書》卷二・〈釋子須知序〉輸入。

〔註226〕此篇收入《續焚書》「續修四庫全書本」。本書據南京圖書館藏明刻本影印，

## 七、《華嚴經合論簡要》

### （一）提　要

《華嚴經合論簡要》是《大方廣佛華嚴經合論》一書的簡要。《大方廣佛華嚴經合論》是唐代李通玄所寫，內容是對《華嚴經》的大意闡釋，李贄的《簡要》則是對此書的再精簡。

### （二）序文

#### 〈李長者華嚴經合論序〉

此經則天證聖年。三藏實叉難陀奉詔譯也。天冊金輪聖神皇帝序曰。蓋聞造化權輿之首。天道未分。龜龍繫象之初。人文始著。雖萬八千歲。同臨有截之區。七十二君。詎識無邊之義。由是人迷四忍。輪迴六趣之中。家纏五蓋。沒溺三塗之下。及夫鷲巖西峙。象駕東驅。慧日法王。超四大而高視。中天調御。越十地以居尊。包括鐵圍。延促沙劫。混太空而爲量。豈算數之能窮。入纖芥之微區。匪名言之可述。無得而稱者。其唯大覺歟。

朕曩劫植因。叨承佛記。金僊降旨。大雲之偈先彰。玉宸披詳。寶雨之文後及加以積善餘慶。俯集微躬。遂得地平天成河清海晏。殊禎絕瑞。既日至而月書。貝葉靈文。亦時臻而歲洽。瑜海越漠。獻賝之禮備焉。架險航深。重譯之詞罄矣。大方廣佛華嚴經者。斯乃諸佛之密藏。如來之性海也。緬惟奧義。譯在晉朝。時逾六代。年將四百。一部之典。纔獲三萬餘言。唯啓半珠。未窺全寶。朕聞其梵本先在于闐國中。遣使奉迎。近方至此。既睹百千之妙頌。乃披十萬之正文。

粵以證聖元年。於大遍空寺。親受筆削。敬譯斯文。遂得甘露流津。豫夢庚申之夕。膏雨灑潤。後覃壬戌之辰。式開實相之門。還符一味之澤。豈謂後五百歲。忽逢金口之言。娑婆境中。俄啓珠函之祕乎。

至開元中。方山長者李通玄。撰爲合論。通玄之自序曰。有情之本。依智海以爲源。含識之流。總法身而爲體。只爲情生智隔想變體殊。達本情亡。知心體合。今此大方廣佛華嚴經者。明眾生之本際。示

---

行格版式：9 行，行 20 字；白口，四周單邊，單黑魚尾，無行格，版心上鐫「李氏續焚書」。

諸佛之果源。其爲本也。不可以功成。其爲源也。不可以行得。功亡本就。行盡源成。源本無功能隨緣自在者。即此毗盧遮那也。於是寄位四天。示形八相。菩提場內。現蘭若以始成。普光法堂。處報身之大宅。普賢長子。舉果德於藏身。文殊小男。創啓蒙於金色。以海印三昧。周法界而降靈。用普眼之法門。睹塵中之刹海。依正二報。身土交參。因果兩門體用相徹。以釋天之寶網。彰十刹以重重。取離垢之摩尼。明十身而隱隱。無邊刹境。自他不隔於毫端。十世古今。始終不移於當念。此方如是。十刹同然。聖眾如雲。海會相入。智凡不礙。狀多鏡以納眾形。彼此無妨。若千燈而共一室。出現品內。示因果以結始終。給孤獨園。利人天之明法界。目連鶖子。隔視聽於對顏。六千比丘。啓十明於路上。覺城東際五眾咸臻。古佛廟前同登十智。善財發明導首。用彰來眾齊然。

及至大中載。福州開元寺沙門志寧。復以論入經。仍自述曰華嚴經者。蓋非羅漢結集。亦非小聖傳持。大本華嚴。非佛不能知見。中本華嚴。住地菩薩乃知。小本華嚴。即十萬之偈。今之所傳。只獲四萬五千餘偈。經云。如人化心化作佛。化與不化等無異。一切諸佛成菩提。成與不成無差別。善財童子。成道只在一生。六千比丘。發智不由多劫。白牛之駕將悟。即以超於大乘。金色世界現前。文殊之智全證。法華龍女成佛。只在刹那。妙峰見佛光明。初住便登。

大唐忻代之間。有長者李通玄。造斯經論四十卷。志寧覽此論文得其大意。今見此方君子。以論與經難爲和會。志寧不揆衰邁。將此論文注於經下。使後之覽者。無費乃心。纔如開經便得見論。論從第八卷起註入經。兼論與經共成一百二十卷。其會釋七卷。寫附於前。又至乾德歲沙門慧研。又撰爲序曰。

此教非貝嚴所編。乃文殊結集。總三部。一部。有十三千大千世界微塵數偈一四天下微塵數品。一部。有四十九萬八千八百偈一千二百品。一部。有十萬偈四十八品。隱乎龍藏。未擅閻浮。逮從正法光餘年將五百。則第十四代祖師龍樹。運神海藏。觀前二部非世人所及。乃誦後部。歸於五天。傳布千年。方垂華夏。

東晉初譯。地湧靈泉。唐朝次翻。天降甘露。玄宗開元中。太原有

逸士李通玄者。窮八十卷之眞詮。括四十軸之玄論。夜驅神筆。舒玉齒之祥光。日探幽玄。感天童之給膳。張皇教海。羅列義天。大中載無諸。有高僧志寧。緬思後進之披尋。難測法門之豐富。遂合經論文旨相須。然其義類繁衍。未圓品藻。慧研因參雲水。叨覽指歸。敢掄賤毫。釐斯漏略。列經論以標舉。彰教理而相收。義朗文清。不假猊臺而抱帙。神輝智發。何勞鷲嶺以尋師。卓和尚曰備矣。先佛爲經。後佛爲論。佛志寧合經論而爲一。佛慧研釐經論以標綱。皆不過爲後代佛子便於觀覽故耳。其用心勤矣。然一百二十卷之繁吾恐一切賢聖。終未敢輕易也。

破夏以來。獲聽寧佛者袁文煒。細讀華嚴合論一遍。乃知善說華嚴無如長者。因簡其尤要者錄之。儻有大心眾生。欲乘如來乘直至道場。則此二百紙簡要之論文。便是華嚴無盡藏之法界也。自心是毗盧遮那佛智。自眼是佛文殊根本智。自身是佛普賢差別萬行智。自誦是佛音聲。自聽是佛觀世音力。自語是佛開不二之門。自念是佛不思議神通。自在功德皆佛也。吾何幸身親見之。

## （三）目 錄

| 第一 明依教分宗 | 第二 明依宗教別 | 第三 明教義差別 |
| --- | --- | --- |
| 第四 明成佛同別 | 第五 明見佛差別 | 第六 明說教時分 |
| 第七 明淨土權實 | 第八 明攝化境界 | 第九 明因果延促 |
| 第十 明會教始終 | | |

## （四）目前可見的各種版本

### 1.各大圖書館藏古籍善本

《華嚴經合論簡要》，〔明〕李贄簡要。

版本：明天啓間吳興董氏刊本。

資料來源：林海權《李贄年譜考略》。

《大方廣佛華嚴經合論簡要》四卷，〔明〕李贄簡要。

收入於《大日本續藏經》。

上海：商務印書館出版。出版時間：1923 年-1925 年。

資料格式：1 冊

典藏地：中國國家圖書館。

資料來源：中國古籍書目資料庫。

## 2. 影印本

《華嚴經合論簡要》，〔明〕李贄撰。

收入《大藏新纂卍續藏經》‧第 225 經‧第 4 冊‧第 4 卷，第 831 頁。

收入《新纂卍續藏》‧中國撰述 大小乘釋經部二 華嚴部疏‧第 4 冊‧第 4 卷，第 831 頁。

《卍大日本續藏經》‧第 1 編‧第 7 套。

《卍續藏經》‧第 7 冊（新文豐版）。

《華嚴經合論簡要》，〔明〕李贄撰。

收入《卍續藏經》〔註 227〕‧第 198 經‧第 7 冊‧第 4 卷，第 377 頁。

臺北：中國佛教會影印卍續藏經委員會出版。出版時間：1968 年。

《華嚴經合論簡要》四卷，〔唐〕李通玄合論，〔明〕李贄簡要。

收入《頻伽大藏經》‧第 103 冊，頁 177～270。‧

北京：九洲圖書出版。出版時間：2000 年。

資料格式：影抄。22 公分。

卷端題：「大方廣佛華嚴經合論簡要卷之一　唐滄州長者李通玄合論，明溫陵長者李贄簡要，明吳興後學董廣□閱正」。

前有〈李長者華嚴經合論序〉、〈李長者事跡〉。

封皮　　　　　　　　　　　　　　內頁

---

〔註 227〕中國佛教會影印卍續藏經委員會編。

### 3. 排印本

此書目前無排印本。

### 4. 電子文獻

《華嚴經合論簡要》，〔明〕李贄撰。

收入於《卍新纂續藏經》‧第 4 冊‧No. 225‧《華嚴經合論簡要》。

CBETA 電子佛典 V1.5 普及版。

網址：http://www.cbeta.org/resul/normal/X04/0225_001.htm

### （五）刊刻與版本探討

林海權在《李贄年譜考略》中註明《華嚴經合論簡要》的刻本有明天啓間吳興董氏刊本。但目前各大圖書館皆無收藏此書。

《華嚴經合論簡要》影印本皆收入大部頭的佛教典籍中，目前可見四種，包括《卍續藏經》、《大藏新纂卍續藏經》、《大日本續藏經》、《頻伽大藏經》等。

## 八、《淨土決》／《淨土訣》

### （一）提　要

《淨土決》有的刻本作《淨土訣》，《千頃堂書目》著錄於子部‧釋家類。李贄作此書於西山極樂僧舍，內容是對「淨土」觀念的闡釋，「阿彌陀佛淨土，即自心淨土。念佛參禪，即所以自淨其心。」，希望「奉勸諸學者，無高視禪客，而輕目淨土也。」〔註228〕

### （二）序文

1. 〈淨土決前引〉

---

〔註228〕〈淨土決前引〉。

溫陵李卓吾曰：「維摩大士云：『隨其心淨。則佛土淨。』阿彌陀佛極樂國土者，土之淨也。念阿彌陀佛極樂國土者，心之淨也。念阿彌陀佛極樂國土，便生阿彌陀佛極樂國土者，隨其心淨則佛土淨也。然則念佛者，念此淨土也。參禪者，參此淨土也。果何以別乎？故念佛者，必定往生淨土矣。參禪者，亦豈能舍此淨土，而別有所往耶？若別有所往，是二土也，非淨也。阿彌陀佛極樂國土，不容如是也。參禪者，固不待往生矣。念佛者，亦豈待有所往而後生耶？若必待有所往而後生，則是此以念佛而往彼。彼以念我而來此，一來一往，亦是二土也，非淨也。阿彌陀佛極樂國土，亦不容如是也。故知阿彌陀佛淨土，即自心淨土。念佛參禪，即所以自淨其心。奉勸諸學者，無高視禪客，而輕目淨土也。故集諸上聖勸人修淨土之語，而合之以爲《淨土決》。

2.〈序〉

溫陵禪師曰：念佛法門，未可單約事相而修。佛具三身，念存三觀，以破三惑，則無生忍位方可入焉。念存三觀者，如一聲佛，遂了此能念體空。所念無相，即念存空觀，所念之佛即報身，即心破見思惑也。雖能念體空，所念無相，不妨能念分明所念顯然，即念存假觀，所念之佛即應身，即心破塵沙惑也。正當能念所念空時，即能念所念顯然，正當能念所念顯時，即是能念所念寂然，空假互存，乃念存中觀，所念之佛即法身，即心破無明惑也。說則如是行人用心，惟一念眞，更無如斯之辨。

卓吾和尚曰：天臺智者決疑十論，可謂往生淨土之津梁矣，後學又何疑乎？有宋楊無爲居士爲之序，蓋贊念佛者，必定往生，是亦一決疑也。

溫陵法師，復爲發明一心三觀之旨，蓋贊念佛者，必定見佛，是又一決疑也。合而觀之，而後知天臺淨土止觀之理，無非發明此一大乘。使學者知起念便生淨土，開口便見佛，不待往生之勞矣。又何往生之疑？而不一念南無阿彌陀佛乎。

宋人欲學爲古文辭而不能，無爲居士乃不學而自能之，其文辭高妙，益以見念佛者無所往而不藉佛之力也，幸各加意念佛可也。

## （三）目　錄〔註229〕

| | |
|---|---|
| 自敍 | 天臺智者淨土十疑論 |
| 宋無爲居士十疑論序 | 一心三觀 |
| 壽禪師勸修淨業 | 行腳求師 |
| 宗本答問 | 三大聖人現身勸修淨土 |
| 經論指皈淨土 | 祖師指皈西方 |
| 西方偈贊 | 西方五請 |
| 念佛八偈 | |

### （四）目前可見的各種版本

#### 1. 各大圖書館善本古籍

《淨土決》四卷，〔明〕李贄輯。

　　版本：明萬曆 27 年朱枋刻本。

　　行格版式：8 行，17 字。白口，四周單邊。

　　典藏地：南京圖書館。

　　資料來源：中國古籍善本書目聯合導航系統。

《淨土決》一卷，〔明〕李贄撰。

　　版本：明萬曆刻本。

　　叢書名：《李氏叢書十二種》二十五卷。

　　行格版式：9 行，18 字。白口，左右雙邊。

　　典藏地：北京大學圖書館、中國科學院圖書館、上海圖書館。

　　資料來源：中國古籍善本書目聯合導航系統。

《淨土決》一卷，〔明〕李贄撰。

　　版本：明陳氏繼志齋刻本。

　　叢書名：《卓吾先生李氏叢書十二種》二十四卷。

　　行格版式：8 行，18 字。白口，四周單邊。

　　典藏地：首都圖書館、旅大市圖書館。

　　資料來源：中國古籍善本書目聯合導航系統。

《淨土決》一卷，〔明〕李贄撰。

　　版本：明陳氏繼志齋刻崇禎間燕超堂重印本。

---

〔註229〕本目錄根據明萬曆 27 年朱坊刻本。

叢書名：《卓吾先生李氏叢書十一種》二十三卷。

行格版式：8 行，18 字。白口，四周單邊。

典藏地：北京大學圖書館、上海圖書館。

資料來源：《中國叢書廣錄》、中國古籍善本書目聯合導航系統。

《淨土決》一卷，〔明〕李贄撰。

版本：影印本。

叢書名：《大日本續藏經》‧李子叢書之 8。

上海：商務印書館出版。出版時間：民國 12～14 年（1923～1925）。

資料格式：1 冊。

典藏地：中國國家圖書館。

## 2. 影印本

《淨土決》，〔明〕李贄撰。

收入於《卍續藏經》‧第 1146 經；第 108 冊‧第 1 卷，頁 357。

收入於《大藏新纂卍續藏經》‧第 1157 經；第 61 冊‧第 1 卷，頁 491。

收入於《新纂卍續藏》‧第 1157 經‧中國撰述 諸宗著述部八 淨土宗；

第 61 冊‧第 1 卷，頁 491。

收入於《卍大日本續藏經》‧第 2 編‧第 13 套。

收入於《卍續藏經》‧第 108 冊（新文豐版）。

《淨土決》一卷，〔明〕李贄著。

收入於《頻伽大藏經》‧第 160 冊，頁 729～754。

北京：九洲圖書出版。出版時間：2000 年。

資料格式：影抄。22 公分。

前有〈淨土決前引〉。

書背　　　　　　　封套　　　　　　　內文

《淨土決》一卷，〔明〕李贄編。

　　收入《中國佛教經典叢刊》〔註230〕・淨土宗大典；第 10 冊，頁 137
～162。

　　北京：全國圖書館文獻縮微複製中心出版。出版時間：2003 年。

　　資料格式；精裝。27 公分。

封面　　　　　　　　內頁書名　　　　　（上）前引、（下）目次

## 3. 電子文獻

《淨土決》，〔明〕李贄撰。

　　經文資訊：《卍新纂續藏經》・第 61 冊・No. 1157・《淨土決》。

　　版本記錄：CBETA 電子佛典 Big5 App 版。〔註231〕

　　編輯說明：本資料庫由中華電子佛典協會（CBETA）依《卍新纂續
藏經》所編輯。

　　網址：http://www.cbeta.org/result/X61/X61n1157.htm

---

〔註230〕林明珂，中國美編。

〔註231〕最近更新日期：2008/02/01。

## （五）刊刻與版本源流

### 編輯與刊刻

萬曆 25 年李贄往北京，寓西山極樂寺，著《淨土決》。李贄在文章中提到關於《淨土決》的寫作背景有兩則：

1. 至西山極樂僧舍，則有《淨土訣》三卷書。（《續焚書》〈老人行敘〉）
2. 外《淨土訣》一本附奉。與方初庵弟自二月初回湖上之廬，即欲附一書奉慰，素無鴻便，又不見有甯州使者，是以到今也。（《續焚書》〈復陶石簣〉）

### 古籍版本

此書有「四卷本」與「一卷本」兩種。四卷本爲單行本，是「明萬曆 27 年朱枋刻本」，爲目前可見最早刻本，其行格版式爲：8 行，17 字；白口，四周單邊。目前典藏於南京圖書館。收入叢書中的皆爲一卷本，此版本收入於《李氏叢書十二種》中。又《李氏叢書》有三種版本，分別爲二十三卷本、二十四卷本、二十五卷本。（請參見本書頁 329～331，《李氏叢書》。）

### 影印本

《淨土決》影印本皆收入大部頭的佛教典籍中，目前可見六種，包括《大日本續藏經》、《頻伽大藏經》、《卍續藏經》、《大藏新纂卍續藏經》、《卍大日本續藏經》、《中國佛教經典叢刊》等。

### 考證

林海權認爲萬曆年間的《淨土決》有兩個版本，一爲萬曆 25 年的朱枋刊本，一爲萬曆 27 年海陽朱居士顒重刻本。目前筆者僅查到一部「明萬曆 27 年朱枋刻本」藏於南京圖書館，並未查到「萬曆 27 年海陽朱居士顒重刻本」。此二人皆姓朱，且相隔僅二年，還要再確認是否爲同一人的第二次重印？

# 九、《三教品》

## （一）提　要

此書《千頃堂書目》著錄於子部・釋家類。李贄的宗教觀是合聖教（儒家思想）、道教（道家思想）與佛教思想，以爲「三教」。

## （二）序　文〔註232〕

三教聖人頂天立地，不容異同，明矣。故曰：天下無二道，聖賢無兩心。我高皇帝統一寰宇，大造區夏，其敬孔子、敬老子、敬釋迦佛，有若一人然。其　御製文集，凡論三教聖人，往往以此兩言斷之，以見其不異也。夫既謂之道，謂之心矣，則安有異哉？則雖愚夫愚婦，以及昆蟲艸木，不能出于此道此心之外也，而況三教聖人哉！

蓋非不欲二，雖欲二之，而不得也。非不欲兩，雖欲兩之，而不能也。今天下車書大同，脩行齊軌有不遵者，加以常刑。一以　高皇帝爲師，以　高皇帝之謨訓爲律，乃觀觀場矮子敢侮聖言不遵，棄謨訓不目？非毀老佛，輕詆仙釋，唯勦　襲胡元穢說，雷同宋末膚見，是生今反古，居下倚上，大戮之民也。

故因敬讀高皇帝文皇帝御製文集，錄之以爲《三教品》。嗚呼！聖有謨訓，明徵定保，是書明白切至如此，生今之世，爲今之臣，而敢以塵土視之？束之不復觀？置而不復讀？吾恐國憲可畏，不宜自甘于刑戮也與哉。

## （三）目前可見的各種版本

### 1. 各大圖書館藏古籍善本

《三教品》一卷，〔明〕李贄撰。

> 版本：明陳邦泰刻本。
>
> 行格版式：9行，18字。白口，左右雙邊。
>
> 此書與《永慶答問》一卷、《讀永慶答問》一卷合刻。
>
> 典藏地：中國歷史博物館。
>
> 資料來源：中國古籍善本書目聯合導航系統。

《三教品》一卷，〔明〕李贄撰。

> 版本：明萬曆刻本。
>
> 叢書名：《李氏叢書十二種》二十五卷。
>
> 行格版式：9行，18字。白口，左右雙邊。
>
> 典藏地：北京大學圖書館、中國科學院圖書館、上海圖書館。
>
> 資料來源：中國古籍善本書目聯合導航系統。

---

〔註232〕筆者未見《三教品》原書，此序文據《李溫陵集》卷10〈三教品序〉輸入。

《三教品》一卷，〔明〕李贄撰。

　　版本：明陳氏繼志齋刻本。

　　叢書名：《卓吾先生李氏叢書十二種》二十四卷。

　　行格版式：8行，18字。白口，四周單邊。

　　典藏地：首都圖書館、旅大市圖書館。

　　資料來源：中國古籍善本書目聯合導航系統。

《三教品》一卷，〔明〕李贄撰。

　　版本：明陳氏繼志齋刻崇禎間燕超堂重印本。

　　叢書名：《卓吾先生李氏叢書十一種》二十三卷。

　　行格版式：8行，18字。白口，四周單邊。

　　典藏地：北京大學圖書館、上海圖書館。

　　資料來源：《中國叢書廣錄》、中國古籍善本書目聯合導航系統。

### 2. 影印本與排印本

此書目前無影印本與排印本。

### （四）版本源流探討

　　《三教品》一卷，有兩種版傳世，一爲合刻本，一爲叢書本。合刻本是明陳邦泰刻本，其行格版式爲：9行，18字，白口，左右雙邊；與《永慶答問》一卷、《讀永慶答問》一卷合刻。叢書本收入《李氏叢書》、《李氏遺書》中。

## 十、《言善篇》／《卓吾老子三教妙述》／《三教妙述》

### （一）提　要

　　《卓吾老子三教妙述》又名《言善篇》。劉晉川〈序〉言：「是書凡六百餘篇，皆古聖要語，卓吾彙而輯之，欲以開來學而繼往聖。」〔註233〕

### （二）序　文

　　〈序言善篇〉〔註234〕

劉東星

　　劉晉川曰：《言善篇》者何？卓吾老子取其將死而言善也。夫茍其言

---

〔註233〕《續焚書》卷二・〈序言善篇〉。

〔註234〕筆者未見《言善篇》原書，此篇序文據《續焚書》卷二・〈序言善篇〉輸入。

之善矣，奚待將死，將自幼至壯，自壯至老，未有一言之不善者。若待將死而後善，則恐雖死亦未必善也。

吾謂卓吾子欲人之聽之也，故獨以「言善」名其篇，而豈真謂將死而後善哉！夫言者，身之符、心之聲也。其言之善，則必其身之善；其身之善，則必其心之善。卓吾子之心之身之善，余既久相與處，而知之審矣。奚待於言，而又奚待於將死之言乎？但時無先師孔子設教於上以為之表章，故使卓吾子泯泯悶悶，遂嘔棄於人世。不然，卓吾子者固為人謀而必忠，與朋友交而必信，傳而必習，戰戰兢兢，臨深履薄，恒恐一毫之失墜，所謂其君用之則安富尊榮，其子弟從之則孝悌忠信，卓吾子之身之心皆兼而有之矣，奚獨言善，又奚獨將死也！

是書凡六百餘篇，皆古聖要語，卓吾彙而輯之，欲以開來學而繼往聖。余尚未見，見其《小引》三首與《言善篇目》而已。客冬，卓吾子大困於楚，適有馬侍御者自潞河冒雪入楚，往攜之以出，同居通州，朝夕參請，身心之偕善。余愧羈留淮濟，不能如侍御之速也。卓吾子曰：「公勿言！公勿言！此正余他山之石，此正余將死而大獲進德修業之益也。」

嗚呼！此非卓吾子之言之善乎，天下之善言更復有過於是者乎！向非身心之善真有同於曾參，真加於人數等，雖欲強勉以為此言不得矣。遂因其語而書之，以為《言善篇》小引。

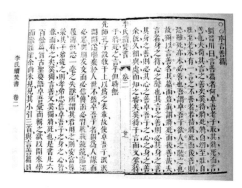

《續焚書》卷二〈序言善篇〉〔註235〕

---

〔註235〕此篇收入《續焚書》「續修四庫全書本」。本書據南京圖書館藏明刻本影印，

## （三）目前可見的各種版本

《卓吾老子三教妙述》四集，〔明〕李贄撰。

　　版本：明萬曆 46 年宛陵劉遜之刻本。

　　資料格式：存元、利二集；缺亨、貞二集。

　　序跋者：〔明〕劉東星序。

　　典藏地：福建省圖書館。

　　資料來源：林海權《李贄年譜考略》。

《言善篇四集》四卷，〔明〕李贄輯。

　　版本：明萬曆 46 年刻本。

　　資料格式：存 2 卷。

　　行格版式：9 行，20 字。白口，四周單邊。

　　典藏地：上海圖書館。

　　資料來源：中國古籍書目資料庫。

## （四）版本源流探討

　　萬曆 29 年李贄撰《言善篇》。此書目前僅有「明萬曆 46 年宛陵劉遜之刻本」流傳，其行格版式爲：9 行，20 字。白口，四周單邊。收藏於上海圖書館

### 《卓吾大德》

　　李贄另有一書《卓吾大德》，此書名在《明書》〔註 236〕與《明神宗萬曆實錄》〔註 237〕中皆有出現，但在現今各書目中皆無著錄。根據李贄敘述此書之言：「此正余將死而大獲進德修業之益」，崔文印認爲，《卓吾大德》很可能是《言善篇》的另一別稱。〔註 238〕（按：此說尚無定論，例如，林海權認爲《卓吾大德》可能是《高尚冊》。）〔註 239〕

---

　　　　行格版式：9 行，行 20 字；白口，四周單邊，單黑魚尾，無行格，版心上鑴「李氏續焚書」。

〔註 236〕《明書》卷 160·異教傳·〈李贄傳〉：「其說新奇，有《藏書》、《焚書》、《大德》等書。」

〔註 237〕《明神宗萬曆實錄》卷 369：「萬曆 30 年閏 2 月乙卯，禮科張問達疏劾：李贄壯歲爲官，晚年削髮，近又刻《藏書》、《焚書》、《卓吾大德》等書流行海內，惑亂人心。」

〔註 238〕見崔文印〈李贄著作編年與考辨〉。

〔註 239〕見林海權《李贄年譜考略》，頁 518。

## 十一、《道古錄》

### （一）提　要

《道古錄》，一名《明燈道古錄》，二卷，〔明〕李贄、劉東星〔註240〕撰；劉用相、劉用健整理。

李贄在明萬曆 24 年至萬曆 25 年間，曾到山西沁水劉東星家作客。當時劉東星因為丁父憂而家居，特意派遣兒子劉用相，到湖北麻城去邀請李贄來訪作客。那時李贄已經高齡七十歲，到了山西沁水，白日就閉戶讀書，晚上就與劉東星探討人生哲理與古代典籍。當他們在談論學問與哲理時，劉東星的兒子劉用相與姪子劉用健，會坐在一旁聽，並且請問《大學》、《中庸》的大義。這一部《道古錄》，就是劉用相與劉用健的心得筆記。

本書上卷十八章，下卷二十四章。每章討論一個問題，有的形式是一文到底，有的形式是一問一答。提問者多為劉用相與劉用健，有些發問或敘述者為劉東星與懷林，答問者以李贄為主。

### （二）序　文

書前有序文兩篇：李贄〈明燈道古錄引〉、劉東星〈書道古錄首〉。（請參見本書頁 165～168，「明燈道古錄序文」）

### （三）目　錄

本書書前無目錄。

### （四）目前可見的各種版本

#### 1. 各大圖書館藏古籍善本

《道古錄》二卷，〔明〕李贄、劉東星撰。

　　版本：明萬曆 24 年萬卷樓刊本。

　　序文：劉東星序。

　　資料來源：李國庭〈李贄生平及其著作譚要〉。

《道古錄》二卷，〔明〕李贄、劉東星撰。

　　版本：明萬曆刻本。

〔註240〕劉東星，字子明，號晉川，沁水（今山西沁水）人。明隆慶 2 年進士，曾任湖廣左布政使。萬曆 20 年，升右僉都御使，巡撫保定。萬曆 26 年，被任命為工部左侍郎，兼右僉都御使，總理河漕。當時黃河缺口，劉東星因治河有功，升為工部尚書。《明史》本傳稱其：「性儉約，歷官三十年，敝衣蔬食如一日。」

　　叢書名：《李氏叢書十二種》二十五卷。

　　行格版式：9 行，18 字。白口，左右雙邊。

　　典藏地：北京大學圖書館、中國科學院圖書館、上海圖書館。

　　資料來源：中國古籍善本書目聯合導航系統。

《道古錄》二卷，〔明〕李贄、劉東星撰。

　　版本：明萬曆燕超堂刻本。

　　叢書名：《李氏叢書十二種》二十五卷。

　　行格版式：9 行，18 字。白口，左右雙邊。

　　典藏地：北京大學圖書館、中國科學院圖書館、上海圖書館。

　　資料來源：中國古籍善本書目聯合導航系統。

《道古錄》二卷，〔明〕李贄、劉東星撰。

　　版本：明陳氏繼志齋刻本。

　　叢書名：《卓吾先生李氏叢書十二種》二十四卷、《李卓吾遺書十二
　　種》二十三卷。

　　行格版式：8 行，18 字。白口，四周單邊。

　　典藏地：首都圖書館、旅大市圖書館。

　　資料來源：中國古籍善本書目聯合導航系統。

《道古錄》二卷，〔明〕李贄、劉東星撰。

　　版本：明陳氏繼志齋刻崇禎間燕超堂重印本。

　　叢書名：《卓吾先生李氏叢書十一種》二十三卷。

　　行格版式：8 行，18 字。白口，四周單邊。

　　典藏地：北京大學圖書館、上海圖書館。

　　資料來源：《中國叢書廣錄》、中國古籍善本書目聯合導航系統。

《道古錄》二卷，〔明〕李贄撰。

　　版本：約明天啓間刊本。

　　叢書名：《李氏遺書》九卷。

　　資料來源：林海權《李贄年譜考略》、晉江地區文管會資料〈李贄著
　　作目錄簡介〉。

《道古錄》二卷，〔明〕李贄、劉東星撰。

　　版本：明海虞顧大韶校刊本。

　　收入《李溫陵集》第 18～19 卷。

版匡高廣：20.2×13.2 公分。

行格版式：9 行，行 20 字。單欄，版心白口，單黑魚尾，四周單邊。

版心上鐫「李溫陵集」。

本書無序文、無標題。

（《李溫陵集》相關資料，請參見本書頁 297～302）

《道古錄》二卷，〔明〕李贄、劉東星撰。

　　版本：明海虞顧大韶校刊本。

　　收入《李氏文集》第 18～19 卷。

　　（《李氏文集》相關資料，請參見本書頁 302～304）

## 2. 影印本

《道古錄》二卷，〔明〕李贄，劉東星撰。

　　收入於《續修四庫全書》‧子部‧雜家類；第 1127 冊。

　　上海：上海古籍出版社。出版時間：1997 年。

　　原書版框高廣：19.5 公分×24.8 公分。

　　行格版式：8 行，18 字。白口，四周單邊，單黑魚尾，無直格，版心上鐫「道古錄」。

　　本書據上海圖書館藏明萬曆刻本影印。

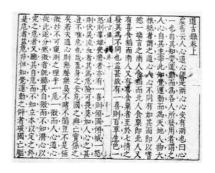

封面　　　　　　　　　　　　　卷上

### 3. 排印本

此書目前無排印本。

### （五）刊刻與版本源流

萬曆 25 年李贄居沁水，與劉東星父子完成《道古錄》。《道古錄》與《明燈道古錄》爲內容相同之書。古籍著錄書名，多是根據卷端題名。目前可見《道古錄》的善本古籍，卷端多題爲「道古錄」；只有中央研究院傅斯年圖書館所藏的明萬曆刊本，卷端題爲「明燈道古錄」。本書依卷端題名，將分此書爲《道古錄》、《明燈道古錄》兩篇。

目前可見《道古錄》的善本古籍，有單行本、合刻本與叢書本。單行本，分上下兩卷，有明萬曆 24 年萬卷樓刊本、明萬曆間刊本。合刻本收入於《李溫陵集》與《李氏文集》的第 18～19 卷。叢書本收入於《李氏叢書》〔註241〕中，不分卷，有「明陳氏繼志齋刻本」和「明萬曆燕超堂刻本」兩種。

在影印本方面，「續修四庫全書本」，是據上海圖書館藏明萬曆刻本影印，分上下兩卷，行格版式爲「8 行，18 字，白口，四周單邊，單黑魚尾，無直格，版心上鐫『道古錄』。

在排印本方面，目前並沒有名爲《道古錄》之書。但張建業所整理《李贄文集・第七卷》，所收入的《明燈道古錄》，即是《道古錄》一書。此書是根據《李溫陵集》的第 18～19 卷——「道古錄」——，爲底本來排印的。

―――――――――――――――

〔註241〕《李氏叢書》有「明陳氏繼志齋刻本」和「明萬曆燕超堂刻本」，一爲「9 行18 字」，一爲「8 行，18 字」，其中又有不同卷數的裝訂本，包括《李氏叢書十二種》二十五卷、《卓吾先生李氏叢書十二種》二十四卷、《李卓吾遺書十二種》二十三卷、《卓吾先生李氏叢書十一種》二十三卷。頁 329～333。

## （六）相關研究論文

（請參見本書第 172 頁，《明燈道古錄》）

# 十二、《明燈道古錄》

## （一）提　要

《明燈道古錄》二卷，此書又名《道古錄》。（請見本書頁 160，「道古錄提要」）

### 1.《明燈道古錄提要》：〔註242〕

《明燈道古錄》二卷，明李贄，劉東星同撰。其語答則爲其門人劉用相、王溥、王洽、劉用健所錄記。劉東星，字晉川，晉之沁水人，博學多聞，好古敏求，亦倦遊高潔之士，於沁水之坪上村家焉。

適卓吾讀書山中，時相過從，久而彌契，相與論道，樂而不倦，以心印相同也。家無僮僕，山居寒夜岑寂，燈下相對，聚首傾談，六籍性命之書，彼此質難，發爲論議，由劉用相等紛爲筆錄，久而成帙，李氏自命爲「明燈道古之錄」，自詡以爲洙泗門庭内之道語也。

錄分二卷，卷首有李卓吾、劉晉川二氏序，敍錄述之經過，卷末有上黨陳簡、襄陽楊正芳二跋，誌其書錄推崇、付梓廣傳之語。

上卷分十八章，下卷分二十四章。上卷一章釋人心道心。二章釋行道與明道。三章釋仕學義佞之辨。四章釋格物。五章釋壹以修身爲本。六章釋正心。七章釋天命與知言，八章釋知人不易，知言誠難。九章釋天命之不可強求。十章釋上智與下愚不可移。十一章釋尊德性。十二章釋心知。十三章釋當仁不讓。十四章釋詩之義。十五章釋禮刑自齊之義。十六章釋克己復禮。十七章釋仲尼顏子之樂。十八章釋誠意必先致知。

下卷一章釋舜察邇言。二章釋中庸與簡易。三章釋中庸之道。四章釋知與行。五章釋中庸之不遠於入。六章釋道亦不遠於人。七章釋治人與治道。八章釋行道之自邇自卑。九章釋儒門下語神怪。十章

---

〔註242〕見蕭天石主編，《中國子學名著集成》‧珍本初編‧卷首；第 1 册，《諸子概說與書目提要》，頁 322～325，〈明燈道古錄提要〉，臺北：中國子學名著集成編印基金會，1978 年。

釋原始反終、死生之說。十一章釋素於其位。十二章釋明明德之大小。十三章釋盡性至誠之道。十四章釋化則乃可以言至誠。十五章釋知天知人，以修身事。十六章釋學以致知。十七章釋夫子聖之時義。十八章釋夫子誠爲至聖。十九章再釋夫子之爲至聖。二十章釋中和之義。二一十一章釋聖賢兼愛其禮。二十二章釋樂之爲義。二十三章釋禹墨之儉德。二十四章釋孟子人與禽獸相去幾希之義。

綜觀四十四章章名，即可想見其義旨，全爲孔門聖學之心傳，詳稽其語要，實可稱博大而無所或遺，精微而無所不及。進而悟其玄要，謂其能續聖脈而弘道統之墜緒，亦不爲過也。

李卓吾氏爲明代學術思想家，詭奇曲折，無可端倪，然是篇皆克守於孔門聖道正旨，以《學》、《庸》一貫而莫可或違也，傳燈道古，高自品題，固所以見其傲岸矜持之處！其一言一語，藉晉川劉氏之傳，問答以爲遣意，目無旁人，果聖門精一執中之道，其在茲乎？是仁者以其見仁，智者以其見智，遊夏文學之科，語之顏閔，則猶未也。問答之間，中有精義，又生值明中葉以後，前有程朱，續有陸王，相繼發揮聖義積蘊無餘，若無別有精萃所致，即已不容問世，爲此書之可爲參究而體味者，實有其大義大理存焉。

卷下第二十三章釋禹墨之儉德，有相非孟子之意，若孔子之稱師也過，商也不及，轉以驗之翟墨爲過，楊朱則爲不及。不問其人德行當日如何？而必察其說之倡行，影響於天下後世者，豈淺鮮哉！孟子見幾於先，防微杜漸，楊朱率皆激情干譽之爲謬也，與《中庸》大道，實滯礙相違，書生篝燈枯坐，時發神致冥思，往往間悖經世之務，是本書備之道間學以尊德性一格，以啓後世學人以入聖之門，斯可也。

## （二）序　文

### 1.〈明燈道古錄引〉〔註243〕

李贄

晉川昔轄楚藩，始會余，與余善。至是讀禮山中，余往弔焉。晉川喜余至，故留余。謂余無家屬童僕，何所不可以棲托？晉川沁水人，而家於沁之坪上村。坪上去沁百里，村居不足數十家，頗岑寂。余

---

〔註243〕本篇序文據上海圖書館藏明萬曆刻本輸入。

喜其岑寂也，亦遂留。天寒夜永，語話遂長。或時余問而晉川答，或時晉川問而余應。使平子若在，不知幾番絕倒矣。惜哉！無人記錄也，故余亦每日自嘆息焉。

晉川之子用相、用健者二人，有時在坐與聞之，而心喜，然亦不過十之一二矣。退而箴錄其所聞之最親切者，其不甚親切者，不又錄，則又不過百之一二矣。然時日既多，積久亦成帙。余取而覆視之，不覺搹几嘆曰：「是錄也，乃吾二人明燈道古之實錄也，宜題其由曰《明燈道古錄》，遠之不足以繼周、邵，近之不足以繼陳、王。然此四先生者，精爽可畏，亦必喜而讀之曰：「是明燈道古之錄也，是猶在門庭之內也，眞不謬爲吾家的統子孫也。」

然則晉川之留余也果不虛，坪上于今不岑寂矣。宜梓而傳之，俾天下後世知吾二人并其二子，不虛度時光也歟哉！晉川姓劉名東星，余四方之人也，無名姓。但聞有呼之爲李卓吾者，即自以爲李卓吾。至坪上，又聞有呼之爲七十一歲李老子者，即自以爲李老子云。

## 2.《書道古錄首》〔註244〕

劉東星

予西鄙之人也，拘守章句，不知性命爲何物。入楚期年，而暑患作。思親之念轉盃。欲息此念則不能，欲從此念亦不能，眞令人彷徨無皈依處。

聞有李卓吾先生者，弃官與家，隱於龍湖。龍湖在麻城東，去會城稍遠，予雖欲與之會而不得。又聞有譏之者，予亦且信且疑之，然私心終以去官爲難，去家尤難，必自有道存焉。欲會之心未始置也。

會公安袁生今吳令者，與之偕遊黃鵠磯，而棲托于二十里外之洪山寺，予就而往見焉，然後知其果有道者，雖弃髮蓋有爲也。嗟夫！此身若弃，又何有於家？何有於官乎？乃區區以形跡議之，以皮毛相之者，失之遠矣。嗣後或迎養別院，或偃息官邸，朝夕談吐，始恨相識之晚云。兒相時亦在側，聞其言若有默契者。一時吾鄉趙新盤、王正吾叅政楚藩，皆獲見其面。李克菴時撫三楚，亦獲讀其書。三公者遂皆信之，以爲眞人矣。

〔註244〕本篇序文據上海圖書館藏明萬曆刻本輸入。

別後宦遊燕趙，雖聞問不絕，而欲從末由。比者讀禮山中，草土餘息，懼有顚墜，特遣兒相就龍湖問業，先生欣然不遠千餘里與兒偕來。從此山中，歷秋至春，夜夜相對。猶子用健，復夜夜入室，質問《學》、《庸》大義。

蓋先生不喜紛雜，唯終日閉戶讀書。每見其不釋手鈔寫，雖新學小生，不能當其勤苦也。彼謗先生者，或未見先生耳，倘一見先生，即暴強亦投戈拜矣，又何忍謗，又何能謗之邪？相與健等，既獲錄其所聞之百二，予遂亟令梓行。雖先生之意，亦予意也，亦相與健等之同意也。

### 3. 〈明燈道古錄後跋〉〔註245〕

大道之不明，非必譚玄說□，以他岐蝕之也；又非必春華雕蟲，以藻繢黟之也；又非必高薄青旻沉極重淵，以艱深而晦匿之也。凡道之不明，咎在束于教而滯于故。夫聖賢垂訓，詎其專爲理□□蓄神髓令人必不可絲悟捉摸，乃稱快哉。大較本乎人情，率諸中正，世儒不察，扭于訓詁銖錙公析，而彌以滋惑，故曰夏蟲疑氷，下士聞大道則咲之矣。

沁水少宰晉川公讀禮家居，與李叟卓吾者爲坪上數月之會，促席談道，此□一難，彼申一義，永夜不倦，何言言冥契之若斯也。今閱其書，發揮往牒，直證心印，而動輒通乎人情，揆諸至理，超出世儒訓詁之表，尋之可以養命，擴之可以經世，及周、邵、陳、王諸先生，正脉何多讓焉？斯道可藉是爲不晦矣！

嗟嗟！大邑玄風則塵垢事物一入理障則隱緒難尋，道其難談乎！公往讀中秘書，文衡浙水，其扵天人性命之學，何所不研，乃李叟隱者耳聞其敝□身名一眞人奇士。夫業已託□鑿坏棄蔬之朋矣。而胡所論吐亦獨邃于大道也。玅旨精義，□爲宇宙間一種不可磨滅之書，傳之終古，即身名兩忘，可託不朽，然非附青雲之士烏能有此哉？不佞簡爲晉川公里中人，且舊在屬下，幸浔其書，把玩不忍去手，因梓之天雄，治中蓋公嘗鎮撫此邦固其木鐸之所及也。

---

〔註245〕本篇跋文根據《中國子學名著集成》‧珍本初編‧儒家子部；第43冊，所收的明萬曆版本輸入。

萬曆丁酉春吉整飭火名等處兵備河南按察司副使上黨陳簡謹跋

## 4. 〈跋明燈道古錄〉〔註246〕

夫學者，誦法孔子，尚已，孔子之道，一以貫之，原非高且遠也，人第求其所謂一者而已矣。以者何？不二也。不二所以誠也，天地之道盡矣。故吾儒之道本於誠意，而其功莫要於慎獨。慎之者，妨其二也。不二則一，一則誠，誠則千變萬化，不能出其範圍，此博約一致之宗旨。一誠者，天之道也，而不能析爲性。生我者，殺我者也。

誠之者，人道也：博學、審問、慎思、明辨、而篤行。篤者，所爲固其聰明者也。爲闇然、爲服膺弗失、爲不變塞、爲不大聲以色、爲天載無聲無臭，篤之極也。故道，發育萬物，峻極于天，而所以凝之者，敦厚以崇禮也。老子曰：「禮爲忠信之薄，而亂之首也。」不敦厚之禮，非禮也，祇爲異端開排擊之門，豈吾儒之道哉？

今以一爲心，心至不一也，又以爲心之理，理亦無定在也。意者即心即理，可以理之心，可以非理之心，百千萬億，汎汎若水中之漚。惟貞夫一，天倪也，舉而措之。天符也，獨者不見不聞之謂。未有不見不聞者也，曾子之學，以誠入，十目十手之自嚴，唯恐其不一也，故獨得吾道之宗，曰：「夫子之道，忠恕而已矣。」「忠恕」豈借言一哉？

晉川劉先生懷先聖之術，明當世之故，傑宇王屋山下，蕭然布衣蔬食，行不詭俗，言能証聖，常以慎獨爲要指，誘余小子。乃遣其令嗣走數千里外，邀李卓吾先生，相與籌燈趺坐，上下千古。令吾夫子之道，不爲訓詁支離所蠹，則二公之功大矣。又不謂予不敏，授之所□《明燈道古錄》。予卒業，恍然見吾夫子之道之有歸著，而又不別立門戶，爲非常可喜之論，以驚世駭俗，此必傳無疑也。爰付梓人，以廣其傳，并以臆說附之。

萬曆丁酉春三月襄陽後學楊正芳撰

## （三）目　錄

本書書前無目錄。

---

〔註246〕本篇跋文根據《中國子學名著集成》·珍本初編·儒家子部：第43冊，所收的明萬曆版本輸入。

## （四）目前可見的各種版本

### 1. 各大圖書館藏古籍善本

《明燈道古錄》二卷，〔明〕李贄、劉東星撰。

> 版本：明萬曆間（1573～1619）刊本。
>
> 資料格式：2 冊。29 公分。
>
> 行格版式：8 行，16 字。白口，雙黑魚尾，四周單邊，版心上鐫「道古錄」。
>
> 序跋：李贄自序〈明燈道古錄引〉、劉東星自序〈書明燈道古錄後〉。明萬曆 25（丁酉）年陳簡跋、〔明〕楊正芳跋。
>
> 第一冊卷端題「明燈道古錄　後學劉用相、王溥、王洽、劉用健同錄」、第二冊卷端題「明燈道古錄卷下　晉人劉晉川述，旅人李卓吾書」。
>
> 典藏地：中研院傅斯年圖書館。〔註 247〕

封面　　　　　　　　序文　　　　　　　　　　內文

### 2. 影印本

《明燈道古錄》，〔明〕李贄撰。

> 臺北：廣文書局出版。出版時間：1983 年。
>
> 行格版式：8 行，16 字。白口，雙黑魚尾，四周單邊，版心上鐫「道古錄」。
>
> 序跋：李贄〈明燈道古錄引〉、劉晉川〈書明燈道古錄後〉。陳簡〈明燈道古錄後跋〉、楊正芳〈跋明燈道古錄〉。

---

〔註 247〕藏印：「東方文化事業總委員會所藏」等印。有朱筆圈點。有微捲 NF636。排架號：1190。傅圖全彩。索書號：072 161-8881。

正文卷端題：「明燈道古錄　後學劉用相，王溥，王洽，劉用健同錄」。

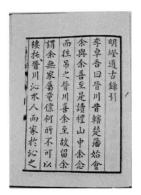

封面　　　　　　　　　　內頁　　　　　　　　　　序言

《明燈道古錄》，〔明〕李贄撰。

收入於《中國子學名著集成》・珍本初編・儒家子部；第 43 冊，367
～576 頁。

臺北：中國子學名著集成編印基金會印行。出版時間：1978 年。

行格版式：8 行，16 字。白口，雙黑魚尾，四周單邊，版心上鐫「道
古錄」。

序跋：李贄〈明燈道古錄引〉、劉晉川〈書明燈道古錄後〉。陳簡〈明
燈道古錄後跋〉、楊正芳〈跋明燈道古錄〉。

正文卷端題：「明燈道古錄　後學劉用相，王溥，王洽，劉用健同錄」。

本書據明萬曆刊本影印。

封面　　　　　　　　　　內文　　　　　　　　　　後跋

## 3. 排印本

《明燈道古錄》，〔明〕李贄撰。

收入於《李贄文集》〔註248〕‧第七卷。

北京：社會科學文獻出版社。出版時間：2000年。

資料格式：簡體字。橫排。頁343～388。

序跋：〔明〕李贄序、〔明〕劉東星序；無跋。

《道古錄》是由張建業以明海虞顧大韶刊本《李溫陵集》爲底本，參照其他刻本標點整理。

封皮　　　　　　　　封面　　　　　　　　內頁

## （五）版本源流探討

萬曆25年，李贄71歲，在山西撰寫《明燈道古錄》。他曾在文章中提到此書的創作地點、原因與內容，引言如下：

> 老人之遁跡于龍湖也，亦多年矣，舍而北遊，得無非計乎？何其愈老而愈不憚勞也？夫老人之本心，其大較可知也。……既不與世接，則但有讀書耳。故或諷誦以適意，而意有所拂則書之；或俯仰以致慨，而所慨勃勃則書之。故至坪上，則有《道古錄》四十二章書；至雲中，則有《孫子參同十三篇》書；至西山極樂僧舍，則有《淨土訣》三卷書。〔註249〕

> 五十以後，大衰欲死，因得友朋勸誨，翻閱貝經，幸于生死之原窺

見斑點，乃複研窮《學》、《庸》要旨，知其宗實，集爲《道古》一錄。〔註250〕

《明燈道古錄》，與《道古錄》爲內容相同之書。有關《道古錄》的版本，請見頁 243～244。

《明燈道古錄》有明萬曆刊本，目前藏於中央研究院傅斯年圖書館，正文卷端題「明燈道古錄　後學劉用相，王溥，王洽，劉用健同錄」，行格版式爲「8 行，16 字；白口，雙黑魚尾，四周單邊，版心上鐫『道古錄』。此書書前有李贄、劉晉川序；書後有陳簡、楊正芳跋。

在影印本方面，「廣文書局本」與「中國子學名著集成本」，皆是根據中央研究院傅斯年圖書館藏本影印，在臺灣各大圖書館都可見到。

在排印本方面，張建業整理的《明燈道古錄》收入於《李贄文集》第七卷。此書雖名爲《明燈道古錄》，但是是以明海虞顧大韶刊本《李溫陵集》爲底本來排印的。（按：《李溫陵集》，卷 18～19，題名爲「道古錄」。）

### （六）目前相關研究論文

| | |
|---|---|
| 張建業 | 明代思想家李贄在山西<br>山西師院學報（社會科學版），1980 年第 1 期（總第 26 期），頁 12～19，1980 年 3 月 |
| 張建業 | 李贄《明燈道古錄》的產生及其價值<br>首都師範大學學報，2000 年 4 期，頁 11～18，2000 年 |

## 十三、《永慶答問》

### （一）提　要

《永慶答問》乃是李贄與時人和弟子對答的語錄，爲弟子所記載後刊刻而成。

### （二）序　文

〈書永慶答問序〉

焦　竑

此編皆禿翁尋常情狀，被余常吉、吳得常兩人等閒拈出，便如《傳燈》數則公案，蓋非禿翁不能道，非兩人亦不能述也。得常薙髮遠

---

〔註250〕見《續焚書》〈聖教小引〉。

游，未幾而歿，禿翁亦以壬寅化去，獨常吉在耳。讀之回憶疇昔，不任惘惘，惟常吉其益勉旃！今此意火傳無盡，則續佛慧命者，在常吉一身，雖謂禿翁爲不死可也。

## （三）目　錄

此書前無目錄。

## （四）目前可見的各種版本

### 1. 各大圖書館藏古籍善本

《永慶答問》一卷，〔明〕佘永寧、〔明〕吳世徵撰，〔明〕方時化評。

　　版本：明陳邦泰刻本。

　　行格版式：9行，18字。白口，左右雙邊。

　　備註：與《三教品》一卷、《讀永慶答問》一卷合刻。

　　典藏地：中國歷史博物館。

　　資料來源：中國古籍善本書目聯合導航系統。

《永慶答問》一卷，〔明〕李贄撰。

　　版本：明萬曆燕超堂刻本。

　　叢書名：《李氏叢書十二種》二十五卷。

　　典藏地：北京大學圖書館。

　　資料來源：《北京大學圖書館藏古籍善本書目》。

《永慶答問》一卷，〔明〕李贄撰。

　　版本：明萬曆刻本。

　　叢書名：《李氏叢書十二種》二十五卷。

　　行格版式：9行，18字。白口，左右雙邊。

　　典藏地：北京大學圖書館、中國科學院圖書館、上海圖書館。

　　資料來源：中國古籍善本書目聯合導航系統。

《永慶答問》一卷，〔明〕李贄撰。

　　版本：明刻本。

　　叢書名：《李氏叢書十二種》二十三卷。

　　典藏地：中科院國家科學圖書館總館。〔註251〕

　　資料來源：中國科學院國家科學圖書館古籍檢索系統。

〔註251〕排架號：2939179－90。

《永慶答問》，〔明〕李贄撰。

　　版本：明刊本。

　　收入《李溫陵外紀》。〔註252〕

　　行格版式：9行，行18字。單欄，版心白口，單黑魚尾，上方記「李溫陵外紀」。

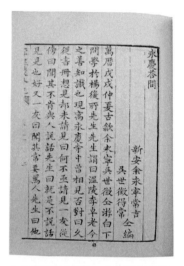

**《李溫陵外紀》·《永慶答問》**

國家圖書館藏本（四卷本）

## 2. 影印本

此書目前無影印本。

## 3. 排印本

《永慶答問》，〔明〕李贄撰。

　　收入於《李贄文集》·第7卷，頁311～322。

　　北京：社會科學文獻出版社。出版時間：2000年。

　　資料格式：簡體字，橫排。

　　序文：〔明〕焦竑序。

　　本叢書中《闇然錄最》是由張建業，以明海虞顧大韶刊本《李溫陵集》為底本，參照其他刻本標點整理。

---

〔註252〕《李溫陵外紀》，〔明〕潘曾紘編。此書有兩種版本，「四卷本」收入卷一；「五卷本」收入卷二。

| 封皮 | 封面 | 內文 |

## （五）版本源流探討

《永慶答問》無單行本，有合刻本與叢書本。合刻本有兩種，一爲「明陳邦泰刻，方時化評本」，此版本與《三教品》一卷、《讀永慶答問》一卷合刻，行格版式爲：9 行，18 字；白口，左右雙邊。一爲收入於《李溫陵外紀》中，又《李溫陵外紀》有「四卷本」與「五卷本」兩種版本，「四卷本」的《永慶答問》收入卷一；「五卷本」的《永慶答問》收入卷二。《永慶答問》的叢書本收入於《李氏叢書十二種》中。（按：《李氏叢書》又有三種版本，請參見本書頁 329～333）

## 十四、《闇然錄最》

### （一）提　要

《闇然錄最》是李贄根據〔明〕潘士藻《闇然堂類纂》所作的精要摘錄，目的是爲了「以自鑒戒」。

### （二）序文

〈闇然錄最引〉

卓吾子曰：《闇然堂類纂）者何？潘氏所纂，〔註253〕以自爲鑒戒之

〔註253〕《四庫全書總目》〈闇然堂類纂提要〉：「《闇然堂類纂》六卷，浙江巡撫採進本，明潘士藻撰。士藻有《洗心齋讀易述》，已著錄。是書以所聞見雜事，分類纂敘，大抵警世之意。一訓惇、二嘉話、三談箴、四警喻、五溢損、六徵異。成於萬曆壬辰。時當明季，正風俗彫弊之時，故士藻所錄，於驕奢橫溢，備徵果報，垂戒尤切蓋所以鍼砭流俗也。」（見《四庫全書總目》‧提要卷 143‧

書也。余讀而善之，而性健忘，且老矣，目力漸竭，不可以多取，故錄其最者，以自鑒戒，而又以見潘氏之善鑒戒焉。

余之別潘氏，二十有二年矣。其初，直爲是木訥人耳，不意其性剛如此也。大抵二十餘年以來，海內之友，寥落如晨星矣。其存者，或年往志盡，則日暮自倒，非有道而塞變，則蓋棺猶未定也。其行不掩言，往往與卓吾子相類，乃去華之相見于今日也。其志堅，其氣實，其學造，其行修，其神凝，斷斷乎可以托國托家而托身也。如此，非其暗室屋漏之中闇然自修，不忘鑒戒，安能然乎？設予不見去華，几失去華也。予是以見而喜，去而思，思而不可見，則讀其書以見之，且以示余之不忘鑒戒，亦願如去華也。

夫鑒戒之書，自古有之，何獨去華。蓋去華此纂，皆耳目近事，端的有據，時日尚新，聞見罕接，非今世人士之所常談而□嗜者。譬之時文，當時則趨，過時則頑，人之情也。又譬之于曲，則新腔：于辭，則別調：于律，則切響。夫誰不側耳而傾聽乎！是故喜也，喜則必讀，讀則必鑒必戒。

## （三）目　錄

子部 53・小説家類存目 1（雜事））

## （四）目前可見的各種版本

### 1. 各大圖書館藏古籍善本

《闇然錄最》四卷，〔明〕李贄撰。

> 版本：明萬曆刻本。
>
> 收入《李氏叢書十二種》二十五卷。
>
> 行格版式：9 行，18 字。白口，左右雙邊。
>
> 典藏地：北京大學圖書館、中國科學院圖書館、上海圖書館。
>
> 資料來源：中國古籍善本書目聯合導航系統。

《闇然錄最》四卷，〔明〕李贄撰。

> 版本：明陳氏繼志齋刻本。
>
> 收入《卓吾先生李氏叢書十二種》二十四卷。
>
> 行格版式：8 行，18 字。白口，四周單邊。
>
> 典藏地：首都圖書館、旅大市圖書館。
>
> 資料來源：中國古籍善本書目聯合導航系統。

《闇然錄最》四卷，〔明〕李贄撰。

> 版本：明陳氏繼志齋刻崇禎間燕超堂重印本。
>
> 收入《卓吾先生李氏叢書十一種》二十三卷。
>
> 行格版式：8 行，18 字。白口，四周單邊。
>
> 典藏地：北京大學圖書館、上海圖書館。
>
> 資料來源：《中國叢書廣錄》、中國古籍善本書目聯合導航系統。

### 2. 影印本

此書目前無影印本。

### 3. 排印本

《闇然錄最》，〔明〕李贄撰。

> 收入於《李贄文集》〔註254〕‧第 7 卷，頁 389～442。
>
> 北京：社會科學文獻出版社。出版時間：2000 年。
>
> 資料格式：簡體字，橫排。
>
> 序文：李贄自序一篇。
>
> 本叢書中《闇然錄最》是由段啟明依據《卓吾先生李氏叢書》加以標

---

〔註254〕詳見「李贄當代選集」。

點整理。

封皮　　　　　　　　封面　　　　　　　　內文

### （五）版本源流探討

《闇然錄最》四卷，無單行本，皆爲叢書本，收入於《李氏叢書十二種》中。（按：《李氏叢書》又有三種版本，請參見本書第 329～333 頁。）

《闇然錄最》的排印本目前有一種，收入於《李贄文集》·第七卷，此排印本是由段啓明依據《卓吾先生李氏叢書》加以標點整理。

## 十五、《孫子參同》

### （一）提　要

《孫子參同》是李贄爲《孫子》一書所作的評注本。書中的內容分爲四部份：1.引錄《孫子》十三篇的原文。2.每篇下首列曹操原注。3.附以李贄評語。4.選摘《武經七書》中其他六部兵書，與《孫子》本篇內容相近的節段，謂之「參同」。

《孫子參同》以其獨特的結構形式，把主要兵家的一些基本觀點匯集在一起，並附有李贄本人的評論和解說。所以《孫子》的這一個注本，頗爲後人所重視。〔註255〕梅國禎在序中稱讚此書是「集兵家之大成」：

> 於兵法獨取《孫子》，於注《孫子》者獨取魏武帝，而以餘六經附扵
> 各篇之後。註所未盡，悉以其意明之，可謂集兵家之大成，得《孫
> 子》之神解。

---

〔註255〕上文引用自《中國兵書集成》，第 12 冊，頁 2～3，書前介紹。

此書有「三卷本」與「五卷本」兩種，並有分單行本與叢書本。《四庫全書提要》、《藏園訂補　邵亭知見傳本書目》與《周秦漢魏諸子知見書目》、《福建通志》〈藝文志〉中均有記載此書。

1. 《四庫全書總目》〈孫子參同提要〉：〔註256〕

《孫子參同》五卷，江蘇巡撫採進本，此本不知何人所輯。前有凡例，又有萬歷庚申吳興松筠館主人序，亦不署姓名。其版用朱、墨二色，與世所稱「閔版」者同，疑爲烏程閔氏刻也。所採註釋，列曹操、李筌、杜牧、王晳、張預、賈林、梅堯臣、陳皞、杜佑、孟氏、何氏、解元、張鏊、李材、黃治徵十五家。所採批評，列蘇洵、王圻、唐順之、王世貞、陳深、李贄、梅國楨、焦竑、郎文煥、陸宏祚十家，而卷中不盡見。卷中所見如茅坤、王鏊之類，卷首又不列名。其凡例稱「卓吾子以《吳子》，《司馬法》、《李靖問答》、《六韜》、《三略》集其品類，分列十三篇後，今悉總之」。又稱「今旁集諸書，廣採事實，以補前人所未備」。又稱「批點悉係鳳州、了凡原筆，而評則蘇、王諸家並存」。又稱「卓吾《參同》具載叢書中，原有梅司馬評點，並不擅改。」所言輾轉糾紛，無從得其端緒。蓋坊賈湊合之本，故漫無體例如是也。

2. 《藏園訂補　邵亭知見傳本書目》，「孫子參同」條目：

《孫子參同》五卷，明李贄撰，王世貞、袁了凡評，閔于忱輯。明萬曆四十八年吳興閔于忱松崧館刊，朱墨套印本，八行十八字，白口，四周單闌。前有凡例及萬曆庚申松崧館主人序。余藏，後歸王綬珊。四庫存目。

3. 《周秦漢魏諸子知見書目》，「孫子參同」條目：〔註257〕

《孫子參同》十三篇圈點、旁注、眉批，每段以魏武注爲主。每段之末舉重要文句，參以其他《武經六書》以盡其變。除《孫子》十一家注外，並採劉寅《直解》評語，兼採蘇洵、王世貞、陳深、袁了凡諸家批點。

## （二）序　文

---

〔註256〕見《四庫全書總目》卷100‧子部10‧兵家類存目。
〔註257〕見嚴靈峯《周秦漢魏諸子知見書目》，第36頁。

## 1.〈孫子參同序〉〔註258〕

蒙溪張鏊先生序《武經七書》，其略曰：「文事武備，士君子分內事也。姬鼎奠，而尚父之勳可紀；群雄角，而孫、吳之略稱強。天不生仲尼，則斯文之統以墜；天不生尚父，則戡亂之武曷張？『七書』、『六經』，固仁義一原之理，陰陽貞勝之符也。今之世大夫何獨不然乎！高爵以崇之，厚祿以養之，其受之君者重矣。一旦邊夷猖獗，小丑跳梁，則栗肱戰股，撫髀捫嗉，顧後瞻前，張皇錯諤，又從而自諉曰：『儒專習文，將專用武，原是兩途。縱儒有知兵者，然亦射不穿札，騎不絕塵。』不思子房無三尺之軀，淮陰無縛雞之力，綸巾羽扇，指顧而挫鋒芒；隻馬單騎，談笑而退戎虜。所貴乎士者，一究心之耳。若能以臥側為邊防，以走使為卒伍，則折衝樽俎，決勝幾席，不難矣。正正之旗，堂堂之陣，豈專在孫、吳與太公也耶？」

李卓吾曰：「此言固知武事之為重矣，然猶不免與文士為兩也；猶以治世尚文，而亂世用武，分治亂時世為二也；猶以太公似未可以繼斯文之統，而孔子似未可以謀軍旅之事也。夫軍旅之事，雖孔子且未嘗學，而可責之鯫生小子乎？且世儒之不如郭令公、諸葛武侯者，固眾也，而獨我也乎？我能通經學道，四六成文，即可稱名士，不愧名儒矣。彼吳起、淮陰諸人，有才無行，又況皆非我之所屑者！則蒙谿此言，未免使人以不信也。然其曰：『仁義一原』、『陰陽貞勝』，則確論矣。」

夫天下未有有仁而無義，亦豈有有陽而無陰？獨陽不生，獨陰不成，謂文專指陽，而武專指陰，則不但不成武，而亦不成文矣。故予嘗譬之人身然，夫人身有手有足，蓋皆所以奉衛此身者也。故凡目之所欲視，耳之所欲聽，舌之所欲嘗，身之所欲安，非手足則無從而致也。故一身而非手足，則欲飲誰與持？欲食誰與供？欲衣誰與穿？欲遠行誰與到？我欲尊吾身，誰與跪拜而致恭？我欲愛吾身，誰與奔走而趨事？是文用也，固此手與足也。一旦有外侮，或欲我跌也，度不能敵，則足自能走；度能敵，則足自能與之交。或欲我搏也，度不能敵，則自能舉手以相蔽；度能敵，則自能反手而推擊之。是

---

〔註258〕本篇序文據中國科學院圖書館藏明萬曆48年閔氏松筠館刻本輸入。

武用也，此亦手與足也，非他物也。故平居無事，則手持而足行，有所緩急，則手抵而足踢。執匕箸者此手，而執棍棒者亦此手也；執茶挑者此手，而執刀劍者亦此手也。伸之則爲掌，可以恭敬而奉將；捏之則成拳，可以敵愾而禦侮。雖手足亦不自知其孰爲文用，而孰爲武用者。

蓋衛生之物，天實畀畀之，豈直於人爲然？雖禽獸亦若此焉耳矣。齒、牙、瓜、角，咸有其物，各適于用，未嘗少缺也。唯是痿痺不仁之者，則文武皆廢，不可齒於人數明矣。此皆待人而後得以苟延其生者，文用且無，況武用耶？然則儒者自謂能文而不能武，有是理耶？既不能武，又豈復有能文之理耶？則亦不過取給於聞見，借功於昔賢而已。是自痿痺而自不知也，是待人而後能起居飲食，而猶強以謂「不屑也」，吾不信之矣。

吾獨恨其不以「七書」與「六經」合而爲一，以教天下萬世也。故因讀《孫武子》，而以魏武之註爲精當，又參考六書，以盡其變，而復論著于各篇之後焉。感嘆深矣。

## 2.〈孫子參同敘〉〔註259〕

衡湘梅國禎撰

兵猶禪也，極其用，海墨書而不盡；究其精，即一言不可得。古今兵法，亡慮數十百家，世所尊爲經者七，而首《孫子》。《孫子》之言曰：「奇正之變，不可勝窮也。」又曰：「微乎微乎，至扵無形；神乎神乎，至扵無聲。」合而言之，思過半矣。

余友禿翁先生，深於禪者也。扵兵法獨取《孫子》，於注《孫子》者獨取魏武帝，而以餘六經附扵各篇之後。註所未盡，悉以其意明之，可謂集兵家之大成，得《孫子》之神解。余在雲中始得讀之。雲中於兵，猶齊魯之於文學，其天性也。故爲廣其傳，使人知古今兵法盡於「七經」，而「七經」盡於《孫子》。若善讀之，則十三篇皆糟粕也，況其他乎？

余家居，與禿翁未數見，見亦未與深談，且不知有禪，亡論兵。及余在行間無與語者，思可共事無如禿翁。時禿翁寓楚，楚諸大夫正

〔註259〕本篇序文據大陸故宮博物院圖書館所藏明萬卷樓刊本輸入。

憂賊。禿翁曰：「毋憂，梅生往矣，是必能辨賊者。」夫余兩人者，未相與譚，而心相信，此其故。即使余兩人者，言之亦不可得也。

禿翁者，李贄，號卓吾子。

### 3.〈孫子批釋序〉〔註260〕

世傳孫子十三篇，其言或不盡傳，大要與《管子》、《六韜》、《越語》相出入。太史遷載：「孫武，齊人，而用扵吳。吳闔閭時，破楚入郢，爲大將。武稱雄扵言兵。」

其書自〈始計〉，至〈用間〉，率多權謫叵測，輔之以仁，爲言縱橫焱忽，莫可端倪。□梅聖俞評其書爲「戰國相傾之說」，而鄭厚則以「詞約而縟，易而深，暢而可用，《論語》、《易大傳》之流。」蓋唐杜牧之喜論兵，其論武大略用仁義，使機權因傮注以叢其意。自聖俞與杜、鄭，代爲軒輊。而宋初《四庫書目》亦撰《孫子註》二十餘家，人輒雌黃未有以折也。夫以聖俞之自背扵杜、鄭，殆故創爲異，求□前說而空之耳，卒亦愛其文略而意深，其行師用兵，料敵制勝，亦皆有法。顧諸家所雌黃者，善其言曰：「三代王者之師，司馬九伐之法，昭如兩曜，安所取詭道用之，是不然也。孔子嘗相其吳會夾谷矣，逆揣齊變而具左右司馬，兵□夷，萬世而下，慕爲神武。夫孔子而賤陰螫，如季友孟勞之搏則可，然曷以善桓公犄角江黃？悼，公還師敝楚哉，隆吳用兵時戮刑荊王尸，分虜吳大夫之寶，亦伍員之挾憾而倒行而逆施之，非武志也。令武及孔子時，所謂十三篇者，縱不敢方三代行師，詎不與桓悼方軌而出哉？孔子扵兵，自云「我戰則必克」，以此取孫子可知也。是故孫子而不當孫子已耳，孔子而當孫子，則必引而附之。敬仲知營使亞旅其間，當不必至賤之如于鄜也。蓋梅聖俞涉孫氏之譎者也，而遺扵仁，則詆以傾險。鄭厚亟取其仁者也，而略扵譎，遂擬以《論語》、《易大傳》之流。夫妄爲詆且擬，而罔中其竅寺過耳。然則數世而下，評武子者，牧之其知言哉。《孫子》外，《管子》、《六韜》、《越語》，不佞各有序，指亦稱是。

瑯琊王世貞撰，松筠館主人書

---

〔註260〕本篇序文據中國科學院圖書館藏明萬曆48年閔氏松筠館刻本輸入。《孫子糸同》三卷本，無此篇序文。

## 4.〈孫子參同小引〉〔註261〕

按孫武事吳，《左傳》不載，《史記‧列傳》稱武為臏之祖。臏之兵法，傳扵後世，云則是書殆；傳扵臏，而本扵武者興。

余謂，吳入郢事，在周敬王十四年；孫臏救趙事，在顯王十六年；相去一百三十九年。太史公從五百餘歲後作傳，所稱子孫善本扵此。或曰孫武本無是人，戰國辯士妄相標指，說亦有見歟。□所傳書，見存扵世者，即十三篇是也。

漢《藝文志》稱：「《孫子兵法》八十二篇」，杜牧亦云：「武子書數十萬言，魏武削其繁剩，筆甚精粹，則今之十三篇。」豈魏武註之而刪定者與？高氏緯略曰：「兵流扵毒，始扵孫武。其言舍正而鑿奇，背義而依詐。是書果出扵戰國相傾之說，亦或其然。迄今數千載後，往生武弁童而習之，若其精蘊，白首未得也。」

甲寅歲，余留鄞邸，冬，官景愚郎公以所刊鳳洲批註十三篇見示，其註大都本扵魏武，扵孫子□奧尚徑庭也，後復扵舊笥中，撿得了几手書，點畫甚詳，段絡條貫，呼應起伏，無不昭然顯揭，讀之數過，恍若起孫武而面質之者，與卓吾子所叅脗合，因請以歸集為合璧，付剞劂氏，公之宇內之時。

萬曆庚申歲菊月□日吳興松筠館主人識

## 5.〈孫子參同凡例〉〔註262〕

一、舊刻卷序先〈孫吳〉，次〈司馬〉〈李尉〉，又次〈六韜〉〈三畧〉。卓吾子集其品類，分列十三篇後，今悉從之。

一、舊註凡十一家，梓行於世者，止魏武、杜牧、張預，及近時劉寅數家而已。今復旁集諸書，廣采事實，以補前人之未備。

一、批點悉依鳳洲了凡原筆，而評則蘇王諸家竝存，標之篇首，使覽者一閱了然。

一、卓吾《叅同》乃其生平之最屬意著述中之最苦心，具載叢書中，

〔註261〕本篇序文據中國科學院圖書館藏明萬曆48年閔氏松筠館刻本輸入。《孫子叅同》三卷本，無此篇序文。

〔註262〕本凡例據中國科學院圖書館藏明萬曆48年閔氏松筠館刻本輸入。《孫子叅同》三卷本，無此篇凡例。

原有梅司馬批點，茲不擅改。

一、刻中有主意綱領用 ▭ ，有改絡用 ▬ ，有眼骨用○，有關鍵用ᗡᗡᗡ，有精華用◎，有波瀾用〇〇〇，有條目用▶▶▶ ，此袁公原筆茲不□改。

一、諸家箋釋意旨互有異用，無礙發明者，竝存之，以便批覽。

## （三）目　錄

### 孫子兵法集註〔註263〕

| 孫子品節 | 李氏叢書 | 唐荊川武編 |
|---|---|---|
| 三蘇文集 | 王弇州文集 | 事文類集 |
| 藝文類集 | 爾雅 | 唐雅 |
| 稗稚 | 海篇 | 孫子列傳　附前 |
| 蘇老泉論　并附 | | |

### 考訂諸書目錄〔註264〕

| 易經 | 周禮 | 春秋 |
|---|---|---|
| 左傳 | 國語 | 史記 |
| 武經七書 | 六書 | 百將傳 |
| 大將傳 | 武臣傳 | 武經淵源內外編 |
| 武學經傳 | 孫子講意 | 孟德新書 |

### 古今註釋姓氏〔註265〕

| 魏武帝諱操 | 李筌 | 杜牧 |
|---|---|---|
| 王晳 | 張預 | 賈林 |
| 梅堯臣 | 陳皞 | 杜佑 |
| 孟氏 | 何氏 | 解元 |
| 張鏊 | 李材 | 黃治徵 |

〔註263〕本目錄據中國科學院圖書館藏明萬曆48年閔氏松筠館刻本輸入。《孫子參同》三卷本，無此目錄。

〔註264〕本目錄據中國科學院圖書館藏明萬曆48年閔氏松筠館刻本輸入。《孫子參同》三卷本，無此目錄。

〔註265〕本目錄據中國科學院圖書館藏明萬曆48年閔氏松筠館刻本輸入。《孫子參同》三卷本，無此目錄。

## 今古批評考訂姓氏 〔註266〕

| 蘇洵 老泉 | 王圻 | 唐順之 荊川 |
|---|---|---|
| 王世貞 鳳洲 | 陳深 子淵 | 李贄 卓吾 |
| 梅國禎 | 焦竑 漪園 | 郎文煥 景愚 |
| 陸弘祚 蜃臺 | | |

## 孫子參同十三篇目錄 〔註267〕

| 始計第一 | 作戰第二 | 謀攻第三 |
|---|---|---|
| 軍形第四 | 兵勢第五 | 虛實第六 |
| 軍爭第七 | 九變第八 | 行軍第九 |
| 地形第十 | 九地第十一 | 火攻第十二 |
| 用間第十三 | | |

## （四）目前可見的各種版本

### 1. 各大圖書館藏古籍善本

《孫子參同》五卷，〔明〕李贄撰。

版本：明萬曆48年（1620）吳興閔于忱崧筠館刻朱墨套印本。

資料格式：6冊。

版匡高廣：20.2公分×14公分。

行格版式：8行，行18字；小字雙行，字數同。白口，四周單邊，無魚尾，無直格，版心上鐫書名，眉上鐫評。

序文4篇：王世貞〈孫子批釋序〉、李贄〈孫子參同序〉、梅國禎〈孫子參同敘〉、萬曆庚申（48年）松筠館主人〈孫子參同小引〉。

書前另有〈孫子參同凡例〉、「孫子兵法集註」、「考定諸書目錄」、「古今註釋姓氏」、「今古批評考訂姓氏」。

典藏地：中國國家圖書館〔註268〕、柏克萊加州大學東亞圖書館〔註

---

〔註266〕本目錄據中國科學院圖書館藏明萬曆48年閔氏松筠館刻本輸入。《孫子參同》三卷本，無此目錄。

〔註267〕本目錄據中國科學院圖書館藏明萬曆48年閔氏松筠館刻本輸入。

〔註268〕此部書前無〔明〕王世貞序、〔明〕李贄序、〔明〕梅國禎序，僅有萬曆庚申吳興松筠館主人序。

〔註269〕藏印：「韓邨古雅堂書籍之章」朱文長方印、「筠圃藏書」朱文方印。

269〕、美國國會圖書館〔註270〕、日本國立公文書館。

資料來源：中國古籍書目資料庫、《周秦漢魏諸子知見書目》。

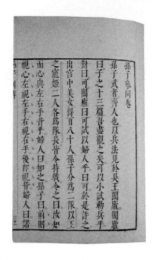

吳興閔于忱崧筠館刻朱墨套印本　　　　　　明萬卷樓刻本

《孫子參同》三卷，〔明〕李贄撰。

　　版本：明萬卷樓刻本。

　　行格版式：8行，18字。白口，四周單邊。

　　典藏地：故宮博物院圖書館、上海圖書館。

　　資料來源：中國古籍善本書目聯合導航系統。

《孫子參同》三卷，〔明〕李贄撰。

　　版本：明萬曆刻本。

　　資料格式：3冊。

　　行格版式：8行，18字。白口，四周單邊。

　　典藏地：浙江圖書館。

　　資料來源：《浙江圖書館古籍善本書目》。

《孫子參同》三卷，〔明〕李贄撰。

　　版本：明刻本。

　　行格版式：9行，18字。白口，左右雙邊。

　　典藏地：中共中央黨校圖書館。

　　資料來源：中國古籍善本書目聯合導航系統。

〔註270〕資料格式：6冊1函。附作者小傳。

《孫子參同》三卷，〔明〕李贄撰

　　版本：明陳氏繼志齋刻本。

　　叢書名：《李氏叢書十二種》二十四卷。

　　行格版式：8 行，18 字。白口，四周單邊。

　　典藏地：首都圖書館、旅大市圖書館。

　　資料來源：中國古籍善本書目聯合導航系統。

《孫子參同》三卷，〔明〕李贄撰

　　版本：明陳氏繼志齋刻燕超堂印本。

　　叢書名：《李氏叢書十一種》二十三卷。

　　行格版式：8 行，18 字。白口，四周單邊。

　　典藏地：北京大學圖書館、上海圖書館。

　　資料來源：中國古籍善本書目聯合導航系統。

《孫子參同》三卷，〔明〕李贄撰

　　版本：明萬曆刻本。

　　叢書名：《李氏叢書十二種》二十五卷。

　　行格版式：9 行，18 字。白口，左右雙邊。

　　典藏地：北京大學圖書館、中國科學院圖書館、上海圖書館。

　　資料來源：中國古籍善本書目聯合導航系統。

《重訂孫子參同》，（宋）謝枋得編，〔明〕李贄參定，〔明〕洪承疇重訂。

　　版本：明崇禎間左泉洪氏刊本。〔註 271〕

　　收入《洪尚書手訂武經七書參同平定略》初集。〔註 272〕

　　序：洪承疇序、衡湘梅國禎〈古將平定略序〉。

　　卷端題：「宋謝枋得疊山父編輯，明李贄卓吾父參定，閩洪承疇亨九
　　父重訂，余璟景玉父受梓」。

　　典藏地：國立故宮博物院。

　　資料來源：國立故宮博物院善本古籍資料庫、《周秦漢魏諸子知見目
　　錄》。

　　（按：此書內容摘錄《七書》中其他六書以爲《孫子》參證。分段引

---

〔註 271〕《周秦漢魏諸子知見書目》著錄爲「明余璟刊本」。

〔註 272〕來源：北平圖書館。統一編號：平圖 011470-011481。存臺箱號：063。著錄
　　　　　於：《國立中央圖書館典藏國立北平圖書館善本書目》，頁 129。

魏武帝注，字注雙行稱「愚謂」，次低二格舉「參考」，並引史實，間
附「按語」。）

**《孫子參同集》**，（宋）謝枋得編，〔明〕李贄校。

版本：明李贄校刊本

叢書名：《武經七書參同集》。

典藏地：日本國立公文書館。

資料來源：《內閣文庫漢籍分類目錄》、《周秦漢魏諸子知見書目》。

**《重訂孫子參同集》**，〔宋〕謝枋得編，〔明〕李贄參定，〔明〕汪淇重訂。

版本：明末還讀齋刊本。

叢書名：《重訂武經七書參同集》。

卷首題：「宋謝枋得疊山父編輯，明李贄卓吾父參定，錢塘汪淇右子
父重訂」。

典藏地：日本國立公文書館。

資料來源：《周秦漢魏諸子知見書目》。

**《孫武子》一卷**，〔春秋〕孫武撰，〔明〕李贄編。

版本：清抄本。

叢書名：《七書參同》。

典藏地：中國國家圖書館。

資料來源：中國古籍善本書目聯合導航系統。

2. 影印本

**《孫子參同》五卷**，〔明〕閔于忱輯。

叢書名：《中華再造善本》·明代編·子部。

北京：北京圖書館出版社。出版時間：2002 年。

資料格式：6 冊（1 函）。33 公分。線裝。

原書版框高廣：20.2 公分×14.6 公分。

本書據中國國家圖書館藏明萬曆 48 年閔于忱松筠館刻朱墨套印本影印。

6 冊 1 函　　　　　　　　序文　　　　　　　　正文

《孫子參同》五卷，〔明〕李贄撰，〔明〕閔于忱輯。

叢書名：《四庫全書存目叢書》‧子部‧兵家類；第 30 冊，頁 158～298。

臺南：莊嚴出版社出版。出版時間：1996 年。

行格版式：8 行，18 字；小字雙行，字數同。白口，四周單邊，無魚尾，無直格，版心上鐫書名，眉上鐫評。

序文 4 篇：王世貞〈孫子批釋序〉、李贄〈孫子參同序〉、梅國禎〈孫子參同敘〉、松筠館主人〈孫子參同小引〉。

書前另有〈孫子參同凡例〉、「孫子兵法集註」、「考定諸書目錄」、「古今註釋姓氏」、「今古批評考訂姓氏」。

此書據中國科學院圖書館藏，明萬曆 48 年閔氏松筠館刻朱墨套印本影印。

封面　　　　　　　序一　　　　　　　卷一

《孫子參同 五卷》，〔明〕李贄批釋。

　　叢書名：《中國兵書集成》·第 12 冊。

　　北京：解放軍出版社。瀋陽：遼寧書社。出版時間：1990 年。

　　行格版式： 8 行，18 字。；小字雙行，字數同。白口，四周單邊，無魚尾，無直格，版心上鐫書名，眉上鐫評。

　　序文 4 篇：王世貞〈孫子批釋序〉、李贄〈孫子參同序〉、梅國禎〈孫子參同敘〉、松筠館主人〈孫子參同小引〉。

　　書前另有〈孫子參同凡例〉、「孫子兵法集註」、「考定諸書目錄」、「古今註釋姓氏」、「今古批評考訂姓氏」。

　　與《孫子書校解引類 三卷》合刊。

　　本書據明萬曆吳興閔氏刊朱墨套印本影印。

 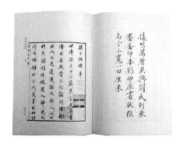 

　　　書皮　　　　　　　　　序文　　　　　　　　　內文

《孫子參同五卷》，〔明〕李贄撰。

　　收入《孫子集成》·第 8 冊，頁 249～808。

　　濟南：齊魯書社出版。出版時間：1993 年。

　　行格版式：8 行，18 字；小字雙行，字數同。白口，四周單邊，無魚尾，無直格，版心上鐫書名，眉上鐫評。

　　序文 4 篇：王世貞〈孫子批釋序〉、李贄〈孫子參同序〉、梅國禎〈孫子參同敘〉、松筠館主人〈孫子參同小引〉。

　　書前另有〈孫子參同凡例〉、「孫子兵法集註」、「考定諸書目錄」、「古今註釋姓氏」、「今古批評考訂姓氏」。

　　本書據明吳興閔氏刻本影印。

封面一　　　　　　　　內文　　　　　　　　眉批

《李卓吾孫子參同　三卷》，〔明〕李贄撰。

收入《故宮珍本叢刊》・第 352 冊・子部・兵家，頁 379～483。

海口：海南出版社出版。出版時間：2001 年。

行格版式：8 行，18 字。白口，單黑魚尾，四周單邊，無直格，版心上鐫書名。

序文 2 篇：梅國楨〈孫子參同敘〉、〈孫子參同序〉。

目錄：序、卷上、卷中、卷下。

本書據明萬卷樓刊本影印。

封面　　　　　　　書名頁　　　　　　　　內文

3. 排印本

《孫子參同》，〔明〕李贄撰。

收入於《李贄文集》〔註273〕，第 7 卷，頁 443～551。

北京：社會科學文獻出版社。出版時間：2000 年。

資料格式：簡體字，橫排。

序文 2 篇：〔明〕梅國楨序、〔明〕李贄自序。

本書由張建業以明燕超堂藏版《卓吾先生李氏叢書》為底本，並參照其他明刻本整理標點。

封皮　　　　　　　　　封面　　　　　　　　　內頁

## （五）刊刻與版本源流

萬曆 25 年，李贄 71 歲，往山西大同，依梅國楨，並撰寫《孫子參同》。《孫子參同》初名《讀孫武子十三篇》，李贄在文章中提到關於《孫子參同》的寫作背景與刊刻情況有兩則：

> 今春湖上纂《讀孫武子十三篇》，以六書參考，附著於每篇之後，繼之論著，果系不刊之書矣。……我雖貧，然已為僧，不愁貧也，唯有刻此二種書不得不與兄乞半俸耳。此二書全賴兄與陸天溥都堂為我刻行，理當將書付去，然非我親校閱入梓，恐不成書耳。兄可以此書即付陸都堂。（《續焚書》〈復陶石簣〉）

> 老人之遁跡于龍湖也，亦多年矣，舍而北遊，得無非計乎？何其愈老而愈不憚勞也？夫老人之本心，其大較可知也。……既不與世接，則但有讀書耳。故或諷誦以適意，而意有所拂則書之；或俯仰以致慨，而所慨勃勃則書之。故至坪上，則有《道古錄》四十二章書；

---

至雲中，則有《孫子參同十三篇》書。(《續焚書》〈老人行敘〉)

**古籍版本**

目前傳世的《孫子參同》有「三卷本」與「五卷本」，「單行本」與「叢書本」，等多種不同版本。

目前傳世較多的爲「三卷本」。「三卷本」的單行本有明萬曆刻本（8 行，18 字。白口，四周單邊）、明刻本（9 行，18 字。白口，左右雙邊）、明萬卷樓刻本（8 行，18 字。白口，四周單邊，無直格），共三種。

「三卷本」另有叢書本，收入於《李氏叢書》中。《李氏叢書本》有兩種，一是「9 行，18 字。白口，左右雙邊」的明萬曆刻本、一是「8 行，18 字。白口，四周單邊」的明陳氏繼志齋刻本。明陳氏繼志齋刻本又有分萬曆刻本與燕超堂重印本兩種。

「五卷本」，此書僅有明萬曆 48 年吳興閔于忱崧筠館刻朱墨套印本一種，爲單行本。《四庫全書提要》與 《藏園訂補 邵亭知見傳本書目》所著錄的《孫子參同》 皆是此版本。其行格版式爲「8 行，行 18 字。單欄，白口」，書前有王世貞序、李贄序、梅國楨序、萬曆庚申（48 年）崧筠館主人序。美國國會圖書館藏有此書的初印本，王重民在著錄此書時特別註記：

> 前有于忱小引云：「甲寅歲，余留鄴邸，冬官景愚郎公，以所刊鳳洲批註十三篇見示，其註大都本於魏武，於孫子閫奧，尚徑庭也。後復於舊笥中檢得了凡手筆，點畫甚詳，段絡條貫，呼應起伏，無不昭然顯揭，讀之數過，恍然起孫武而面質之者。與卓吾子所參脗合，因請以歸。集爲合璧付剞劂氏。」引後鈐「閔于忱印」，「主人閔冬叔」兩印記。此本初印，每冊有朱印綾籤，題：「孫子參同廣註」，「廣註」二字較小，蓋尊李氏參同，而小自所廣搜之王世貞袁黃諸註也。

叢書本有《李氏叢書》本兩種、洪承疇重訂《洪尙書手訂武經七書參同平定略初集》本、汪淇重訂《重訂武經七書參同集》本、《武經七書參同集》本和《七書參同》本。

洪承疇重訂的《重訂孫子參同》，收入於《洪尙書手訂武經七書參同平定略初集》，卷首題「宋謝枋得疊山父編輯，明李贄卓吾父參定，閩洪承疇亨九父重訂，余璟景玉父受梓」，現有明崇禎間左泉洪氏刊本，藏於臺灣的國立故宮博物院。

汪淇重訂的《重訂孫子參同集》，收入於《重訂武經七書參同集》，卷首

題「宋謝昉得疊山父編輯，明李贄卓吾父參定，錢塘汪淇右子父重訂」，現有明末還讀齋刊本，收入於日本國立公文書館。

《七書參同》七卷，是李贄將歷代著名的兵法加以整理編輯的兵法之書。《七書參同》的內容為〈孫武子〉〔註274〕一卷、〈司馬子〉〔註275〕一卷、〈李衛子〉〔註276〕一卷、〈尉繚子〉〔註277〕一卷、〈黃帝子牙子〉〔註278〕一卷、〈黃帝子牙子〉〔註279〕一卷、〈吳子〉〔註280〕一卷。其中〈孫武子〉的作者為孫武，而李贄的《孫子參同》是李贄根據《孫子兵法》而撰寫，其目錄的名稱與排序也是依照《孫子兵法》一書，因此這兩部書的內容需要加以比較。

朱謙之認為《七書參同》中，除了《孫子參同》外，其餘皆偽。筆者則以為，李贄的著作與編選本應分開來看。如同李贄在刊刻了蘇轍的《老子注》以後，自己又再寫了一本《老子解》；《孫子參同》是李贄的著作，但《七書參同》極可能是李贄的編輯整理本。

《七書參同》已知有多個版本。藏於中國的有兩部，一是明末東壁齋刻本收藏於浙江圖書館，另一部是清抄本收藏於中國國家圖書館。藏於日本的有兩部，一是《重訂武經七書參同集》，一是《武經七書參同集》。另有一部《洪尚書手訂武經七書參同平定略》初集，藏於臺灣。

### 影印本

在影印本方面，「中華再造善本」、「四庫全書存目叢書本」、「孫子集成本」、「中國兵書集成本」的版本相同，皆據明萬曆48年閔氏松筠館刻的朱墨套印本影印，為五卷本。「故宮珍本叢刊本」是根據「明萬卷樓刊本」影印，為三卷本。

### （六）相關研究論文

| 張建業 | 明代思想家李贄在山西<br>山西師院學報（社會科學版），1980年第1期（總第26期），頁12～19，1980年3月 |
| --- | --- |

---

〔註274〕（春秋）孫武撰。
〔註275〕（春秋）司馬穰苴撰。
〔註276〕〔唐〕李靖撰。
〔註277〕（戰國）尉繚撰。
〔註278〕（周）呂望撰，此書又名《六韜》。
〔註279〕（秦）黃石公撰，此書又名《三略》。
〔註280〕（戰國）吳起撰。

| 張建業 | 從《孫子參同》看李贄的軍事思想——李贄研究之三<br>福建師大學報（哲學社會科學版），1980 年第 2 期（總第 20 期），頁 81～87，1980 年 5 月 |
|---|---|
| 劉平，高峰 | 略論李贄的孫子參同<br>湖南大學報（社科版），第 16 卷第 6 期，2002 年 11 月，頁 65～68 |
| 李珍梅 | 李贄大同行述論<br>雁北師範學院學報，第 21 卷第 1 期，頁 62～64，2005 年 2 月 |

## 十六、《初潭集》

### （一）提 要

#### 1. 《初潭集》提要〔註281〕

《初潭集》二十八卷，〔明〕李贄輯撰。明代志人小說集。本書爲李贄初落髮龍潭時所作，故曰「初潭」。李贄爲明代著名啓蒙主義思想家，他反對傳統理學扼制個人情感之說，主張尊重個人及其情感。所纂此書即意在體現這一思想。

《千頃堂書目》子部小說類著錄二十八卷。《四庫全書總目》入子部雜家類。書中輯錄六朝以來志人故事，模仿《世說新語》體例，以類相從，共分夫婦、父子、兄弟、君臣、朋友等五大類，各類又隸以若干子類。如「夫婦」下設合婚、幽婚、才識、文學等十三類。這種分類的出發點，與《世說新語》等世說體小說，以孔門四科爲類目之首，次列與人物性格氣質有關類目的方法明顯不同，李贄是著眼於人本身及其相互關係。

李贄在自序中以爲，孔門四科中德行、言語、政事、文學並非孤立地抽象存在，而是具體體現在人們的五常關係中。故而作者編撰此書，試圖以哲學思想的高度來反思與咀嚼人生，探討人之本質及其表現形態。此與正統文人的說教目的、和一般小說的消遣目的均大異其趣。

因此，作者在很多故事後附以自己評點，細致闡發他的人生觀念。如卷九「兄弟」上記郝子廉過姊飲，留錢席下而去。每行飲水，輒

---

〔註281〕見《中國古典小說大辭典》，劉葉秋主編，石家莊：河北人民出版社，1998 年 7 月，頁 425～426。

投一錢井中。李贄評曰：「唯啖名甚，是故腐甚！」一針見血地指出郝子廉沽名釣譽心切，故而做作的酸腐行為，亦表現李贄以赤子之心見人的理想人格觀念。在其他各篇的故事中，從故事選擇，到李贄的評語，無不反覆闡揚這一觀念。

本書有萬曆刻本為三十卷、又有萬曆京陵刻本、明閔邁刻朱墨套印本、以及 1974 年中華書局排印本等為二十八卷。

2. 《四庫全書總目》〈初潭集提要〉：〔註282〕

《初潭集》十二卷，內府藏本。明李贄撰。贄有《九正易因》，已著錄。此乃所集說部。分類凡五：曰夫婦、曰父子、曰君臣、曰朋友。每類之中，又各有子目，皆雜采古人事蹟，加以評語。名曰「初潭」者，言落髮龍潭時，即纂此書，故以為名。大抵主儒釋合一之說，狂誕謬戾，雖粗識字義者，皆知其妄。而明季乃盛行其書，當時人心風俗之敗壞，亦大㮣可睹矣。

## （二）序　文

### 1. 〈初潭集敘〉〔註283〕

「初潭」者何？言初落髮龍潭時即纂此，故曰「初潭」也。夫卓吾子之落髮也有故，故雖落髮為僧，而實儒也。是以首纂儒書焉，首纂儒書而復以德行冠其首。然則善讀儒書而善言德行者，實莫過於卓吾子也。

敘曰：有德行而後有言語，非德行則言語不成矣。有德行而後有政事、文學，非德行則政事、文學亦不成矣。是德行者，虛位也；言語、政事、文學者，實施也。施內則有夫婦、有父子、有昆弟；施外則有朋友、有君臣。孰能闕一而可乎！

今且以夫婦言之，舉夫婦一端，又且以許允、阮新歸一人〔註284〕言之。觀其欲責許允之好色，而先詰以「士有百行」之一言，頓使允夫唱隨易嚮，來相敬重，則言語可少哉？又知明主不可情求，而宜奪之以理。知無預諸兒事，而但教以如常。方允之被收也，婦猶在

〔註282〕詳見《四庫全書總目》卷 131・子部 41・雜家類存目 8，〈雜纂上〉。
〔註283〕本篇序文根據明萬曆閔氏刻本輸入。
〔註284〕明萬曆閔氏刻本無「一人」二字。

職而機不下史。贊其與允書，極爲悽愴，則政事、文學又何如也！
一婦人之身，未嘗不備此三者，何況人士。

故孔門列四科而首德行，言其該括於此也。故言德行，則三者在其
中；非三者則，德行將何所見乎！言夫婦則五常可知，豈有舍五常，
而別有言語、政事、文學乎！此非臆説也，孔氏之説也。至爲易知，
至爲簡能者也。余既自幼習孔氏之學矣，是故亦以其學纂書焉。書
誠可矣，何以可？曰：「可也簡」。

溫陵李贄撰

## 2.〈又敘〉〔註285〕

臨川王撰《世説》，自漢末以至魏晉二百年間物耳。上下古今，固未
備也。焦氏《類林》起自羲、軒，迄於勝國，備矣！而復遺《世説》
不載，豈以《世説》乃不刊之書耶！其見卓矣。惟其見卓，故《類
林》仍復爲不刊之書焉。今觀二書，雖千載不同時，而碎金宛然，
豐神若一，學者取而讀之，于焉悦目，於焉賞心，眞前後自相映發，
令人應接不暇也。譬則傳神寫照于阿堵之中，目睛既點，則其人凜
凜自有生氣；益三毛，更覺有神，且與其不可傳者而傳之矣。雖曰
以無爲有，亦奚不可！若夫四體妍媸，本無關於妙處，千載而後，
倘有神師，我知其不屑也，而況於虎頭哉！然則世非無畫師也，亦
曰徒能其四體妍媸云爾。神者不傳，爲日已久。二書之不傳，其道
固在於是。

溫陵卓吾李和尚曰：「是書也，合之則連璧，分之則雙珠，《世説》、
《類林》，自爾並行於世無疑矣。若劉孝標之註《世説》，是一世説
也。《類林》者，廣《世説》也，亦世説也。皆所謂世説也，而《類
林》備矣。夫既謂之廣《世説》矣，設若以《世説》合於《類林》，
以少從多，以多現少，合而爲連璧，又奚爲而不可。此老人開卷之
一便，非自附于昔賢，而曰『吾老矣，猶能述而不作』也，且安在
乎？必於《世説》、《類林》等參而爲三，劉氏諸人等列而爲四焉，
而後可也者。」

《類林》成於萬曆戊子之春，余復以是秋隱於龍潭之上。至潭而讀

<hr />

〔註285〕本篇序文據國家圖書館藏明萬曆間刊本輸入。

之，讀而喜，喜而復合，賞心悅目於是焉在矣。今二書如故，不益一毛，故不敢復各其書，而但曰《李氏初潭》，言初至潭首讀此也。

嗚呼！何代無人，特恨無識人者！何世希音，特恨無賞音者！今不念傳神者之難遇，而徒羨人物之盛於魏晉，亦惑矣。謝安石有云：「顧長康畫，有蒼生以來所無。」今夫千古人物猶魏晉也，而顧長康鮮矣，余是以歎之。然則《李氏初潭》雖志喜也，寔志歎也。

### 3.〈小引〉〔註286〕

夫《初潭集》之行扵世而膾矣人口也有年矣，惟其集之美，是以行之廣，則只之而或朦或昧或湮或剝，不無魯魚帝虎之嫌，令讀之者不能無遺憾，剗而新之，要不先爲李氏忠臣逎□構浮焦太史劉侍御品而評之，尤發諸所未滿，而魏晉二百餘年間之清言微□，宛若面接而耳聆之，不亦稱愉快乎！是□□雖妄甚羽翼扵卓老，然亦語所謂眉之扵人，故自不可少也。

僕輩寡扵才情，怎能附毛髮之末，議扵卷中碩庇材鳩工校讐挑撻，不令有點畫之訛差，足稱爲苦心矣。閱者當自浔之。

西吳後學閔遘識

### 4.〈跋〉〔註287〕

蓋《世說》撰自臨川王，而元美兄弟獨珍秘之，以爲枕中鴻寶已，而梓之以公扵世，無論學士大夫、長裾青衿爭相賞玩，而稍之風雅薇林之一班者，莫不戶構而家習焉。一時□價爲增十倍，嗣是而有《焦氏類林》、《何氏語林》出，而□與《世說》相頡頏。

夫《世說》起自漢末以至魏晉，二《林》始自羲軒以迄勝國，然不較臨川爲僭也。然漢以前之人，猶多質寔而言亦少文致，晉以後之人率多矯踽而□鮮風流。故覆《世說》而覽二《林》差亦足強人意，有如先《世說》而後閱二《林》，短在不□寡韻，長者不無寡涵，讀者□覺嚼蠟。卓吾先生以爲，《類林》、《世說》，千載不同，時而碎金，宛然半神，若一恐未必其然也。

茲卓吾先生以《類林》合《世說》而成《初潭集》，不獨僭而且廣，

---

〔註286〕本篇序文據山東省圖書館藏明萬曆間閔氏刻本輸入。其他版本無此篇序文。
〔註287〕本篇跋據山東省圖書館藏明萬曆間閔氏刻本輸入。其他版本無此篇跋文。

亦復以其慧鋒玄鍔，托爲風流，調咲之評，令觀者神暢而心躍，眞
所謂合之則雙美矣。詞約而盡，言微而藏，今又益以兩名家之品，
概視凤昔，尤爲偉觀，誠千古不刊之物也。倘不淂善本傳之大都通
邑，藏之名山，不幾大負李先生以游戲三昧之旨，提廝一世之微意
乎哉？諸從子剞事告竣，索跋抷余，余□曰：「此眞善本也，此眞有
功抷李氏者也。」

西吳後學閔杲謹跋

## （三）目　錄〔註288〕

| 卷之一 | 夫婦一 | 一合婚、二幽婚、三喪偶、四妒婦 |
|---|---|---|
| 卷之二 | 夫婦二 | 一才識、二言語、三文學 |
| 卷之三 | 夫婦三 | 一賢夫、二賢婦、三勇夫、四俗夫 |
| 卷之四 | 夫婦四 | 一苦海諸媼、二彼岸諸媼 |
| 卷之五 | 父子一 | 一教子、二賢子 |
| 卷之六 | 父子二 | 一孝子、二文子 |
| 卷之七 | 父子三 | 一慧子、二貌子、三官子 |
| 卷之八 | 父子四 | 一喪子、二泛子、三俗父 |
| 卷之九 | 兄弟上 | |
| 卷之十 | 兄弟下 | |
| 卷之十一 | 師友一 | 一儒教、二道教、三釋教 |
| 卷之十二 | 師友二 | 一聚書、二鈔書、三讀書、四著書、五六經子史 |
| 卷之十三 | 師友三. | 一爲文、二博物、三談學 |
| 卷之十四 | 師友四 | 一音樂、二藝術、三書畫 |
| 卷之十五 | 師友五 | 一清言、二嘲笑 |
| 卷之十六 | 師友六 | 一山水、二隱逸、三湯社 |
| 卷之十七 | 師友七 | 一酒人、二達者、三豪客 |
| 卷之十八 | 師友八 | 一論人、二知人、三鄙人、四智人 |
| 卷之十九 | 師友九 | 一知己、二相思、三哀死、四推賢、五規正、六篤義、七交難 |
| 卷之二十 | 師友十 | 一學道、二道學、三會說、四令色、五少年、六標榜、七詆毀、八易離 |

〔註288〕本目錄據據山東省圖書館藏明萬曆間閔氏刻本輸入。

| 卷之二十一 | 君臣一 | 一聖君、二聖臣、三賢君、四賢臣 |
|---|---|---|
| 卷之二十二 | 君臣二 | 一明君、二忠臣、三正臣、四清臣 |
| 卷之二十三 | 君臣三 | 一能文之臣、二能言之臣 |
| 卷之二十四 | 君臣四 | 一英君、二能臣、三暴君、四諍臣、五癡臣、六昏君、七哲臣、八愚臣 |
| 卷之二十五 | 君臣五 | 一縱君、二侈臣、三貌臣、四讒主、五奸臣、六庸君、七強臣 |
| 卷之二十六 | 君臣六 | 銓選諸臣 |
| 卷之二十七 | 君臣七 | 牧民諸臣 |
| 卷之二十八 | 君臣八 | 一將臣、二相臣 |
| 卷之二十九 | 君臣九 | 一賢相、二才相 |
| 卷之三十 | 君臣十 | 一廉勤相、二畏慎相 |

## （四）目前可見的各種版本

### 1. 各大圖書館藏善本書

《初潭集》三十卷，〔明〕李贄撰。

版本：明萬曆間刊本。

版匡高廣：20.8 公分× 13.8 公分。

行格版式：9 行，行 20 字。單欄，版心白口，單黑魚尾，上方記書名。

序：初潭集自序、李贄〈又敘〉。

正文卷端題：「初潭集卷之一　夫婦一　一合婚」。

典藏地：國家圖書館〔註289〕、北京大學圖書館〔註290〕、上海圖書館、華東師範大學圖書館、南開大學圖書館、吉林大學圖書館、山東省圖書館、南京圖書館、蘇州市圖書館、無錫市圖書館、揚州市圖書館、

---

〔註289〕國家圖書館共收藏三部。第一部，資料格式：12 冊；朱墨藍綠諸色校讀批點；藏印：「國立中央圖／書館收藏」朱文長方印、「迪／濂」白文方印、「松華／閣主」朱文方印、「趙印／光弟」白文方印；有微捲；序：李贄自序。第二部，資料格式：12 冊；序文：初潭集自序、李贄〈又敘〉。第三部，資料格式：6 冊；序：李贄〈又敘〉；藏印：「金和／玉節」白文方印、「國立中央圖／書館收藏」朱文長方印。

〔註290〕資料格式：10 冊。《北京大學圖書館藏古籍善本書目》著錄此書的版本爲「明萬曆金陵刻本」。

浙江圖書館〔註291〕、江西省圖書館、廈門大學圖書館、重慶市圖書
館。

資料來源：中文古籍書目資料庫、中國古籍善本書目聯合導航系統、
《北京大學圖書館藏古籍善本書目》。

《初潭集》三十卷，〔明〕李贄撰。

版本：明刻本。

行格版式：9行，20字。白口，四周單邊，單魚尾。

典藏地：中國國家圖書館〔註292〕、首都圖書館、北京師範大學圖書
館〔註293〕、中共中央黨校圖書館、中央民族大學圖書館、中國科學
院圖書館、故宮博物院圖書館、中國歷史博物館、天津市人民圖書館、
吉林省圖書館、吉林大學圖書館、山東大學圖書館〔註294〕、南京大
學圖書館、南京師範學院圖書館、浙江圖書館〔註295〕、安徽省博物
館、河南省圖書館、湖北省圖書館、湖南省圖書館、湖南師範學院圖
書館。

資料來源：中文古籍書目資料庫、中國古籍善本書目聯合導航系統、
《北京師範大學圖書館古籍善本書目》。

《初潭集》三十卷，〔明〕李贄撰。

版本：明末刻本。

行格版式：9行，20字。白口，四周單邊。

典藏地：國家圖書館、首都圖書館、北京大學圖書館、清華大學圖書
館、中國人民大學圖書館、上海圖書館、華東師範大學圖書館、寧夏
回族自治區圖書館、寧夏大學圖書館、山東省圖書館、南京圖書館、
鎮江市博物館、浙江圖書館、杭州市圖書館、天一閣文物保管所、湖
北省圖書館、重慶市圖書館。

---

〔註291〕資料格式：4冊。資料來源：《浙江圖書館古籍善本書目》。

〔註292〕中國國家圖書館共藏有三部。第一部，資料格式：5冊；黃紙本。第二部，
　　　　資料格式：4冊；有硃筆圈點；藏印：「學部圖書之印」。第三部，資料格式：
　　　　6冊；書前有墨筆抄配，卷30末有缺頁。

〔註293〕資料格式：6冊。眉上鐫評。書碼：善074／287。資料來源：《北京師範大學
　　　　圖書館古籍善本書目》。

〔註294〕資料格式：4冊1函。書碼075.66／290。《山東大學圖書館古籍善本書目》
　　　　著錄此書為明末刊本。

〔註295〕資料格式：6冊。資料來源：《浙江圖書館古籍善本書目》。

資料來源：中國古籍善本書目聯合導航系統。

**《初潭集》三十卷，〔明〕李贄撰，〔明〕閔邁、閔杲輯評。**

版本：明閔邁刻朱墨套印本。

行格版式：9行，19字。白口，四周單邊，無直格，無魚尾，版心上方刻書名。行間圈點，眉上鐫評。

序文：李贄序2篇、閔邁〈小引〉。

典藏地：北京大學圖書館〔註296〕、清華大學圖書館〔註297〕、中國人民大學圖書館〔註298〕、故宮博物院圖書館、公安部群眾出版社、上海辭書出版社圖書館、天津市人民圖書館、遼寧省圖書館、東北師範大學圖書館、山東省圖書館、福建省泉州市文管會、湖北省圖書館、湖南省圖書館、湖南省哲學社會科學研究所。

資料來源：中國古籍善本書目聯合導航系統、《北京大學圖書館藏古籍善本書目》、《清華大學圖書館藏善本書目》、《中國人民大學圖書館古籍善本書目》。

**《初潭集》三十卷，〔明〕李贄撰。**

版本：明末朱墨套印本。

資料格式：共6冊1函。

行格版式：9行，19字。單欄.，無直格，花口。

典藏地：臺大圖書館。〔註299〕

資料來源：中國古籍書目資料庫。

**《初潭集》三十卷，〔明〕李贄撰。**

版本：清初刊朱墨套印本。

資料格式：16冊。

典藏地：故宮博物院圖書館。〔註300〕

資料來源：中國古籍書目資料庫。

**《初潭集》三十卷，〔明〕李贄撰。**

---

〔註296〕資料格式：10冊。資料來源：《北京大學圖書館藏古籍善本書目》。

〔註297〕資料格式：12冊2函。鈐有「有懷堂圖書印」、「蘇完瓜爾佳景霖藏書畫之印」、「登觀堂楊」等印。資料來源：《清華大學圖書館藏善本書目》。

〔註298〕資料格式：12冊1函。資料來源：《中國人民大學圖書館古籍善本書目》。

〔註299〕典藏於「烏石山房文庫」。

〔註300〕編碼：002156-002171。

版本：明末刻本。

資料格式：6 冊。

典藏地：內蒙古圖書館。

資料來源：內蒙古線裝古籍聯合目錄。

《初潭集》二十六卷，〔明〕李贄撰。

版本：明刻本。

資料格式：8 冊 1 函。

行格：9 行 20 字。

此本序文不全，不知爲何人所刻。附作者小傳。

典藏地：美國國會圖書館。

資料來源：中國古籍書目資料庫、《美國國會圖書館藏中國善本書
目》。

《初潭集》十二卷，〔註301〕〔明〕李贄撰；〔明〕王克安重訂。

版本：明崇禎刊本。

資料格式：12 冊 1 函。

版匡高廣：21.3 公分×14.7 公分。

行格版式：9 行，行 20 字。單欄，版心白口。上方記書名，下方記刻
工名「黃惟用（古歙黃惟用鐫）」。

序：李贄序一篇。

正文卷端題：「初潭集卷之一　溫陵李贄宏甫甫纂輯　武林王克安汝止
甫重訂　夫婦類」。

典藏地：國家圖書館〔註302〕、北京大學圖書館〔註303〕、東京大學東
洋文化研究所〔註304〕、中國人民大學圖書館。〔註305〕

資料來源：中國古籍書目資料庫、中國古籍善本書目聯合導航系統。

---

〔註301〕又名：「類林　初潭集」。

〔註302〕共收藏兩部。一部是朱筆點讀，藏印有「國立中央圖／書館收藏」朱文長方
印、「用／章」白文方印、「俊／甫」朱文方印。另一部藏印有「國立中央圖
／書館收藏」朱文長方印、「孟氏／藏書」朱文方印。

〔註303〕資料來源：《北京大學圖書館藏古籍善本書目》。

〔註304〕資料庫名：所藏漢籍分類目錄。索書號：子部-雜家-雜纂-2。編號：C5831900。
資料來源：東京大學東洋文化研究所所藏漢集目錄資料庫。

〔註305〕資料格式：沈逢春序首頁。資料來源：《中國人民大學圖書館古籍善本書
目》。

《初潭集》十二卷，〔明〕李贄撰。

版本：明刊本。

資料格式：12 冊。

行格版式：9 行，20 字。白口，四周單邊。

有硃筆圈點。

典藏地：中國國家圖書館。

資料來源：中國古籍書目資料庫。

《初潭集》十二卷，〔明〕李贄撰。

版本：明末刻本。

行格版式：9 行，20 字。白口，四周單邊，有刻工。

典藏地：中國國家圖書館〔註306〕、首都圖書館、北京大學圖書館〔註307〕、清華大學圖書館、中國人民大學圖書館、上海圖書館、華東師範大學圖書館、寧夏回族自治區圖書館、寧夏大學圖書館、山東省圖書館、南京圖書館、鎮江市博物館、浙江圖書館〔註308〕、杭州市圖書館、天一閣文物保管所、湖北省圖書館、重慶市圖書館。

資料來源：中國古籍善本書目聯合導航系統、《清華大學圖書館藏善本書目》。

---

〔註306〕資料格式：12 冊。有硃筆圈點。

〔註307〕資料格式：6 冊 1 函。資料來源：《清華大學圖書館藏善本書目》。

〔註308〕資料格式：12 冊。資料來源：《浙江圖書館古籍善本書目》。

《初潭集》，〔明〕李贄撰。

　　明刊本。

　　典藏地：普林斯頓大學東亞圖書館。

　　資料來源：中國古籍書目資料庫。

## 2. 影印本

《初潭集》三十卷，〔明〕李贄撰。

　　收入於《續修四庫全書》・子部・雜家類；第 1188～1189 冊。

　　（卷 1～卷 19，收入第 1188 冊，頁 517～700；卷 20～卷 30，收入

　　第 1189 冊，頁 1～95）

　　上海：上海古籍出版。出版時間：1995 年。

　　原書版框：20.5 公分×27 公分。

　　行格版式：9 行，20 字；白口，單黑魚尾，四周單邊，無直格。

　　序文 2 篇：李贄〈初潭集序〉、〈又敘〉。

　　此版本是據北京大學圖書館藏「明萬曆刻本」影印。

封面　　　　　　　　序文　　　　　　　　卷一

《初潭集》三十卷，〔明〕李贄撰。

　　收入於《四庫全書存目叢書》・子部雜家類・子 124 冊，頁 1～282。

　　臺南：莊嚴文化事業出版。出版時間：1995 年。

　　行格版式：9 行，行 19 字。眉上鐫評。

　　書前有自序二篇，西吳後學閔邁所寫小引一篇。

　　附錄：《四庫全書總目》〈初潭集十二卷提要〉。

　　本書據山東省圖書館藏明萬曆閔氏刻本影印。

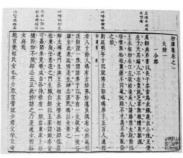

封面　　　　　　　　卷一　　　　　　　夫婦篇總論

《初潭集》三十卷，〔明〕馬李贄撰。

　　收入於《回族典藏全書》‧第 157～159 冊。

　　資料格式：3 冊。30 公分。精裝本。

　　蘭州：甘肅文化出版社、寧夏人民出版社。出版時間：2008 年。

　　行格版式：9 行，20 字。白口，單黑魚尾，無直格，行間刻評點與私
名號，版心上鐫書名。

　　書前有李贄序、又敘。

　　本書據明木刻本影印。

封面　　　　　　　　序一　　　　　　　　卷一

3. 排印本

《初潭集》，〔明〕李贄著。

　　北京：中華書局出版。出版時間：1974 年。

　　資料格式：2 冊。32 開本。511 頁。繁體字，直排。

書背　　　　　　　　封面　　　　　　　　內文

《初潭集》三十卷，〔明〕李贄著。

　　北京：中華書局出版。出版時間：1974 年。

　　資料格式：16 冊。繁體字，直排本。

《初潭集》，〔明〕李贄著。

　　收入於《李贄文集》〔註 309〕‧第五卷，321 頁。

　　北京：社會科學文獻出版社。出版時間：2000 年。

　　資料格式：簡體字。橫排。

　　首有序兩篇。

　　此書是由王麗萍以兩種明刻本進行校刊整理，並參校 1974 中華書局
　　排印本。

封面　　　　　　　　　　　　內頁

---

〔註 309〕詳見「李贄當代選集」。

《初潭集》，〔明〕李贄著。

　　收入於《四部刊要》‧子部‧儒學類。

　　臺北：漢京文化出版。出版時間：1982 年。

　　資料格式：繁體字，直排。

封面內頁

《初潭集》，〔明〕李贄著。

　　收入於《李贄文集》。

　　北京：北京燕山出版社。出版時間：1998 年。

　　資料格式：478 頁。簡體字，橫排。

　　書前有張業〈出版說明〉，及李贄自序、又敘。

封面

內文

《初潭集》，〔明〕李贄著。

收入於《卓吾二書》。

臺北：河洛圖書出版社。出版時間：1976 年。

資料格式：526 頁。繁體字，直排。

　　　封面　　　　　　　　　　　　內頁

《李溫陵集》，〔明〕李贄著，李敖主編。

收入於《中國名著精華全集》，第 12 冊，頁數 35～585。

臺北：遠流出版公司出版。出版時間：1983 年。

資料格式：繁體字，直排。

　　封面　　　　　　內頁 1　　　　　　內頁 2

《初潭集》，〔明〕李贄著。

臺北：人文世界雜誌社編。出版時間：1975 年。

資料格式：1 冊。511 頁。

封面　　　　　　　　　　　　　封面內頁

## 4. 電子文獻

**《初潭集》三十卷，〔明〕李贄撰**

合肥：黃山書社出版。出版時間：2008 年。

資料庫名稱：《中國基本古籍庫》・哲科庫・思想類・諸子思想目；
01199。

資料型式：文字及圖像。

開發製作：北京愛如生數字化技術研究中心。

原據版本：明萬曆刻本。

圖像版本：明萬曆刻本。

集叢冊次號係據漢珍提供總目清單之序號著錄。

電腦繪製封面　　　　　　內文　　　　　　版本對照

## （五）刊刻與版本源流

### 刊　刻

李贄在《初潭集》〈又敘〉中寫道，焦竑的《類林》與自己的《初潭集》，皆完成於萬曆戊子，即萬曆 16 年。

> 《類林》成於萬曆戊子之春，余復以是秋隱於龍潭之上。至潭而讀之，讀而喜，喜而復合，賞心悅目於是焉在矣。今二書如故，不益一毛，故不敢復各其書，而但曰《李氏初潭》，言初至潭首讀此也。

### 古籍善本

《初潭集》有「三十卷本」、「二十六卷本」、「十二卷本」三種。

「三十卷本」有三種。一爲「明萬曆間刊本」，其行格版式：9 行，20 字；單欄，版心白口，單黑魚尾，上方記書名。一爲「明末刻本」，其行格版式爲：9 行，20 字；白口，四周單邊。最後一種爲「朱墨套印本」，此行格版式爲：9 行，19 字；白口，四周單邊，無直格，無魚尾，版心上方刻書名。行間圈點，眉上鐫評。同樣是「朱墨套印本」但是臺大圖書館與故宮博物院圖書館的著錄方式不同，前者著錄爲明末朱墨套印本，後者著錄爲清初刊朱墨套印本；但是應皆爲明閔鄰刻本。

《初潭集》十二卷，爲〔明〕王克安重訂本。這個版本的資料格式十分統一，目前流傳的皆爲 12 冊 1 函，行格與版式皆相同，爲 9 行，行 20 字；單欄，版心白口；上方記書名，下方記刻工名「黃惟用（古歙黃惟用鐫）」；正文卷端題爲「初潭集卷之一　溫陵李贄宏甫甫纂輯　武林王克安汝止甫重訂　夫婦類」。收藏有這個版本的圖書館包括國家圖書館、北京大學圖書館、東京大學東洋文化研究所、中國人民大學圖書館等。另外包括中國國家圖書、首都圖書館等十七家圖書館，收藏的《初潭集》十二卷，應該也是這個版本，但是它們在書目上沒有明確著錄爲「王克安重訂本」。

「明末刻本」十二卷本，其行格版式爲：9 行，20 字；白口，四周單邊，有刻工。此刻本應與國家圖書館收藏的「明崇禎時王克安重訂本」相同，中國國家圖書館所收藏的「初潭集十二卷本」可能也是這個版本。

《初潭集》二十六卷本，僅有美國國會圖書館有收藏，此版本爲明刻本，9 行 20 字，序文不全，不知爲何人所刻。

影印本

《初潭集》的影印本目前有三種，皆爲「三十卷本」，分別收入《續修四庫全書》、《四庫全書存目叢書》與《回族典藏全書》。「續修四庫全書本」是據北京大學圖書館藏「明萬曆刻本」影印；「四庫全書存目叢書本」是據山東省圖書館藏明萬曆閔氏刻本影印；「回族典藏全書」則是據明木刻本影印，版本與「續修四庫全書本」相同。

排印本

中華書局於 1974 年出版《初潭集》三十卷兩種版本，一爲 2 冊本，一爲 16 冊本。

張建業編輯的《李贄文集》收入《初潭集》於第五卷，此版本是由王麗萍以兩種明刻本進行校刊整理，並參校 1974 中華書局排印本。另外，北京燕山出版社所出版的《李贄文集》，亦有收入《初潭集》。

臺灣出版的《初潭集》，包括漢京文化出版的「四部刊要本」、河洛圖書出版的《卓吾二書》和人文世界雜誌社所出版的《初潭集》，皆是翻印「中華書局本」。只有遠流出版公司出版由李敖主編的「中國名著精華全集本」是重新排版過。

### （六）相關研究論文

| 周作人 | 讀《初潭集》<br>藥堂雜文，臺北，里仁，1982 年 |
|---|---|
| 林正三 | 李贄《初潭集》評介<br>德明學報，第 11 期，頁 331～344，1996 年 3 月 |
| 任冠文 | 《初潭集》與李贄出家小議<br>廣西師範大學學報（哲學社會科學版），第 35 卷第 3 期，頁 99～101，1999 年 9 月 |
| 李英嬌 | 李贄《初潭集》研究<br>嘉義，南華大學，文學研究所碩士，160 頁，鄭幸雅指導，2002 年 |
| 王忠閣 | 論李贄《初潭集》對理學思想的批判<br>江漢論壇，2003 年第 3 期（總第 278 期），頁 78～80，2003 年 3 月 |
| 寧稼雨 | 初潭集二十八卷（簡介）<br>中國古代小說總目，文言卷，頁 40，石昌渝主編，太原，山西教育出版社，2004 年 9 月 |
| 賈占林 | 論李贄宗教情懷在《初潭集》中的顯現<br>百色學院學報，第 21 卷第 5 期，頁 129～132，2008 年 10 月 |

## 十七、《因果錄》／《李氏因果錄》

### （一）提　要

《因果錄》三卷，內容在講述因果報應的故事。《千頃堂書目》著錄此書為《李氏因果錄》。《福建通志》〈藝文志〉有存目，列入小說家類異聞。

### （二）序　文

〈因果錄序〉

李卓吾曰：釋氏因果之說，即儒者感應之說。余在白下，時聞嘉未有慕空居士者，道是《太上感應篇》最膚淺。故與一二同志遂梓而序之，以見其最不膚淺也。近者延年，遠者昌，厥后次則生天，高則徑生淨土，豈膚淺也哉！昔以此序敘《感應篇》，故今復以此序序《因果錄》。夫感應因果，名殊理一，是故不妨重出也。其序曰：

天下之理，感應而已。感則必應，應復為感，儒者蓋極言之。且夫上帝何嘗之有？作善降之百祥，作不善降之百殃。故曰：「獲罪于天，無所禱也。」天人感通之理，示人顯矣。彼談性命者，以福祿壽為幻夢，縱欲樂者，以殺盜淫為天性。不能修匿辨惑，而謂報應非聖人之經；不能愛物仁民，而謂去殺乃惑世之語。噫！見其生不忍見其死，聞其聲不忍食其肉，雖祭祀宴饗，禮不可廢，亦必遠庖廚焉。聖賢豈導人于殺乎？愛物如此，仁民可知，此大德者，所以必得其位，必得其祿其名與壽也。如感應之理為誣，聖人何用諄諄焉明五福以勸之，而為是斷然必得之語哉！是篇言簡旨嚴，易讀易曉，足以破小人行險僥幸之心，以陰助刑賞之不及。凡我有官君子，道學先生，但知與善之公，勿執異同之見，則言出人信，靡感不通，豈直愚民之福，某也受賜多矣！

聖華居士丁玄鵬書

### （三）目　錄

上　卷

| 一元因果問答 | 空谷雷霆問答 | 善人果報 |
| --- | --- | --- |
| 少年三人 | 婦人五人 | 家奴一人 |
| 貧子三人 | 走卒一人 | 惡人一人 |

| 獄吏二人 | 販羅一人 | 鬼女一人 |
|---|---|---|
| 富民六人 | 貴顯四人 | 醫生八人 |
| 兄弟一人 | 翁婿一人 | 夫妻二人 |
| 朋友三人 | 邂逅一人 | 守長十人 |
| 刑官三人 | 將官四人 | 僧人一人 |

### 中　卷

| 惡人果報 | 前世陽報一人 | 現世陽報十一人 |
|---|---|---|
| 現世陰報五人 | 來世陰報二人 | 僧人現報二人 |

### 下　卷

| 云栖寺沙門袾宏放生文 | 放生果報 | 老人結草 |
|---|---|---|
| 蛇銜夜光 | 千金秘方 | 沙彌增算 |
| 宋郊渡蟻 | 毛寶放龜 | 龜紐回顧 |
| 蠅集筆尖 | 鱉能負泥 | 群魚濡沫 |
| 黃雀銜環 | 野狐臨井 | 元君報命 |
| 江魚念佛 | 大龜引路 | 鸜鳥誦詩 |
| 十千天子 | 蜈蚣謝法 | 黃衣乞命 |
| 去牲禱雨 | 普庵祖師戒殺文 | 眞歇禪師戒殺文 |
| 佛印禪師戒殺文 | 云栖寺沙門袾宏戒殺文 | 殺生果報 |
| 千雞上頭 | 儿作鱔頭 | 客作羊鳴 |
| 群魚嚙人 | 親手殺牛 | 牛拜望蔡 |
| 蛙鳴鵲噪 | 巢燕窩蜂 | 群鴉觸網 |
| 顏氏毒胎 | 鞠身避湯 | |

## （四）目前可見的各種版本

### 1. 各大圖書館藏古籍善本

《因果錄》三卷，〔明〕李贄撰。

　　版本：明萬曆刻本。

　　叢書名：《李氏叢書十二種》二十五卷。

　　行格版式：9行，18字。白口，左右雙邊。

　　典藏地：北京大學圖書館、中國科學院圖書館、上海圖書館。

　　資料來源：中國古籍善本書目聯合導航系統。

《因果錄》三卷，〔明〕李贄撰。

　　版本：明陳氏繼志齋刻本。

　　叢書名：《卓吾先生李氏叢書十二種》二十四卷。

　　行格版式：8 行，18 字。白口，四周單邊。

　　典藏地：首都圖書館、旅大市圖書館。

　　資料來源：中國古籍善本書目聯合導航系統。

《因果錄》三卷，〔明〕李贄撰。

　　版本：明陳氏繼志齋刻崇禎間燕超堂重印本。

　　叢書名：《卓吾先生李氏叢書十一種》二十三卷。

　　行格版式：8 行，18 字。白口，四周單邊。

　　典藏地：北京大學圖書館、上海圖書館。

　　資料來源：《中國叢書廣錄》、中國古籍善本書目聯合導航系統。

## 2. 影印本

此書目前無影印本。

## 3. 排印本

《因果錄》，〔明〕李贄撰。

　　收入於《李贄文集》〔註 310〕．第 7 卷，頁 257～310。

　　北京：社會科學文獻出版社。出版時間：2000 年。

　　資料格式：簡體字，橫排。。

　　序文：聖華居士丁玄鵬序。

　　本叢書《因果錄》部分是由段啓明依據《卓吾先生李氏叢書》加以標
　　點整理。

　　　　封皮　　　　　　　　　封面　　　　　　　　　內頁

---

〔註 310〕詳見「李贄當代選集」。

## （五）版本源流探討

《因果錄》三卷，無單行本傳世，皆爲叢書本，收入於《李氏叢書十二種》中。（按：《李氏叢書》又有三種版本，請參見本書頁 329～333。）

《柞林紀譚》的排印本目前有一種，收入於《李贄文集》第 7 卷，此排印本是由是由段啓明依據《卓吾先生李氏叢書》加以標點整理，北京社會科學文獻出版社於 2000 年 5 月出版。

# 1-4 集　部

# 一、《焚書》／《李氏焚書》

## （一）提　要〔註 311〕

《焚書》又稱《李氏焚書》，共六卷，是李贄的代表著作，其內容乃是李贄的詩文集，收錄了他與朋友的書信往來，雜著、史論和詩歌。其中卷一、卷二爲「書答」，是與友人討論學問的書信；卷三、卷四爲「雜著」，是短篇論說以及序文；卷五爲「讀史」，是讀史書的筆記與心得；卷六爲「詩歌」，分爲長篇、四句、八句等。

《四庫全書總目》未收《焚書》。《藏園訂補 邵亭知見傳本書目》記載：「《李氏焚書》六卷，明李贄撰。明刊本，九行二十字。明萬曆天啓間朱墨套印本，九行十九字。四庫存目爲《李溫陵集》二十卷。」

《焚書》書名的由來，李贄在〈自序〉中說道：「所言頗切近世學者膏肓，既中其痼疾，則必欲殺我矣，故欲焚之，言當焚而棄之，不可留也。」他也曾在信中說：「更有一種，專與朋輩往來談佛乘者，名曰《李氏焚書》，大抵多因緣語、忿激語、不比尋常套語。恐覽者或生怪憾，故名曰《焚書》，言其當焚而棄之也。」〔註 312〕

## （二）序　文

### 1.〈自序〉〔註 313〕

---

〔註 311〕參見《中國學術名著大辭典》（古代卷），「焚書」詞條，頁 108～109。吳士余、劉凌主編，上海：漢語大詞典出版社，2000 年。

〔註 312〕見《焚書》·書答·〈答焦漪園〉。

〔註 313〕本篇序文據北京大學圖書館藏明刻本《李氏焚書》輸入。

自有書四種：一曰《藏書》，上下數千年是非，未易肉眼視也，故欲
藏之，言當藏於山中以待後世子雲也。一曰《焚書》，則答知己書問，
所言頗切近世學者膏肓，既中其痼疾，則必欲殺我矣，故欲焚之，
言當焚而棄之，不可留也。《焚書》之後又有別錄，名為《老苦》，
雖同是《焚書》，而另為卷目，則欲焚者焚此矣。獨《說書）四十四
篇，眞為可喜，發聖言之精蘊，闡日用之平常，可使讀者一過目便
知入聖之無難，出世之非假也。信如傳注，則是欲入而閉之門，非
以誘人，實以絕人矣，烏乎可！其為說，原於看朋友作時文，故《說
書）亦佑時文，然不佑者故多也。

今既刻《說書》，故再《焚書》亦刻，再《藏書》中一二論著亦刻，
焚者不復焚，藏者不復藏矣。或曰：「誠如是，不宜復名《焚書》也，
不幾於名之不可言，言之不顧行乎？」噫噫！余安能知，子又安能
知？夫欲焚者，謂其逆人之耳也；欲刻者，謂其入人之心也。逆耳
者必殺，是可懼也。然余年六十四矣，倘一入人之心，則知我者或
庶幾乎！余幸其庶幾也，故刻之。

卓吾老子題湖上之聚佛樓

## 2. 〈李氏焚書序〉〔註314〕

李宏甫自集其與夷游書札，並答問論議諸文，而名曰《焚書》，自謂
其書可焚也。宏甫快口直腸，目空一世，憤激過甚，不顧人有忤者。
然猶慮人必忤而託言於焚，亦可悲矣！乃卒以筆舌殺身，誅求者竟
以其所著付之烈焰，抑何虐也，豈遂成其讖乎！宋元豐間，禁長公
之筆墨，家藏墨妙，抄割殆盡，見者若祟。不踰時而徵求鼎沸，斷
管殘瀋，等於吉光片羽。焚不焚，何關於宏甫，且宏甫又何嘗利人
之不焚以為重者？今焚後而宏甫之傳乃愈廣。然則此書之焚，其布
之有火浣哉！宏甫曾以是刻商之於余，其語具載此中。余幸而後死，
目擊廢興，故識此於其端云。

澹園竑。

## 3. 〈首序〉〔註315〕

---

〔註314〕本篇序文據北京大學圖書館藏明刻本《李氏焚書》輸入。
〔註315〕本篇序文根據北京大學圖書館藏明吳中刻本輸入。

李卓吾先生以儒術起家二千石，有理學名，然多涉釋氏，制行瑰異，措論玄冥，世亦病之，因是禍搆，遺稿數十萬言，悉焰祖龍。吳人士鑴其餘，而隘之制，議者曰：「以先生之資，究心儒術，將統繼千秋，廟食百世，前無濂洛，後無餘姚，胡逃儒歸釋，遭世訾詬如今日哉？余以為，惟其歸釋，得以炳爍，不然，僅一學究老先生耳！川岩徒滅，雷電俱收，何有今日？然則以此賈禍者，即以此招聲。先生未嘗負斯世，斯世未嘗負先生也。雖然先生豈其逃儒？豈其歸釋？惟是儒者尚漸，釋者尚頓，由釋入儒，其功捷；由儒游釋，其機鏒。先生之扵震旦氏也，始則假途，終則游秖，既徼其捷，復收其鏒。蓋鈔扵儒者，何得病之？古亦有言，「道在螻蟻，道在糠秕。」螻蟻糠秕，道且或存，豈遺釋氏？斯集也，不知者，目為震旦筌蹄；知之者，目為尼山衣鉢矣。梓成，吳人士徵予序，因題數字扵弁。

會稽陳證聖書

## 4. 〈李氏焚書跋〉〔註316〕

卓吾學術淵源姚江。蓋龍谿為姚江高第弟子，龍谿之學一傳而為何心隱，再傳而為卓吾。故卓吾論心隱，尊以為上九之大人；而其敘龍谿文錄，則曰：「先生此書前無往古，今無將來。後有學者，可以無復著書矣。」夫卓吾以孔子之是非為不足據，而尊龍谿乃至是。由是言之，亦可以知卓吾學所從來矣。卓吾此書外，復著有《藏書》、《續藏書》、《說書》、《卓吾大德》等書。《藏書》述史，始自春秋，訖於宋、元；《續藏書》則述明一代萬曆以前事。去歲鄧秋枚購得《藏書》，李曉暾自金陵購得《續藏書》，余皆獲讀之。此書則為錦州張紀庭捐贈國學保存會者，明刊本也。

卓吾曰：「名曰《焚書》，言其當焚而棄之。」明季此書兩經禁燬：一焚於萬曆之三十年，為給事中張問達所奏請；再焚於天啟五年，為御史王雅量所奏請。然而此本則刻於既奉禁燬以後，觀焦弱侯序可知也。嗟夫！朝廷雖禁燬之，而士大夫則相與重鋟之。陳明卿云：「卓吾書盛行，咳唾間非卓吾不歡，几案間非卓吾不適。」當時風尚如此。

---

〔註316〕本篇序文據北京大學圖書館藏明刻本《李氏焚書》輸入。

夫學術者，天下之公器。王者徇一己之好惡，乃欲以權力過之，天下固不怵也。然即怵矣，而易世之後，鋟卓吾書者如吾今日，則亦非明之列宗所得而如何者。然則當日之禁燬，毋亦多事爾。

卓吾為人，頗不理於謝在杭、顧亭林、王山史諸賢之論，惟袁中郎著〈李溫陵傳〉頗稱道之。余最錄袁傳以附於後。嗟夫！嗟夫！卓吾學與時忤，其書且燬，記其人者或甚其詞，度必有之。亭林、山史因學術之同異，至痛詆其人，以為叛聖。若是，夫陽明之不能免於世之詆詞，固宜也。

戊申三月順德黃節跋

## 5. 〈李溫陵傳〉

袁中道

李溫陵者，名載贄。少舉孝廉，以道遠，不再上公車，為校官，徘徊郎署間。後為姚安太守。公為人中燠外冷，丰骨稜稜。性甚卞急，好面折人過，士非參其神契者不與言。強力任性，不強其意之所不欲。初未知學，有道學先生語之曰：「公怖死否？」公曰：「死矣，安得不怖？」曰：「公既怖死，何不學道？學道所以免生死也。」公曰：「有是哉！」遂潛心道妙。久之自有所契，超於語言文字之表，諸執筌蹄者了不能及。為守，法令清簡，不言而治。每至伽藍，判了公事，坐堂皇上，或寘名僧其間，簿書有隙，即與參論虛玄。人皆怪之，公亦不顧。祿俸之外，了無長物，陸績鬱林之石，任昉桃花之米，無以過也。久之，厭圭組，遂入雞足山，閱龍藏不出。御史劉維奇其節，疏令至仕以歸。

初與楚黃安耿子庸善，罷郡遂不歸，曰：「我老矣，得一二勝友，終日晤言以遣餘日，即為至快，何必故鄉也！」遂攜妻女客黃安。中年得數男，皆不育。體素羸，澹於聲色，又癖潔，惡近婦人，故雖無子，不置妾婢。後妻女欲歸，趣歸之。自稱「流寓客子」，即無家累，又斷俗緣，參求乘理，極其超悟，別膚見骨，迥絕理路。出為議論，皆為刀劍上事，獅子迸乳，香象絕流，發詠孤高，少有酬其機者。

子庸死，子庸之兄天臺公惜其超脫，恐子侄效之，有遺棄之病，數

－219－

至箴切。公遂至麻城龍潭湖上，與僧無念、周友山、丘坦之、楊定見聚，閉門下鍵，日以讀書爲事。性愛掃地，數人縛帚不給。衿裙浣洗，極其鮮潔，拭面拂身，有同水浴。不喜俗客，不獲辭而至，但一交手，即令之遠坐，嫌其臭穢。其忻賞者，鎮日言笑；意所不契，寂無一語。滑稽排調，衝口而發，既能解頤，亦可刺骨。

所讀書皆鈔寫爲善本，東國之秘語，西方之靈文，《離騷》，馬班之篇，陶謝柳杜之詩，下至稗官小說之奇，宋元名人之曲，雪藤丹筆，逐字讎校，肌襞理分，時出新意。

其爲文不阡不陌，攄其胸中之獨見，精光凜凜，不可迫視。詩不多作，大有神境。亦喜作書，每研墨伸楮，則解衣大叫，作兔起鶻落之狀。其得意者亦甚可愛，瘦勁險絕，鐵腕萬鈞，骨稜稜紙上。一日惡頭癢，倦於梳櫛，遂去其髮，獨存鬖鬈。

公氣既激昂，行復詭異，斥異端者，日益側目。與耿公往復辯論，每一札，累累萬言，發道學之隱情，風雨江波，讀之者高其識，欽其才，畏其筆，始有以幻語聞當事，當事者逐之。

於時左轄劉公東星迎公武昌，舍蓋公之堂。自後屢歸屢游。劉公迎之沁水，梅中丞迎之雲中，而焦公弱侯迎之秣陵。無何，復歸麻城。時又有以幻語聞當事，當事者又誤信而逐之。火其蘭若，而馬御史經綸，遂躬迎之於北通州。又會當事者，欲刊異端以正文體，疏論之。遣金吾緹騎逮公。

初公病，病中復定所作《易因》，其名曰《九正易因》。常曰：「我得《九正易因》成，死快矣。《易因》成，病轉甚。至是逮者至，邸舍囱囱，公以問馬公。馬公曰：「衛士至。」公力疾起，行數步，大聲曰：「是爲我也。爲我取門片來！」遂臥其上，疾呼曰：「速行！我罪人也，不宜留。」馬公願從。公曰：「逐臣不入城，制也。且君有老父在。」馬公曰：「朝廷以先生爲妖人，我藏妖人者也。死則俱死耳，終不令先生往而已獨留。」馬公辛同行。至通州城外，都門之牘尼馬公行者紛至，其僕數十人，奉其父命，泣留之。馬公不聽，竟與公偕。明日，大金吾實訊，侍者掖而入，臥於堦上。金吾曰：「若何以妄著書？」公曰：「罪人著書甚多，具在於聖教，有益無損。」

大金吾笑其崛強，獄竟無所實詞，大略止回籍耳。久之旨不下，公於獄舍中，作詩讀書自如。一日，呼侍者薙髮。侍者去，遂持刀自割其喉，氣不絕者兩日。侍者問：「和尚痛否？」以指書其手曰：「不痛。」又問曰：「和尚何自割？」書曰：「七十老翁何所求！」遂絕。時馬公以事緩，歸覲其父，至是聞而傷之，曰：「吾護持不謹，以致於斯也。傷哉！」乃歸其骸於通州，爲之大治塚墓，營佛刹云。

公素不愛著書。初與耿公辯論之語，多爲掌記者所錄，遂裒之爲《焚書》。後以時義詮聖賢深旨，爲《說書》。最後理其先所詮次之史，焦公等刻之於南京，是爲《藏書》。蓋公於誦讀之暇，尤愛讀史，於古人作用之妙，大有所窺。以爲世道安危治亂之機，捷於呼吸，微於縷黍。世之小人既僥幸喪人之國，而世之君子理障太多，名心太重，護惜太甚，爲格套局面所拘，不知古人清淨無爲，行所無事之旨，與藏身忍垢、委曲周旋之用。使君子不能以用小人，而小人得以制君子。故往往明而不晦，激而不平，以至於亂。而世儒觀古人之跡，又極繩以一切之法，不能虛心平氣，求短於長，見瑕於瑜，好不知惡，惡不知美。至於令接響傳聲，其觀場逐隊之見，已入人之骨髓而不可破。於是上下數千年之間，別出手眼，凡古所稱爲大君子者，有時攻其所短，而所稱爲小人不足齒者，有時不沒其所長。其意大抵在於黜虛文，求實用；舍皮毛，見神骨；去浮理，揣人情。即矯枉之過，不無偏有重輕，而舍其批駁譴笑之語。細心讀之，其破的中窾之處，大有補於世道人心。而人遂以爲得罪於名教，比之毀聖叛道，則已過矣。

昔馬遷、班固各以意見爲史。馬遷先黃老，後六經，退處士，進游俠，當時非之；而班固亦排守節，鄙正直。後世鑒二史之弊，汰其意見，一一歸之醇正，然二家之書，若揭日月，而唐宋之史，讀不終篇，而已兀然作欠伸狀，何也？豈非以獨見之處，即其精光之不可磨滅者歟！且夫今之言汪洋自恣，莫如《莊子》，然未有因讀《莊子》而汪洋自恣者也，即汪洋自恣之人，又未必讀《莊子》也。今之言天性刻薄，莫如《韓子》，然未有因讀《韓子》而天性刻薄者也，即天性刻薄之人，亦未必讀《韓子》也。自有此二書以來，讀《莊子》者撮其勝韻，超然名利之外者，代不乏人。讀申、韓之書，得

其信賞必罰者，亦足以強主而尊朝廷。即醇正如諸葛，亦手寫之以進後主，何嘗以意見少駁，遂盡廢之哉！

夫《六經》洙泗之書，粱肉也。世之食粱肉太多者，亦能留滯而成痞，故治者以大黃蜀豆瀉其積穢，然後脾胃復而無病。九賓之筵，雞豚羊魚相繼而進。至於海錯，若江瑤柱之屬，弊吻裂舌，而人思一快朵頤。則謂公之書為消積導滯之書可，謂世間一種珍奇，不可無一不可有二之書亦可。特其出之也太早，故觀者之成心不化，而指摘生焉。

然而窮公之所以罹禍，又不自書中來也。大都公之為人，真有不可知者，本絕意仕進人也，而專談用世之略，謂天下事決非好名小儒之所能為。本狷潔自屬，操若冰霜人也，而深惡枯清自矜、刻薄瑣細者，謂其害必在子孫。本屏絕聲色，視情慾如糞土人也，而愛憐光景，於花月兒女之情狀，亦極其賞玩，若借以文其寂寞。本多怪少可，與物不和人也，而於士之有一長一能者，傾注愛慕，自以為不如。本息機忘世，槁木死灰人也，而於古之忠臣義士、俠兒劍客，存亡雅誼，生死交情，讀其遺事，為之咋指砍案，投袂而起，泣淚橫流，痛哭滂沱而不自禁。若夫骨堅金石，氣薄雲天，言有觸而必吐，意無往而不伸，排榻勝己，跌宕王公。孔文舉調魏武若稚子，嵇叔夜視鍾會如奴隸。鳥巢可覆，不改其鳳味，鸞翩可鍛，不馴其龍性。斯所由焚芝鋤蕙，銜刀若苗者也。嗟乎！才太高，氣太豪，不能埋照溷俗，卒就囹圄，慚柳下而愧孫登，可惜也夫！可戒也夫！

公晚年讀《易》，著書曰《九正易因》。意者公於《易》大有得，舍亢入謙，而今遂老矣逝矣！公所表章之書，若《陽明先生年譜》，及《龍谿語錄》，其類多不可悉記云。或問袁中道曰：「公之於溫陵也學之否？」予曰：「雖好之，不學之也。其人不能學者有五，不願學者有三。公為士居官，清節凜凜，而吾輩隨來輒受，操同中人，一不能學也。公不入季女之室，不登冶童之床，而吾輩不斷情慾，未絕嬖寵，二不能學也。公深入至道，見其大者，而吾輩株守文字，不得玄旨，三不能學也。公自少至老，惟知讀書，而吾輩汩沒塵緣，不親韋編，四不能學也。公直氣勁節，不為人屈，而吾輩膽力怯弱，隨人俯仰，五不能學也。若好剛使氣，快意恩讎，意所不可，動筆

之書，不願學者一矣。既已離仕而隱，即宜遁迹入山，而乃徘徊人
世，禍遂名起，不願學者二矣。急乘緩戒，細行不修，任情適口，
鷥刀狼藉，不願學者三矣。夫其所不能學者，將終身不能學；而其所
不願學者，斷斷乎其不學之矣。故曰雖好之，不學之也。若夫幻人
之談，謂其既已髡髮，仍冠進賢，八十之年，不忘懲想者，有是哉！
所謂蟾蜍擲糞，自其口出者也。

## （三）目　錄

### 卷一　書答

| | | |
|---|---|---|
| 答周西巖 | 答周若莊 | 與焦弱侯 |
| 答鄧石陽 | 又答石陽太守 | 答李見羅先生 |
| 答焦漪園 | 復丘若泰 | 復鄧石陽太守 |
| 復周南士 | 答鄧鼎石 | 答耿中丞 |
| 又答耿中丞 | 與楊定見 | 復京中朋友 |
| 又答京友 | 復宋太守 | 答耿中丞論淡 |
| 答劉憲長 | 答周友山 | 答周柳塘 |
| 與耿司寇告別 | 答周司寇 | 答鄧明府 |
| 復周柳塘 | 寄答耿大中丞 | |

### 卷二　書答

| | | |
|---|---|---|
| 與莊純夫 | 復焦弱侯 | 又與焦弱侯 |
| 與鄧鼎石 | 寄答京友 | 與曾中野 |
| 與曾繼泉 | 答劉方伯書 | 答莊純夫書 |
| 與周友山書 | 又與周友山書 | 與焦漪園書 |
| 與劉晉川書 | 與友朋書 | 答劉晉川書 |
| 別劉肖川書 | 答友書 | 答以女人學道為見短書 |
| 復耿侗老書 | 與李惟清 | 與明因書 |
| 與弱侯書（二首） | 與方伯雨束 | 與楊定見 |
| 與楊鳳裏（二首） | 與梅衡湘（答書二首附） | 復麻城人書 |
| 與河南吳中丞書 | 答陸思山 | 與周友山 |
| 與友 | 寄京友書 | 與焦弱侯書 |
| 復士龍悲二母吟 | 復晉川翁書 | 書晉川翁壽卷後 |
| 會期小啓 | 與友人書 | 復顧沖庵先生書（二首） |
| 又書使通州詩後 | 附顧沖老送行序 | 復澹然大士 |
| 為黃安二上人（二首） | 復李漸老書 | |

### 卷三　雜述

| | | |
|---|---|---|
| 卓吾論略 | 論政篇 | 何心隱論 |
| 夫婦論 | 鬼神論 | 戰國論 |
| 兵食論 | 雜說 | 童心說 |
| 心經提綱 | 四勿說 | 虛實說 |
| 定林菴記 | 高潔說 | 三蠹記 |
| 三叛記 | 忠義水滸傳序 | 子由解老序 |
| 高同知獎勸序 | 送鄭大姚序 | 李中丞奏議序 |
| 先行錄序 | 時文後序 | 張橫渠易說序（代作） |
| 龍溪先生文錄抄序 | 關王告文 | 李中谿先生告文 |
| 王龍谿先生告文 | 羅近谿先生告文 | 祭無祀文 |
| 篁山碑文 | 李生十交文 | 自贊文 |
| 贊劉諧文 | 方竹圖卷文 | 書黃安二上人手冊 |
| 讀律膚說 | | |

### 卷四　雜述

| | | |
|---|---|---|
| 解經題 | 書決疑論前 | 解經文 |
| 念佛答問 | 征途與共後語 | 批下學上達語 |
| 書方伯雨冊葉 | 讀若無寄母書 | 耿楚空先生傳 |
| 附周友山爲明玉書法語 | 題關公小像 | 三大士像議 |
| 代深有告文時深有遊方在外 | 又告 | 禮誦藥師告文 |
| 移往上院邊廈告文 | 禮誦藥師經畢告文 | 代常通病僧告文 |
| 安期告眾文 | 告土地文 | 告佛約束偈 |
| 二十分識 | 因記往事 | 四海 |
| 八物 | 五死 | 傷逝 |
| 戒眾僧 | 六度解 | 觀音問（十八條） |
| 豫約（小引並六條） | 寒燈小話（計四段） | 玉合（共四首） |

### 卷五　讀史

| | | |
|---|---|---|
| 曹公（二首） | 楊修 | 反騷 |
| 史記屈原 | 漁父 | 招魂 |

| 誡子詩 | 非有先生論 | 子虛 |
|---|---|---|
| 賈誼 | 錯 | 絕交書 |
| 養生論 | 琴賦 | 幽憤詩 |
| 酒德頌 | 思舊賦 | 楊升菴 |
| 蜻蛉謠 | 唐貴梅傳 | 茶夾銘 |
| 李白詩題辭 | 伯夷傳 | 岳王並施全 |
| 張千載 | 李涉贈盜 | 封使君 |
| 宋統似晉 | 逸少經濟 | 孔北海 |
| 經史相爲表裏 | 鍾馗即終葵 | 善本琵琶 |
| 樊敏碑後 | 詩畫 | 黨籍碑 |
| 無所不佩 | 荀卿李斯吳公 | 宋人譏荀卿 |
| 季文子三思 | 陳恒弒君 | 王半山 |
| 爲賦而相灌輸 | 文公著書 | 闇然堂類纂引 |
| 朋友篇 | 阿寄傳 | 孔明爲後主寫申韓管子六韜 |

## 卷六

| 四言長篇 | 讀書樂（並引） | |
|---|---|---|
| 五七言長篇 | 富莫富於常知足 | 九日同袁中夫看菊寄謝主人 |
| | 至日自訟謝主翁 | 朔風謠 |
| | 題繡佛精舍 | 十八羅漢漂海偈 |
| | 十八羅漢遊戲偈 | 哭耿子庸（四首） |
| 五言四句 | 宿吳門（二首） | 同深有上人看梅 |
| | 又觀梅 | 鄭樓 |
| | 薙髮（四首） | 哭貴兒（三首） |
| | 哭黃宜人（六首） | 夜半聞雁（四首） |
| | 莊純夫還閩有憶（四首） | 歲暮過胡南老（四首） |
| | 穉山寺夜坐 | 送鄭子玄（三首） |
| | 寓武昌郡寄眞定劉晉川先生（八首） | 塞上吟 |
| | 賦松梅（二首） | 贈何心隱高第弟子胡時中 |
| | 答梅中丞偈（二首） | 懷林答偈附（二首） |
| 六言四句 | 雲中僧舍芍藥（二首） | 士龍攜二孫同弱侯過余解粽 |

| 七言四句 | 南池（二首） | 太白樓（二首） |
| --- | --- | --- |
| | 恨菊 | 哭陸仲鶴（二首） |
| | 九日坪上（三首） | 除夕道場即事（三首） |
| | 閉關 | 元宵 |
| | 哭懷林（四首） | 晉陽懷古 |
| | 過鴈門（二首） | 渡桑間 |
| | 初至雲中 | 贈二禪客 |
| | 得上院信 | 重來山房贈馬伯時 |
| | 古道通三晉 | 中州第一程 |
| | 詠史（三首） | 却寄（四首） |
| | 喜楊鳳裏到攝山（二首） | 山中得弱侯下第書 |
| | 同周子觀洞龍梅 | 湖上紅白梅盛開戲題 |
| | 贈周人山 | 牡丹時（一首） |
| 五言八句 | 初到石湖 | 春宵燕集得空字 |
| | 中秋劉近城攜酒湖上（二首） | 秋前約近城鳳裏到周子竹園 |
| | 環陽樓晚眺得碁字 | 重過曾家 |
| | 送鄭子玄兼寄弱侯 | 丘長孺生日 |
| | 謁關聖祠 | 觀鑄關聖提刀躍馬像 |
| | 秋懷 | 閒步 |
| | 立春喜常融二人至（二首） | 乾樓晚眺（三首） |
| | 贈利西泰 | 六月訪袁中夫攝山 |
| | 薛蘿園宴集贈江鷗詞伯 | 望東平有感 |
| | 過聊城 | 過武城 |
| 七言八句 | 自武昌渡江宿大別 | 曉行逢征東將士却寄梅中丞 |
| | 晚過居庸 | 九日至極樂寺聞袁中郎且至因喜而賦 |
| | 元日極樂寺大雨雪 | 雨中塔寺和袁小修韻 |
| | 讀羊叔子勸伐吳表 | 讀劉禹錫金陵懷古 |
| | 琉璃寺 | 赴京留別雲松上人 |
| | 望魯臺禮謁二程祠 | |

## （四）目前可見的各種版本

### 1. 各大圖書館藏古籍善本

《李氏焚書》六卷，〔明〕李贄撰。

版本：明萬曆 18 年亭州（麻城）刻本。

典藏地：福建師範大學圖書館。

資料來源：李國庭〈李贄生平及其著作譚要〉。

《李氏焚書》六卷，〔明〕李贄撰。

版本：明萬曆 28 年蘇州刻本。〔註317〕

版匡高廣：22.5 公分×15.1 公分。〔註318〕

行格版式：9 行，20 字。白口，四周單邊，無直格，單黑魚尾，版心上鐫「李氏焚書」、中刻卷次、下刻葉次，行間刻圈點。

封面鐫：「卓吾先生李氏焚書　蘇州閶刊行」。

序跋：「會稽陳證聖書」。

正文卷端題：「李氏焚書卷之一」。卷末有尾題。

首冊原書名頁墨框分三欄，由右至左大字題「卓吾先生/李氏焚書」；中有二朱文印，上為「魁星踢斗」圖，下為「本衙/藏版」。

典藏地：國家圖書館〔註319〕、福建師範大學、美國哈佛大學燕京圖書館。〔註320〕

資料來源：中文古籍書目資料庫、《國家圖書館善本書志初稿》、《明別集版本志》、林海權《李贄年譜考略》、《美國哈佛大學燕京圖書館中文善本書志》、李國庭〈李贄生平及其著作譚要〉。

---

〔註317〕「國家圖書館‧中文古籍書目資料庫」著錄為「明萬曆間（1573～1620）吳中刊本」。

〔註318〕國家圖書館著錄為「22.5 公分×15.1 公分」，《美國哈佛大學燕京圖書館中文善本書志》著錄為「22.6 公分×14.7 公分」。

〔註319〕共收藏有四部。第一部為 10 冊，鈐有「國立中央圖／書館收藏」朱文長方印、「爵菴／珍藏」白文方印，有微捲。第二部為 6 冊，鈐有「國立中央圖／書館收藏」朱文長方印、「□圓／收藏」朱文長方印、「陽湖陶氏涉園／所有書籍之記」朱文長方印，有微捲。第三部為 4 冊，缺序文首半葉；卷首目錄處「卷四」後篇目被剜去，並將目錄尾題移置卷四篇目後；缺卷五與卷六；鈐有「國立中央圖／書館收藏」朱文長方印、「王氏二十八宿研／齋秘笈之印」朱文長方印、「恭／綽」朱文方印、「遐庵／經眼」白文方印、「玉父」白文長方印。第四部無「會稽陳證聖書」序，但行格、版式與前三部相同，並且有「卓吾先生／李氏焚書／魁星踢鬥／本衙藏板」印，此書為包角線裝，共 6 冊，鈐有「國立中央圖／書館收藏」朱文長方印、「黃氏／天倪／樓藏」朱文方印。

〔註320〕資料格式：5 冊。〈玉合〉4 首，佚 2 首；「七言八句」11 首，末 6 首抄配。書碼：T5422／4448A。

國家圖書館藏吳中刻本

《李氏焚書》六卷，〔明〕李贄撰。

　　版本：明萬曆刊本。

　　簡述：所藏漢籍目錄。

　　典藏地：東京大學東洋文化研究所。〔註321〕

　　資料來源：中國古籍書目資料庫。

《李氏焚書》六卷，〔明〕李贄撰。

　　版本：明萬曆刊本。

　　典藏地：湖南社會科學院圖書館、湖南圖書館。

　　資料來源：《湖南省古籍善本書目》。

《李氏焚書》六卷，〔明〕李贄撰。

　　版本：明刻本。

　　行格版式：9行，20字。無直格，白口，四周單邊。

　　典藏地：中國科學院圖書館、故宮博物院圖書館、北京大學圖書館、
　　華東師範大學圖書館、天津市人民圖書館、遼寧省圖書館、吉林大學
　　圖書館、揚州市圖書館、江西省圖書館、江西省歷史博物館、湖南省
　　圖書館、廣東省中山圖書館、四川省圖書館、重慶師範學院圖書館。

　　資料來源：中國古籍善本書目聯合導航系統。

《李氏焚書》六卷，〔明〕李贄撰。

　　版本：明刻朱墨套印本。

---

〔註321〕共收藏2部。其中一部是4冊1函，藏於「倉石文庫」。

行格版式：9 行，19 字。白口，四周單邊、無直格。

焦竑序。

無校刻人題記及牌記。

典藏地：北京師範大學圖書館〔註 322〕、中共中央黨校圖書館、故宮博物院圖書館、天津市人民圖書館、南開大學圖書館、遼寧省圖書館、吉林大學圖書館、山東省圖書館、濟南市圖書館、揚州師範學院圖書館、福建省圖書館、福建省廈門市圖書館、東京大學東洋文化研究所〔註 323〕、美國國會圖書館。〔註 324〕

資料來源：明別集版本志、中國古籍善本書目聯合導航系統、《北京師範大學圖書館古籍善本書目》、東京大學東洋文化研究所所藏漢集目錄資料庫、《美國國會圖書館藏中國善本書目》。

《李氏焚書》六卷，〔明〕李贄撰。

版本：明刻本。

行格版式：9 行，20 字。白口，四周單邊。

典藏地：中國國家圖書館、首都圖書館、北京大學圖書館、北京師範大學圖書館〔註 325〕、中國歷史博物館、上海圖書館、遼寧省圖書館、吉林省圖書館、山東省博物館、南京圖書館、福建師範大學圖書館、湖北省圖書館、湖南省哲學社會科學研究所、重慶市北碚區圖書館。

資料來源：中國古籍善本書目聯合導航系統、《北京師範大學圖書館古籍善本書目》。

《焚書》二卷，〔明〕李贄著。

版本：寫本。

資料格式：2 冊。

版匡高廣：31.8 公分×19.2 公分。

典藏地：首爾大學奎章閣韓國學研究院。

---

〔註 322〕資料格式：6 冊。鈐「山閒之印」等印。書碼：善 846.8／287～05。資料來源：《北京師範大學圖書館古籍善本書目》。

〔註 323〕資料庫名：所藏漢籍分類目錄。索書號：集部～別集-8-1-1。資料格式：6 冊。編號：D7451900。

〔註 324〕6 冊 1 函。藏印：「鉛山蔣氏藏書」，「皖南張師亮筱溪氏校書於篤素堂」，「篤素堂張曉漁校圖籍之章」等印記。

〔註 325〕資料格式：5 冊。鈐「黃增輝印」、「黃伯子」印。書碼：善 846.8／287-03。資料來源：《北京師範大學圖書館古籍善本書目》。

資料來源：中文古籍書目資料庫。

**《李氏焚書》十八卷，〔明〕李贄著；〔明〕顧大龍校。**

版本：明經正堂刊本（1368～1644）。

冊數：18 卷 6 冊

版匡高廣：24.7 公分×16.2 公分。

序跋：李贄序。

卷頭書名：「李氏文集」。

典藏地：首爾大學奎章閣韓國學研究院。

資料來源：中文古籍書目資料庫。

**《焚書》四卷，〔明〕李贄撰；〔明〕湯顯祖批點。**

版本：明刻本。

叢書名：《李氏全書》。

資料格式：1 冊。

行格版式：9 行，20 字。白口，四周單邊，單魚尾。

典藏地：中國國家圖書館。

資料來源：中國古籍書目資料庫。

**《焚書》四卷，〔明〕 李贄撰。**

版本：明刻本。

叢書名：《李氏全書四種》二十四卷。

行格版式：9 行，20 字。白口，四周單邊。

與《說書》十卷、《李氏續焚書》五卷、《李溫陵外紀》五卷合刻。

典藏地：上海圖書館、四川省圖書館。

資料來源：中國古籍善本書目聯合導航系統、中國叢書。

**《李氏焚書》六卷，〔明〕李贄撰。**

版本：明刻本。

冊數：8 冊（1 函）。27×18cm。

版框高廣：22.5 公分× 14.7 公分。

行格版式：9 行，20 字。白口，四週單邊，黑魚尾。

典藏地：天津圖書館。

資料格式：中國古籍書目資料庫。

**《李氏焚書》六卷，〔明〕李贄撰。**

版本：明刻本。

行格版式：10 行，22 字。白口，四周單邊，間無直格，單黑魚尾，版心上鐫「焚書」。

無序跋。

封面鐫：「卓吾先生自評/李氏焚書/本衙藏板」。

典藏地：中國科學院圖書館。

資料來源：《明別集版本志》。

《李氏焚書》六卷，〔明〕李贄撰。

版本：明刻本。

典藏地：湖南圖書館。

資料來源：《湖南省古籍善本書目》。

《李氏焚書》六卷，〔明〕李贄著。

版本：清光緒 34 年（1908）上海國學保存會鉛印本。

叢書名：《國粹叢書》‧第 1 集。

資料格式：2 冊。18.8 公分×12.8 公分。

行格版式：13 行，行 33 字。白口，單黑魚尾，四周雙邊，無欄格，朱墨圈點；版心上印「國粹叢書」，中印書名與卷次，下印「國學保存會」。

序文：焦竑〈李氏焚書序〉、〈李贄傳〉〔註326〕、袁宏道〈李溫陵傳〉。

典藏地：國家圖書館〔註327〕、中央民族學院圖書館、中國國家圖書館〔註328〕、內蒙古圖書館〔註329〕、北京圖書館、首都圖書館、中國科學院圖書館、北京大學圖書館、北京師範大學圖書館、上海圖書館、復旦大學圖書館、華東師範大學圖書館、上海師範學院圖書館、上海辭書出版社圖書館、天津市人民圖書館、遼寧省圖書館、吉林市圖書館、吉林大學圖書館、南京圖書館、南京大學圖書館、安徽省圖書館、浙江圖書館、杭州大學圖書館、福建省圖書館、福建師範大學圖書館、江西省圖書館、重慶市圖書館、四川大學圖書館、雲南省圖書館、黑

---

〔註326〕出自《明史》〈附耿定向傳〉。

〔註327〕藏印：「魏子雲」朱文方印。按：國圖所收之書無「卷一」，但外貌並非殘卷，要再確定其他圖書館的藏本是否有卷一。

〔註328〕此版本收藏有兩部。

〔註329〕收藏 1 冊。

龍江省圖書館。

資料來源：中文古籍書目資料庫、中國古籍善本書目聯合導航系統、
中國叢書。

目錄　　　　　　　　序文　　　　　　　　內文

《李氏焚書》六卷，附《校勘記》一卷，〔明〕李贄撰。

版本：清宣統～民國間鉛印本。

陝西教育圖書社出版。

資料格式：6 冊。26 公分。線裝。

行格版式：9 行，22 字。四周雙邊，白口，單黑魚尾，版心下印「陝
西教育圖書社排印」。

書後附校勘記。

典藏地：中國國家圖書館、中央研究院傅斯年圖書館。〔註330〕

《李氏焚書》六卷，〔明〕李贄撰。

版本：明張氏貝葉山房刻本。〔註331〕

《李氏焚書》六卷，〔明〕李贄撰，阿英校點。

版本：民國 25 年（1935～1936）上海貝葉山房排印本。（據貝葉山
房張氏藏版排印）

叢書名：《中國文學珍本叢書》〔註332〕・第 1 輯・第 27 種，190 頁。

上海：上海雜誌出版。出版時間：1936 年。

〔註330〕索書號：846.8 161-8。

〔註331〕某些書目著錄此書為明代，某些著錄為清代。

〔註332〕施蟄存編，張靜廬輯。

本書無序文，後附袁小脩〈李溫陵傳〉。

林語堂封面題簽。

典藏地：國家圖書館、首都圖書館、清華大學圖書館、上海圖書館、復旦大學圖書館、華東師範大學圖書館、上海師範學院圖書館、天津市人民圖書館、內蒙古圖書館、遼寧省圖書館、吉林大學圖書館、甘肅省圖書館、山東大學圖書館、福建師範大學圖書館、廈門大學圖書館、泉州市圖書館、四川大學圖書館、廣西僮族自治區第二圖書館、東京大學東洋文化研究所。〔註 333〕

資料來源：中文古籍書目資料庫、中國古籍善本書目聯合導航系統、中國叢書、東京大學東洋文化研究所所藏漢集目錄資料庫。

封面　　　　　　　　版權頁　　　　　　　　內文

## 2. 影印本

《李氏焚書》六卷，〔明〕李贄撰。

收入於《四庫禁燬書叢刊》‧集部‧第 140 冊，161～354 頁。

北京：北京出版社出版。出版時間：2000 年。

原書封面題名：「卓吾先生李氏焚書」。

行格版式：9 行，20 字。無直格，白口，四周單邊。

此書據北京大學圖書館藏明刻本影印。

---

〔註 333〕資料庫名：所藏漢籍分類目錄。索書號：叢書部-雜叢-120。編號：D7452000。子目號碼：01310。

 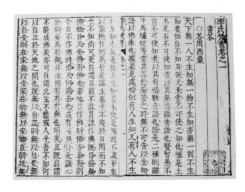

原書封面　　　　　　　　　　　　　卷一

《焚書》六卷，《增補》二卷，〔明〕李贄撰。

　　收入於《海外藏中國珍稀書系》·第三部份·英國藏本·第 4 冊。

　　北京：中國戲劇出版社。出版時間：2000 年。

　　本書據大英博物館藏本影印。

《焚書》六卷。〔明〕馬李贄作。

　　收入於《回族典藏全書》·第 160 冊。

　　蘭州：甘肅文化。出版時間：2008 年。

　　據仿古鉛印本複製。

《李氏焚書》六卷，〔明〕李贄撰，阿英校點。

　　版本：影印上海貝葉山房排印本。

　　資料格式：289 頁。32 開本。

　　第 2 頁和封底頁有黃色的人物插圖。

## 3. 排印本

《焚書　續焚書》，〔明〕李贄撰。

　　北京：中華書局。出版時間：1961 年、1974 年、1975 年、1988 年。

　　資料格式：400 頁。32 開本。繁體字。直排本。

　　書前有序文 2 篇（李贄自序、焦竑序），袁中道〈李溫陵傳〉。

　　書後有黃節〈李氏焚書跋〉。

　　本書有據《李溫陵集》校訂，書後附〈增補一〉、〈增補二〉。

　　　　　封面　　　　　　　　　　　　　　　　內頁

《焚書》，〔明〕李贄撰，

　　北京：中華書局。出版時間：1974 年。

　　資料格式：繁體字。直排。線裝本。

《焚書》，〔明〕李贄撰。

　　北京：中華書局。出版時間：1974 年。

　　資料格式：共 3 冊。1 6 開本。1054 頁。大字本，繁體字。直排。

《焚書》，〔明〕李贄撰，王焰整理，李國鈞審閱。

　　收入於《傳世藏書》‧子庫‧諸子‧第6冊。

　　海口：海南國際出版中心。出版時間：1996年。

《焚書》，〔明〕李贄撰。

　　收入於《李贄文集》〔註334〕‧第1卷，頁1～264。

　　北京：社會科學文獻出版社。出版時間：2000年。

　　版式：簡體字，橫排。

　　序文2篇，跋1篇：李贄自序、焦竑序、黃節跋。

　　本書書後有附〈增補一〉、〈增補二〉，其內容是據《李溫陵集》加以增補。

　　本叢書中《焚書》是由劉幼生以明刻本爲底本，參校1975年中華書局排印本、嶽麓書社排印本、北京燕山出版社排印本，整理而成。

封皮　　　　　　　　　　封面　　　　　　　　　　內文

《焚書、續焚書》，〔明〕李贄撰。

　　臺北：漢京文化事業出版。出版時間：1984年。

《焚書》六卷，《增補》二卷，〔明〕李贄撰。

　　收入於《中國哲學叢書》‧宋明哲學‧子部。

　　臺北：河洛圖書出版。出版時間：1974年。

　　版式：繁體字，直排本。

　　此書版本與「中華書局本」相同。

---

〔註334〕張建業主編。

封面　　　　　　　　　　　　　　內文

《焚書、續焚書》，〔明〕李贄著。

收入《李贄文集》，頁 7～331。

北京：北京燕山出版社。出版時間：1998 年。

版式：簡體字，橫排。

書前有序 2 篇（李贄自序、焦竑序），及袁中道〈李溫陵傳〉；書後有黃節跋。

本書書後有附〈增補一〉、〈增補二〉，其內容是據《李溫陵集》加以增補。

封面　　　　　　　　　　　　　　內文

《焚書、續焚書》，〔明〕李贄撰，夏劍青點校。

收入於《古典名著普及文庫》。

長沙：嶽麓書社出版。出版時間：1990 年。

資料格式：416 頁。精裝，32 開本。簡體字，橫排。

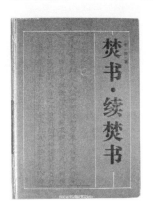 

嶽麓書社本（上） 　　　　　　藍天出版本（下）

《焚書》，〔明〕李贄撰。

收入於《傳世名著百部》〔註335〕・第 51 卷。

北京：藍天出版社。出版時間：1998 年。

資料格式：32 開本。162 頁。簡體字，橫排。

《焚書》，〔明〕李贄撰。

九州出版社出版。出版時間：2001 年。

版式：簡體字本，附插圖、翻譯。

資料格式：476 頁。32 開本。

九州出版本（上） 　　　　　　延邊人民本（下）

---

〔註335〕夏于全、郭超主編。

《焚書》，〔明〕李贄撰。

　　收入於《中國古典文學寶庫》。〔註336〕

　　延邊人民出版社。

　　資料格式：295 頁。簡體字。

《焚書》，〔明〕李贄撰。

　　收入《中國古代禁書文庫》。

　　呼和浩特：內蒙古人民出版。出版時間：2001 年。

　　資料格式：282 頁。32 開本。

《中國古代焚書手抄本》

　　中國盲文出版社。出版時間：2002 年。

　　資料格式：全 10 冊。1300 頁。32 開本。線裝，插圖本。

《焚書》，〔明〕李贄撰。

　　收入於《中華傳世奇書》‧第 1 卷‧第 9 部。

　　團結出版。出版時間：1999 年。

　　資料格式：16 開本。

《焚書 續焚書》，〔明〕李贄撰。

　　山西高校聯合出版社。出版時間：1975 年。

《焚書》，北方婦兒出版。

《焚書》，遠方出版。

《焚書 近思錄 傳習錄》，新疆青少年出版。

《焚書真本集成》，鄧池君。內蒙古大學出版。

《焚書　續焚書》，〔明〕李贄撰。

　　（日本）京都：中文出版社出版。出版時間：1971 年。

　　資料格式：全 1 冊。517 頁。繁體字，直排本。

　　書後附李贄年譜。

《焚書》，〔明〕李贄著；（日）增井経夫訳譯。

　　東京都：平凡社出版。出版時間：1969 年。〔註337〕

　　資料格式：704 頁。精裝。日文本。

　　日文名稱：《焚書—明代異端の書—》

---

〔註336〕齊豫生、夏于全編。
〔註337〕昭和 44 年。

| 書背 | 封面內頁 | 正文 |

## 4. 電子文獻

《焚書》六卷，〔明〕李贄撰。

　　合肥：黃山書社出版。出版時間：2008 年。

　　資料庫名稱：《中國基本古籍庫》·哲科庫·思想類·諸子思想目；
01200。

　　資料型式：文字及圖像。

　　開發製作：北京愛如生數字化技術研究中心。

　　原據版本：明刻本。

　　圖像版本：明刻本。

　　集叢冊次號係據漢珍提供總目清單之序號著錄。

| 電腦繪製封面 | 內文 | 版本對照 |

### （五）刊刻與版本源流

### 刊　刻

李贄於萬曆16年撰《焚書》。萬曆18年首次刊刻的《焚書》版本，乃是李贄自己編選，初刻本前有李贄自序。萬曆28年，會稽陳證聖重刻《焚書》，此版本書前增加一篇陳證聖序。明萬曆30年，李贄去世，其著作皆被焚燬，於是焦竑再刻《焚書》，並於書前提序一篇。現本《焚書》是後來重新編輯刊刻的，內容已有刪改，與李贄原來編輯不同。本書「自序」與《李溫陵集》的序，乃是相同的一篇文章。

李贄在文章中提到關於《焚書》的寫作背景與刊刻情況有四則：

1. 發去《焚書》二本，付陳子刻。恐場事畢，有好漢要看我《說書》以作聖賢者，未可知也。要無人刻，便是無人要爲聖賢，不刻亦罷，不要強刻。若《焚書》自是人人同好，速刻之！但須十分對過，不差落乃好，愼勿草草！又將《易因》對讀一遍，宜改者即與改正。（見《續焚書》〈與汪鼎甫〉）

2. 茲因晉老經過之便，謹付《焚書》四冊，蓋新刻也，稍能發人道心，故附請教。（見《焚書》〈與河南吳中丞書〉）

3. 雪松昨過此，已付《焚書》、《說書》二種去，可如法抄校付陳家梓行。如不願，勿強之。（見《續焚書》〈與方伯雨〉）

4. 《焚書》五冊，《說書》二冊，共七冊，附友山奉覽。乃弟所自覽者，故有批判，亦願兄之同覽之也，是以附去耳。外《坡仙集》四冊，批點《孟子》一冊，並往請教。（見《續焚書》〈與焦弱庚〉）

### 古籍善本

據李國庭〈李贄生平及其著作譚要〉〔註338〕記載，福建師範大學圖書館藏有《焚書》明萬曆18年麻城刻本。若此事爲眞，那這部書是目前可知唯一的《焚書》原刻本。

《焚書》六卷，萬曆28年會稽陳證聖重刻本。此版本封面鐫：「卓吾先生李氏焚書　蘇州閶刊行」，因此有些書目著錄爲「明萬曆28年蘇州刻本」，而國家圖書館所稱此版本爲「明萬曆間吳中刊本」。此版本行格版式：9行，20字。白口，四周單邊，無直格，單黑魚尾，版心上鐫「李氏焚書」。

---

〔註338〕見李國庭，〈李贄生平及其著作譚要〉，《福建圖書館學刊》，1989年第1期（總第37期），頁20～22轉46。

值得注意的是著錄爲「陳證聖重刻本」的版本有兩種，其行格版式皆爲「9 行，20 字，白口，四周單邊」，前有陳證聖序一篇。這兩種版本的差別在於目錄第 9 頁第 8 行，一種版本作「望東」，另一種版本作「望東平」。

《焚書》六卷，明刻朱墨套印本。此版本行格版式爲：9 行，19 字。白口，四周單邊、無直格。此版本無校刻人題記及牌記，王重民認爲此書應印於明啓禎間；﹝註 339﹞林海權進而認爲此版應是「明天啓間吳興閔氏刻本」。﹝註 340﹞

《焚書》四卷本，爲叢書本，有兩種。一是收入﹝明﹞湯顯祖批點所批點的《李氏全書》十卷本中，行格版式爲：9 行，20 字；白口，四周單邊，單魚尾。另一是收入《李氏全書四種》二十四卷中，其行格版式爲：9 行，20 字；白口，四周單邊。

韓國首爾大學奎章閣韓國學研究院所藏的兩部《李氏焚書》皆爲﹝明﹞顧大龍校刊本。著錄較爲詳細的一本，其卷數爲十八卷，卷頭書名爲「李氏文集」，故可知此書應與十八卷本的《李氏文集》相同，但不知爲何此書會著錄爲《李氏焚書》十八卷？（按：《李氏文集》有兩種版本，一爲二十卷本，一爲十八卷本，二者皆爲﹝明﹞顧大「詔」校刊本。韓國首爾大學奎章閣韓國學研究院著錄爲﹝明﹞顧大「龍」校刊，不知是否爲字誤？）

首爾大學奎章閣韓國學研究院另外收藏有《焚書》寫本二部。

《焚書》六卷，「明刻本」，行格版式爲：9 行，20 字。無直格，白口，四周單邊。

《焚書》六卷，「明刻本」，行格版式爲：9 行，22 字。無直格，白口，四周單邊，間無直格，單黑魚尾，版心上鐫「焚書」。封面鐫：「卓吾先生自評/李氏焚書/本衙藏板」。（按：這個刻本較少見，大多數著錄爲《焚書》六卷的「明刻本」，其行格是「9 行，20 字」。）

有的書目僅著錄《焚書》「明萬曆刊本」或「明刻本」，則資料太少，無法比對版本。

《李氏焚書》六卷，張氏貝葉山房刻本。後來 1936 年上海雜誌出版的「中國文學珍本叢書本」，即是據此書排印。

**影印本**

---

﹝註 339﹞見《美國國會圖書館藏中國善本書目》，「焚書條目」。
﹝註 340﹞見《李贄年譜考略》。

目前可見的影印本有四種。第一種爲「四庫禁燬書叢刊本」，此書據北京大學圖書館藏明刻本影印，原書封面題名：「卓吾先生李氏焚書」。行格版式爲：9 行，20 字，無直格，白口，四周單邊。收入於《四庫禁燬書叢刊》・集部・第 140 冊。

第二種影印本爲北京中國戲劇出版社所出版的《焚書》六卷、《增補》二卷，此書據大英博物館藏本影印，收入於《海外藏中國珍稀書系》・第三部份・英國藏本・第 4 冊。

第三種影印本是蘭州甘肅文化於 2008 年所出版的「回族典藏全書本」，此書據仿古鉛印本複製，收入於《回族典藏全書》・第 160 冊。

第四種影印本是阿英校點本，此書據上海貝葉山房排印本影印。

## 排印本

排印本方面，時間距今較遠的有三種，一是清光緒 34 年上海國學保存會鉛印本，另一是陝西教育圖書社排印本，一是上海雜誌出版的「中國文學珍本叢書本」。

清光緒 34 年上海國學保存會鉛印本，題名爲《李氏焚書》六卷，此書收入《國粹叢書》・第 1 集，書籍形式爲：二冊，線裝。其行格版式爲：13 行，行 33 字；白口，單黑魚尾，四周雙邊，無欄格，朱墨圈點；版心上印「國粹叢書」，中印書名與卷次，下印「國學保存會」。

陝西教育圖書社排印本，此書出版時間無法確定，約在清宣統至民國間。書籍形式爲：六冊，線裝，26 公分。其行格版式爲：9 行，22 字；四周雙邊，白口，單黑魚尾，版心下印「陝西教育圖書社排印」。書後附校勘記。

「中國文學珍本叢書本」，1936 年 3 月上海雜誌出版。收入於《中國文學珍本叢書》・第 1 輯・第 27 種，此書據貝葉山房張氏藏版原刊本排印，封面有林語堂題簽。本書無序文，後附袁小脩〈李溫陵傳〉。

1960 年北京中華書局根據清末《國粹叢書》本校刊出版單行本。1975 年中華書局又根據明人顧大韶編《李溫陵集》作了校刊和增補，與《續焚書》合爲一冊出版。中華書局的版本有一些校訂上的錯誤，例如，《書答》中的同一封信，只是完整與刪節的差別，卻同時收入正文與「增補」中。

1960 年以後的排印本數量非常眾多，這些書籍當中大多影印是或參校中華書局本，其中比較不同的茲列於下。

長沙嶽麓書社於 1990 年 8 月所出版的《焚書、續焚書》合刊本，是由夏

劍青點校，收入於《古典名著普及文庫》。

海口海南國際出版中心於 1996 年所出版的《焚書》，是由王焰整理，李國鈞審閱，收入於《傳世藏書》‧子庫‧諸子‧第 6 冊。

北京社會科學文獻出版社於 2000 年 5 月所出版的《焚書》，是由劉幼生以明刻本爲底本，參校 1975 年中華書局排印本、嶽麓書社排印本、北京燕山出版社排印本，整理而成。收入於《李贄文集》‧第 1 卷。

在外國譯本方面，目前有日文與韓文譯本。日文譯本時間較早，於 1969 年由東京都的平凡社出版，譯者爲〔日〕增井經夫訳，日文名稱是《焚書—明代異端の書—》。

### 禁燬書

明萬曆 30 年閏二月乙卯，東林黨人、禮部給事中張問達上疏彈劾李贄，必欲將李贄置於死地而後快。朝廷下令：「其書籍已刊未刊者，令所在官司盡搜燒毀，不許存留。」於是《焚書》第一次遭禁毀。明天啓 5 年，此書二度被禁燬，直到清乾隆間仍被列爲禁書。

在清朝《李氏焚書》屬於禁燬書，詳見《清代禁書知見錄》、《清代禁燬書目四種索引》。清代地方上實際的查禁奏繳方面，筆者查到四條：

1. 清乾隆 41 年河南巡撫徐績奏繳《李卓吾焚書》一種，於同年 2 月 12 日奏准。〔註 341〕
2. 清乾隆時江蘇巡撫楊魁奏繳禁書十四種又重複應燬書二百四十九種，其中包括《李氏焚書》二十四部，於乾隆 44 年 4 月初 8 奏准。〔註 342〕
3. 清乾隆乾隆 44 年 9 月初 6 奏准閩浙總督三寶所奏繳之禁書五十一種又查出先前禁書六十二種。其中包括李贄書籍四種：《李氏藏書》六部刊本、《李氏續藏書》五部刊本、《李氏文集》二部刊本、《李氏焚書》三部刊本。〔註 343〕
4. 清乾隆乾隆 42 年 11 月初 2 奏准浙江巡撫三寶所奏繳之禁書六十五種。其中包括李贄書籍三種：《李氏文集》五部刊本、《李氏遺書》一

---

〔註 341〕據《纂輯目錄》。
〔註 342〕詳見雷夢辰《清代各省禁書彙考》，北京：書目文獻出版社，1989 年，頁 169 ～179。
〔註 343〕三寶奏道：「是書，李贄著。今續查出三部。內二部全。一部只存卷一，不全。」《清代各省禁書彙考》，頁 197。

部刊本、《李氏焚書》六十三部刊本。〔註 344〕

## 辨 偽

胡適曾懷疑過《焚書》的可信度，他說：「李贄的〈讀忠義水滸傳序〉一篇，此序雖收在《焚書》及《李氏文集》，但《焚書》與《李氏文集》皆是李贄死後的輯本，不足為據。」〔註 345〕

王重民認為，《焚書》大約作於萬曆 26 年左右，當時此書已成百餘紙。至萬曆 30 年，張問達劾書有「近又刻藏書焚書流行海內」之言，則萬曆 30 年以前已有《焚書》刻本。〔註 346〕

對於《焚書》的版本，黃霖認為在《焚書》六卷本中的後四卷，可能摻入偽作。他提出幾個觀點：〔註 347〕

1. 目前傳世的《焚書》六卷本，均為李贄身後多年才刊行的，而李贄身前刊行的《焚書》應當為二卷，即現存《焚書》中的「書答」二卷。

2. 〈焚書自序〉是偽作。黃霖認為〈焚書自序〉開頭行文，乃是從〈焚書・卷一・答焦漪園〉更改得來，因為這兩篇文章行文的邏輯完全相同。

3. 是否真有《老苦》這一部書？因為李贄從未明確說過有《老苦》一書；李贄同時代的好友都未提到這一部書；至今未見有《老苦》傳本；沒有圖書目錄有記載此書。

4. 旁證：收錄於《閩書・方外志・下卷》〔註 348〕的沈鐵〈李卓吾傳〉寫道：「所著有《藏書》四十卷，《說書》、《焚書》各二卷，《初譚》四卷」，而佛經諸書不與焉。」

鄔國平針對黃霖的論點，提出了反駁。他認為《焚書》於萬曆 18 年已經刊刻流傳。《焚書》有廣狹二義，狹義的《焚書》指書信，廣義的《焚書》則

---

〔註 344〕三寶奏道：「是書，明李贄著，溫陵人，係贄所作各體詩文雜著。內四十八部全。又一部不全。又《續焚書》五部，不全。」《清代各省禁書彙考》，頁 219。

〔註 345〕見《胡適古典文學研究論集》，下冊，上海古籍出版社，1988 年版，第 837 頁。

〔註 346〕見王重民，《美國國會圖書館藏中國善本書目》，臺北：文海出版社，1972 年 6 月。(《焚書》條目)。

〔註 347〕見黃霖，〈《焚書》原本的幾個問題〉，《文學遺產》，2002 年第 5 期，頁 89～95。

〔註 348〕此書為萬曆 14 年進士何喬遠著。

包括書信和其他雜著（後者也稱爲《老苦》）。鄔國平的論點是：〔註349〕

1. 萬曆 18 年流傳的《焚書》是刻本，不是稿本或鈔本。

2. 〈焚書自序〉應該可信是李贄所撰。

3. 李贄自移居麻城後至他晚年，不斷提到的《焚書》，始指稿本，再指刻本（萬曆 18 年刻本），後指增稿本。

4. 萬曆 18 年刻本《焚書》與後來通行的六卷本《焚書》，並不是同一部書，二者內容多寡不同。

5. 〈焚書自序〉是萬曆 18 年的作者序，後來六卷本《焚書》置〈自序〉於卷首，是移用的結果。

許建平在〈《焚書》刊刻過程、版本及眞僞〉〔註350〕中提出下列論點：

1. 目前見到的《焚書》，以顧大韶校定本《李溫陵集》最可靠。《李溫陵集》二十卷中的《焚書》共有十三卷。

2. 所謂的《李氏焚書》乃是刪節《李溫陵集》而成；「中華書局本」是將《李溫陵集》本與《李氏焚書》本揉合而成。兩種版本的眞實性皆不及《李溫陵集》本。

3. 單行本《李氏焚書》中的後二卷《讀史》、《詩匯》非李贄親定《焚書》所有。

4. 《焚書》曾先後刊刻四次。

5. 《焚書》第一次刊刻，爲萬曆 18 年 4 月，共有耿、李論辯之〈書答〉與寫失友孤苦的《老苦》二卷（41 篇）。

6. 《焚書》第二次刊刻時間爲萬曆 20 年 4 月，增加《書答》一卷（21 篇）、《雜述》一卷（22 篇），成爲四卷。

7. 《焚書》第三次刊刻時間爲萬曆 28，將《老苦》、《書答》合爲一卷，又增《雜述》38 篇爲一卷，并於其他卷加入 30 篇，構成新四卷四冊。

8. 《焚書》第四次刊刻是李贄死後，將《讀史》、《詩匯》收入後的《李氏焚書》本。《焚書》除《玉合》等數篇爲贋文外，其餘皆出自李贄之手。

---

〔註349〕見鄔國平，〈也談《焚書》原本的問題〉，清華大學學報（哲學社會科學版），第 19 卷第 2 期，2004 年。

〔註350〕見許建平，〈《焚書》刊刻過程、版本及眞僞〉，《復旦大學學報》（社會科學版），2008 年第 5 期，頁 104～114。

### （六）相關研究論文

| 〔日〕材<br>木穀敦 | 李卓吾『焚書』卷三「時文後序」をめぐって<br>早稻田大學大學院文學研究科紀要別冊，1993 年第 20 卷，頁 79～94 |
|---|---|
| 朱紹侯 | 李贄對孔子的真實態度──讀《焚書》、《續焚書》箚記<br>史學月刊，1993 年第 4 期（總 204 期），頁 30～37，1993 年 7 月 |
| 施忠連 | 《焚書》是如何批判假道學的？<br>中國哲學三百題，頁 892～895，臺北，建宏出版社，1998 年 |
| 李　慶 | 讀《焚書‧續焚書》箚記二則<br>中國典籍與文化，2000 年第 3 期，頁 106～109，2000 年 |
| 繆宏才 | 焚書（簡介）<br>中國學術名著大辭典，頁 108～109，吳士余、劉凌主編，上海，漢語大<br>辭典出版社，2000 年 |
| 黃　霖 | 《焚書》原本的幾個問題<br>文學遺產，2002 年第 5 期，頁 89～95 |
| 張　凡 | 《藏書》是《焚書》的姊妹篇<br>首都師範大學學報（社會科學版），2002 年第 6 期（總第 149 期），頁 92<br>～96，2002 年 |
| 余愛華 | 《焚書》中與李贄交游的麻城人物初探<br>黃岡師範學院學報，第 24 卷第 4 期，頁 65～69 轉 93，2004 年 8 月 |
| 鄔國平 | 也談《焚書》原本的問題<br>清華大學學報（哲學社會科學版），第 19 卷第 2 期，頁 45～50，2004 年 |
| 許建平 | 《焚書》刊刻過程、版本及真偽<br>復旦學報（社會科學版），2008 年第 5 期，頁 104～114，2008 年 |
| 鍾肇鵬 | 焚書考<br>中國歷史文獻研究集刊，長沙，湖南人民出版社，頁 174～190，1980 年<br>9 月 |

## 二、《焚餘》／《李氏焚餘》

### （一）提　要

《焚餘》內容與《焚書》相同，請參見本書第 223～226 頁，「焚書提要」。

### （二）序文

〈清康熙間思倫堂手書題記〉〔註351〕

張敬堂先生座右銘曰：「勿展無益身心之書，勿吐無益身心之語，勿近無益身心之人，勿涉無益身心之境。」「世路風霜，吾人鍊心之境也；世情冷暖，吾人忍性之地也；世事顚倒，吾人修行之資也。」「多事爲讀書第一病，多慾爲養生第一病，多言爲處世第一病，多智爲立心第一病，多費爲作家第一病。」「文由於積學，福由於積德。」「學識未有不由謙虛進者，德業未有不由困衡成者。」

乙丑仲秋，思倫堂書於愼獨軒。

讀書不解其義，是謂徒讀，既解其義，而不能行，亦是無益。

大清康熙六十一年歲次壬寅二月初三日

思倫堂與參氏偶書於愼獨軒

## （三）目　錄

《焚餘》目錄與《焚書》相同。（請參見本書第 202～229 頁，「焚書目錄」）

## （四）目前可見的各種版本

### 1. 各大圖書館藏古籍善本

**《李氏焚餘》六卷，〔明〕李贄撰。**

版本：明刊本。

版匡高廣：22.6 公分×15 公分。

行格版式：9 行，行 20 字。單欄，版心白口，單黑魚尾，間無直格，版心上方無書名、中鐫卷次、下鐫葉次，行間有圈點。

正文卷端題：「李氏焚餘卷之一」。

典藏地：國家圖書館〔註352〕、北京大學圖書館、上海圖書館。

資料來源：《明別集版本志》、《國家圖書館善本書志初稿》、中文古籍書目資料庫。

---

〔註351〕據國家圖書館藏明刊本輸入。

〔註352〕冊數：5 冊。第一冊、第二冊後扉頁前有「清康熙間思倫堂手書」各一則；書中另夾藏一墨筆過錄「焦弱侯李氏焚書序」與「黃丕烈手書題記」。書中偶有朱墨批校，各冊首葉書眉處並有一印剷去。藏印有「光緒壬午／年嘉惠堂／丁氏所得」朱文長方印、「國立中央圖／書館收藏」朱文長方印、「風雨／樓」朱文方印、「八千卷／樓藏／書之記」朱文方印、「思倫堂」朱文圓印、「維／謙」白文方印、「鼎／玉」朱文方印。資料來源：《國家圖書館善本書志初稿》。

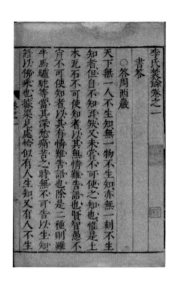

國家圖書館藏明刊本　　　　　清康熙間思倫堂手書題記

（藏於國家圖書館）

《李氏焚餘》五卷，〔明〕李贄撰。

　　版本：清抄本。

　　資料格式：5 冊。

　　典藏地：中國國家圖書館。

　　資料來源：中國古籍書目資料庫。

2. 影印本與排印本

此書目前無影印本與排印本。

（五）刊刻與版本源流

　　《李氏焚餘》六卷，目前可見僅有一種明刻本，此書在內容上為《李氏焚書》的翻刻。另外中國國家圖書館藏有《李氏焚餘》五卷本，為清抄本。

# 三、《觀音問》

## （一）提　要

　　本書為李贄與方外人士的書答集結，分別是給澹然〔註353〕、澄然、自信、明因的數篇書札，內容主要是是談論佛理。例如，在〈答澹然師〉談論到，

<hr>

〔註353〕澹然，梅國禎之女，寡而信佛，從李贄問學。詳見《焚書》〈題繡佛精舍〉。

觀世音大士發大宏願是因慈悲之心、佛之心法盡載經中；在〈與澄然〉中提到，成佛在於「頓能發起一念無上菩提之心」，與認不認得字無關；在〈答自信〉中提到念佛是通往西方的「便宜一條路」。

　　李贄在《續焚書‧與周友山》中亦有提到此書，並稱讚澄然、明因等人。「《觀音問》中有二條佛所未言，倘刻出，亦於後生有益。此間澄然固奇，善因、明因等又奇，眞出世丈夫也。」

## （二）序　文

目前存世的《觀音問》皆與他本合刊，並無單行本，無序文。

## （三）目　錄〔註354〕

答澄然師　五首

與澄然　一首

答自信　五首

答明因　六首

## （四）目前可見的各種版本

### 1. 各大圖書館藏古籍善本

《觀音問》一卷，〔明〕李贄撰。

　　版本：明萬曆刻本。

　　叢書名：《李氏叢書十二種》二十五卷。

　　行格版式：9行，18字。白口，左右雙邊。

　　典藏地：北京大學圖書館、中國科學院圖書館、上海圖書館。

　　資料來源：中國古籍善本書目聯合導航系統。

《觀音問》，〔明〕李贄撰。

　　版本：明陳氏繼志齋刻本。

　　叢書名：《卓吾先生李氏叢書十二種》二十四卷。

　　行格版式：8行，18字。白口，四周單邊。

　　與《心經提綱》合一卷。

　　典藏地：首都圖書館、旅大圖書館。

　　資料來源：中國古籍善本書目聯合導航系統。

---

〔註354〕本目錄據《李溫陵集》‧第六卷輸入。

《觀音問》，〔明〕李贄撰。

　　版本：明萬曆陳氏繼志齋刻崇禎燕超堂重印本。

　　叢書名：《卓吾先生李氏叢書十二種》二十三卷。

　　行格版式：8 行，18 字。白口，四周單邊。

　　與《心經提綱》合一卷。

　　典藏地：北京大學圖書館、上海圖書館。

　　資料來源：中國古籍善本書目聯合導航系統。

《觀音問》，〔明〕李贄撰。

　　版本：明海虞顧大韶校刊本。

　　收入《李溫陵集》第六卷。

　　版匡高廣：20.2 公分×13.2 公分。

　　行格版式：9 行，行 20 字。單欄，版心白口，單黑魚尾，四周單邊。

　　版心上鐫「李溫陵集」。

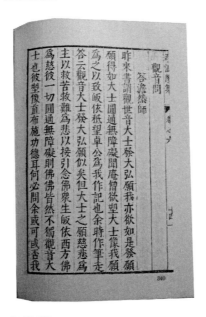

《觀音問》，〔明〕李贄撰。

　　版本：明海虞顧大韶校刊本。

　　收入《李氏文集》‧第六卷。

　　行格版式：9 行，20 字。白口，四周單邊，版心上鐫書名。刻工：陳文。

《觀音問》，〔明〕李贄撰。

收入於《焚書》第四卷。

（《焚書》版本眾多，此處不詳細羅列，請參見本書第 226～233 頁。）

## 2. 影印本與排印本

《觀音問》沒有影印的單行本，但是可以查閱《李溫陵集》與《焚書》的影印本。

《觀音問》，〔明〕李贄撰。

收入《李溫陵集》卷六。

《李溫陵集》的影印本有「續修四庫全書本」、「四庫全書存目叢書本」、「中國文史哲資料叢刊本」、「回族典藏全書」本，共四種。

（請參見本書，頁 298～299）

《觀音問》

收入於「續修四庫全書本」《李溫陵集》。〔註 355〕

《觀音問》

收入「四庫禁燬書叢刊本」《焚書》。〔註 356〕

《觀音問》，〔明〕李贄撰。

收入《焚書》卷四。

《焚書》的影印本有「四庫禁燬書叢刊本」、「海外藏中國珍稀書系本」、「回族典藏全書本」，共三種。（請參見本書，頁 233～234）

---

〔註 355〕此書據明萬曆間刊本影印。行格版式：9 行，行 20 字；單欄，版心白口，單黑魚尾，版心上鐫「李溫陵集」。

〔註 356〕此書據北京大學圖書館藏明刻本影印，行格版式爲：「9 行，20 字，無直格，白口，四周單邊」。

3.排印本

《觀音問》沒有影印的單行本，但是可以查閱《焚書》的排印本。（請參見本書，頁 235～240）

（四）版本源流

李贄於萬曆 16 年撰《觀音問》。

目前可見的古籍善本《觀音問》並無單行本，僅有合刻本與叢書本。合刻本收入於《焚書》、《李溫陵集》、《李氏文集》等文集中；叢書本收入於《李氏叢書十二種》、《卓吾先生李氏叢書十二種》中。

在古籍影印本方面，可查看《焚書》的影印本與《李溫陵集》的影印本。在排印本方面，可查閱《焚書》的排印本。在資料庫方面，可以檢閱北京愛如生「中國基本古籍庫」所收入的《李溫陵集》與《焚書》。

# 四、《老人行》

（一）提　要

萬曆 26 年，李贄由北京南下時，於舟中編纂成《老人行》一書。當時李贄已七十二歲，此書名為「老人行」，意指自己老而足跡遍至，亦有「窮途哭也」之意。書現已亡佚。

（二）序　文

《老人行敘》：〔註357〕

老人之遁跡於龍湖也，亦多年矣，舍而北遊，得無非計乎？何其愈老而愈不憚勞也？夫老人之本心，其大較可知也。大較余之初心，不是欲人成佛，便是欲人念佛耳，而人多不信，可如何！或信矣，而眾魔復害之，使之卒不敢信，可如何！因而謗佛沸騰，憂患叢生，終歲閉戶而終歲禦寇有由也，余雖不欲卒老於行，又可得耶！

余是以足跡所至，仍復閉戶獨坐，不敢與世交接。既不與世接，則但有讀書耳。故或諷誦以適意，而意有所拂則書之；或俯仰以致慨，而所慨勃勃則書之。故至坪上，則有《道古錄》四十二章書；至雲中，則有《孫子參同》十三篇書；至西山極樂僧舍，則有《淨土訣》

---

〔註357〕筆者未見《老人行》原書，此篇序文據《續焚書》卷二·〈老人行敘〉輸入。

三卷書。隨手輒書，隨書輒梓，不能禁也。又有《坡公年譜》並《後錄》三卷，陳正甫約以七八月余到金陵來索。又有《藏書世紀》八卷，《列傳》六十卷。在塞上日，余又再加修訂，到極樂即付焦弱侯校閱，託爲敘引以傳矣。今幸偕弱侯聯舟南邁，舟中無事，又喜朋盍，不復爲閉戶計矣。括囊底，復得遺草，彙爲二冊，而題曰《老人行》，不亦宜歟！

夫老人初心，蓋欲與一世之人同成佛道，同見佛國而已，著書立言非老人事也。而書日益多，言日益富，何哉？然而老人之初心至是亦徒然耳。則雖曰《老人行》，而實則窮途哭也，雖欲不謂之徒然不可矣。

雖然，百世之下，倘有見是書而出涕者，堅其志無憂羣魔，強其骨無懼患害，終始不惑，聖域立躋，如肇法師所謂「將頭臨白刃，一似斬春風」，吾夫子所謂「有殺身以成仁」者，則所著之書猶能感通於百世之下，未可知也。則此老行也，亦豈可遂謂之徒然也乎哉！

《續焚書》卷二〈老人行敘〉〔註358〕

---

〔註358〕此篇收入《續焚書》「續修四庫全書本」。本書據南京圖書館藏明刻本影印，
　　　　行格版式：9行，行20字；白口，四周單邊，單黑魚尾，無行格，版心上鐫
　　　　「李氏續焚書」。